Polar – Französischer Kriminalfilm

Polar – Französischer Kriminalfilm

Ivo Ritzer (Hg.)

Genres/Stile #4
Bender

Reihe Genres & Stile
Herausgegeben von Norbert Grob

01: Nouvelle Vague
02: Road Movies
03: Kino des Minimalismus
04: Polar

Die Deutsche Bibliothek - CIP-Einheitsaufnahme
Ein Titeldatensatz für diese Publikation
ist bei der Deutschen Bibliothek erhältlich.

Bildnachweis:
Archiv Mediendramaturgie der
Johannes Gutenberg-Universität Mainz,
© bei den jeweiligen Rechteinhabern

© Ventil Verlag KG, Mainz 2012
Dieses Werk einschließlich aller seiner Teile
ist urheberrechtlich geschützt. Jede Verwertung
außerhalb der engen Grenzen des Urheberrechts
ist ohne Zustimmung des Verlages unzulässig und
strafbar. Das gilt insbesondere für Vervielfälti-
gungen, Microverfilmungen und die Einspeicherung
und Verarbeitung in elektronischen Systemen.

1. Auflage: Februar 2012
ISBN: 978-3-936497-16-8

Layout/Satz: Oliver Schmitt
Druck: fgb, Freiburg

Bender Verlag
Boppstraße 25, 55118 Mainz
www.bender-verlag.de

Inhalt

7 Ivo Ritzer
Polar
Zum Diskurs des französischen Kriminalfilms

33 Dominik Graf
Tiefes Blau
Eine Hommage an den Polar

41 Matthias Abel
Mord, Maskerade, Moderne
Beobachtungen zur Entwicklung des frühen Polar

52 Peter W. Schulze
Fantômas, Meister des Verbrechens – Feuillade, Genie der Verwandlung
Von der *paralittérature* zum *ciné-roman*

64 Roman Mauer
Atmosphären der Ausweglosigkeit
Kriminalfilm im Poetischen Realismus

76 Claudia Mehlinger
Vous aimez Hitchcock?
Thriller von Henri-Georges Clouzot und Claude Chabrol

92 Karlheinz Oplustil
Mit vollem Risiko
José Giovanni

103 Bernd Kiefer
Der Polar auf Eis
Anmerkungen zu Jean-Pierre Melville

113 Norbert Grob
So verborgen die Schuld, so verschoben die Sühne
Alain Corneaus visionäre Films Noirs

131 Oliver Keutzer
Die Welt als Phantom und Labyrinth
Paranoia im Polar

144 Josef Rauscher
Polar du look – Kerkerwände der Imagination
Zur Detektion auf den Spuren der Bilder des Cinéma du look

156 Andreas Rauscher
Polar als Mystery-Thriller
Genre-Cocktails und Heritage-Hybride

167 Marcus Stiglegger
Polar|Fragmente
Variationen des Kriminalfilms bei Philippe Grandrieux, Gaspar Noé und Bruno Dumont

176 Ekkehard Knörer
Das Gewicht der Welt
Zu den Polars von Olivier Marchal

187 Ivo Ritzer
Polar transnational
Globalisierung eines Genres

217 **Ausgewählte Bibliographie**

218 **50 Filme**

222 **Zu den Autoren**

Ivo Ritzer

Polar
Zum Diskurs des französischen Kriminalfilms

[S]o far the representation of France's national cinema has suffered from *too narrow a focus* and inconsistencies in terms of the approaches adopted. Invariably, too, this representation has overwhelmingly been the province of high art rather than popular culture. Yet, France has produced a substantial body of films of both social and aesthetic value and high audience appeal which has been largely overlooked and inadequately represented by existing works.[1]
(Susan Hayward)

Vor dem Jazz gab es den Blues. Der Blues ist nicht der *ganze* Jazz, aber die Musiker kommen immer wieder darauf zurück. Der Polar ist der Blues des Kinos.[2]
(Alain Corneau)

Der Polar als europäisches Genrekino

Hier Kunst, dort Kommerz. Hier Autorenpolitik, dort Genrekino. Hier Frankreich, dort Hollywood. So lautet das binäre Modell eines stereotypen Diskurses, der innerhalb filmpublizistischer wie filmwissenschaftlicher Institutionen bis heute wirkt. Eine europäische Tradition der *politique des auteurs* sei demnach einer US-amerikanischen »Politics of Genre«[3] entgegenzustellen. Auf der einen Seite lokalisiert man ein künstlerisch ambitioniertes, europäisch geprägtes Kino, das an Ethik und Erkenntnis interessiert sei; auf der anderen Seite steht ein seriell gefertigtes Hollywood-Kino, als Synonym für Eskapismus und Befriedigung basalster Bedürfnisse.

Es geht hier darum, Kunst gegen Kino auszuspielen, Bergman gegen Boetticher, Fellini gegen Fuller, Tarkowskij gegen Tourneur. Damit sind ebenso ahistorische wie essentialistische Zuschreibungen vorgenommen, deren grundlegende Polarität zwischen ›hoher‹ und ›niederer‹ Kultur sich in einer kulturgeographischen Dichotomisierung von europäischer und US-amerikanischer Kinematografie niederschlägt. Wo Europa inspiriert und national produziere, da arbeite Hollywood standardisiert und international. So eindeutig die Rollenverteilung, so schematisch der Diskurs. Thomas Elsaesser fasst dessen zentrale Prämissen in einem umfassenden Zuschreibungskatalog von kulturellen, institutionellen und ökonomischen Merkmalen zusammen: »Europe stands for art, and the US for pop; Europe for high culture, America for mass entertainment; Europe for artisanal craft, America for industrial mass production; Europe for state (subsidy), Hollywood for studio (box office); European cinema for pain and effort, Hollywood for pleasure and thrills; Europe for the auteur, Hollywood for the star; Europe for experiment and discovery, Hollywood for formula and marketing; Europe for the film festival circuit, Hollywood for Oscar night; Europe for the festival hit, Hollywood for the blockbuster«[4]. Während europäisches Kino in diesem Modell als hypertropher Hort legitimer Kultur erscheint, fungieren die USA dagegen als Produzent anonymer Unterhaltungsware. Dabei ist nicht nur die Attribution einer Hierarchie zwischen den transatlantischen Kinematografien und nicht nur das Denken in exklusiven Binarismen fragwürdig, problematisch gesehen werden muss vor allem auch die nivellierende Homogenisierung europäischen Kinos. Es geraten so alle Spielarten europäischer Filmproduktion aus dem Blick, die generisch strukturiert sind. Immer wenn klischeehafte Wahrnehmungen aussetzen, wenn – um Elsaessers Kategorien aufzugreifen – europäisches Kino mit Pop, Massenunterhaltung, industrieller Produktion, Einspielergebnissen, Spannungsdramaturgie, Starsystemen, formelhafter Vermarktung oder Blockbustern in Verbindung zu bringen wäre, dann schweigt der – insbesondere deutschsprachige – filmwissenschaftliche Diskurs sich mit Vorliebe aus.

Symptomatisch für eben jene Tendenz kann ein Fazit von Nicole Brenez stehen, die am Ende ihres ausladenden, den Polar jedoch völlig ignorierenden Aufsatzes zum modernen französischen Kino im kanonischen *French Cinema Book* die Frage stellt: »[W]hat should we say, in conclusion, about the formal negligence in mainstream?«, um mit einer weiteren rhetorischen Frage zu antworten: »What is there to say about purely conventional forms?«[5] Der in diesem Band vertretene Ansatz geht hingegen von einer immensen Bedeutung konventioneller Formen aus. Er situiert sich damit jenseits einer kulturkritischen Position, die populäres Kino weder ab- noch ernstnimmt und bei Brenez aufs Deutlichste nachhallt. Ihr normativer Gestus in der Verurteilung generischer Strukturen evoziert vor allem Reminiszenzen an Schulen deutschsprachiger Theoriebildung, wie sie hier überwunden werden sollen. Wenn Brenez von »the violence of the cultural industry«[6] spricht und mit Rudolf Arnheim stillschweigend vom »Konfektionsfilm« ausgeht, der »kulturfeindlich und fortschrittfeindlich«[7] wirke, weil er das »Dumme und Schlechte im Menschen«[8] befördere, oder mit Theodor W. Adorno eine verblendende Bewusstseinsindustrie impliziert, die mit ihren Genreproduktionen »die genormten Verhaltensweisen dem Einzelnen als die allein natürlichen, anständigen, vernünftigen«[9] aufpräge, dann gerät einerseits aus dem Blick, dass von der Warenform des kulturellen Produkts, also der Notwendigkeit einer Realisierung von investiertem Kapital, nicht mechanisch auf eine ideologische Funktion des Polar geschlossen werden kann. Vielmehr wären Genrekino und populäre Kultur als ein heterogenes Feld zu betrachten, auf dem Konflikte zwischen differenten gesellschaftlichen Gruppen ausgetragen werden. Im Gebrauch, in der Aneignung des Films kann der jeweilige Rezipient das entwickeln, was John Fiske seine »cultural economy«[10] nennt. Produkte der ›Kulturindustrie‹ unterliegen einer individuellen Evaluation und werden dabei mit neuer Bedeutung aufgeladen, auch eine Gegenlesart ist stets möglich. Deshalb kann keine kulturelle Produktion homogen Ideologie reproduzieren, sondern muss sich populären Ansprüchen öffnen, muss differenzieren. Andererseits vergessen Kulturkritiker/innen wie Brenez, dass selbst scheinbar eindeutigste Genrefilme sich nie auf singuläre Funktionen reaktionärer Operationen reduzieren lassen. Immer artikulieren sie unweigerlich auch Hoffnungen, Erwartungen und Wünsche, besitzen ein Potential, dem eine Kritik des Bestehenden inhärent scheint. Durch seine Darstellung von Grenzüberschreitungen und Ordnungsverletzungen auf Seiten der Polizei wie der Verbrecher zeigt gerade der Kriminalfilm nicht bloß soziale Wirklichkeit, so wie sie ist, sondern auch wie sie sein könnte. Er ist ein Genre, darauf hat Gilles Deleuze hingewiesen, das es »einer Gesellschaft an den Grenzen des Zynismus erlaubt, zu verbergen, was sie verbergen will, zu zeigen, was sie zeigen will, den Augenschein zu leugnen und das Unwahrscheinliche zu verkünden«[11]. Eben durch seine fiktionalisierende Kraft situiert sich der Polar mit kritischem Potential gegenüber sozialer Wirklichkeit.

Für Deleuze macht er die Verwiesenheit oppressiver Macht auf falschen Schein evident und vermag Phantasien zu schaffen, »in denen das Reale eine ihm eigene Parodie findet«[12], die also über Bestehendes hinausgehen, weil das Parodistische die Macht des Falschen hyperbolisiert, weil sie übertreibt und so die Macht des Scheins kollabieren lässt. Gerade der Polar als generisches Kino und populärer Träger von Wünschen wie Sehnsüchten macht stets deutlich, dass es Alternativen zum Status quo geben kann und geben muss[13].

Im Polar geht es immer um Alles oder Nichts, was als doppelter Zugang zu verstehen ist: als Material für soziale Projektionen und als Material für individuelle Träume. Entgegen Adornos radikal negativer Dialektik sei hier deshalb am anderen Ende der Kritischen Theorie angesetzt, bei Walter Benjamin[14]. Benjamin argumentiert differenziert, wenn er auf die generelle Problematik normativer Kunstdefinitionen hinweist, die »*vielen vergeblichen Scharfsinn*« aufwendet, »*ohne die Vorfrage sich gestellt zu haben*«, ob nämlich durch den Siegeszug der Massenkultur nicht »*der Gesamtcharakter der Kunst sich verändert habe*«[15]. Mit Benjamin erscheint es mir wenig sinnvoll, danach zu fragen, ob der Polar legitimierte Kriterien von Kunst erfüllt. Stattdessen wäre zu überlegen, ob nicht die Existenz des Polar eine Neuevaluierung dessen von Nöten macht, was Film als ästhetische Formation bedeutet, der Polar als ästhetische Formation sein kann. Was wichtig wird, beim Nachdenken über den Polar als europäisches Genrekino, das ist ein anderes, ein neues Denken. Vor allem französische Cinéphile haben sich diesem Problem gestellt und dabei generisches Kino nicht prinzipiell unter den Verdacht antiemanzipatorischer Tendenzen gesetzt. Sie weisen hin auf die subversive Kraft von Irritationsmomenten unter der illusionsproduzierenden Oberfläche. So hat etwa der junge Jean-Luc Godard die Kanonisierung europäischer Kinematografie als »the *ne plus ultra* of high white culture«[16] gar in eine Verherrlichung des US-amerikanischen Kinos und seines Personals verkehrt: »The Americans […] instinctively […] have a gift for the kind of simplicity which brings depth […]. If one tries to do something like that in France, one looks like an intellectual. The Americans are real and natural. But this attitude means something over there. We in France must find something that means something – find the French attitude as they have found the American attitude«[17]. Den Versuch, diesen Standpunkt zu finden, das ist nicht zuletzt die Geschichte des Polar als französisches Genrekino. Er setzt ein Spiel mit Wiederholung und Differenz, Erwartung und Erneuerung in Gang, das ihn bis heute zum promi-

TOUCHEZ PAS AU GRISBI

MORTEL TRANSFERT

nenten Paradigma populärer Kultur macht. So wenig wie der französische Film sich auf eine Kanonisierung spezifischer ›Meisterwerke‹ reduzieren lässt, so wenig handelt es sich bei ihm um eine Tradition mit ›hochkulturellem‹ Anspruch.

In Frankreich hat der Marktanteil an lokalen Genreproduktionen gerade über die letzten Jahre hinweg signifikant zugenommen, französische Filme übertreffen heute – erstmals seit dem Siegeszug des Blockbuster-Kinos mit Steven Spielbergs JAWS (1975) und George Lucas' STAR WARS (1977) – in ihrer Popularität wieder ihre US-amerikanische Konkurrenz[18]. Mit Produktionen wie Francis Vebers Komödie LE PLACARD (2001), Jean-Pierre Jeunets Liebesfilm LE FABULEUX DESTIN D'AMÉLIE POULAIN (2001), Gérard Pirès' Comicadaption LES CHEVALIERS DU CIEL (2005), Florent Emilio Siris Kriegsfilm L'ENNEMI INTIME (2007) oder Jan Kounens Biopic COCO CHANEL & IGOR STRAVINSKY (2009) mag eine alte Erkenntnis von Ginette Vincendeau neue Gültigkeit erfahren: »French cinema is also – and for its home audience, primarily – a popular cinema«[19]. D. h. französisches Kino darf keineswegs als intrinsisch elitär verstanden werden, es spricht mit seinen Genrefilmen durchaus ein breites Publikum an, ist also ebenso kommerziell ausgerichtet wie kommerziell erfolgreich und dabei auch international exportierbar. Nicht zuletzt der Polar ist dabei gerade in den letzten Jahren außerordentlich prominent vertreten: Richard Beans FRANCK SPADONE (2000), Alain Berbérians SIX-PACK (2000), René Manzors DÉDALES (2003), Cédric Klapischs NI POUR, NI CONTRE (BIEN AU CONTRAIRE) (2003), Gilles Marchands QUI A TUÉ BAMBI? (2003), Eric Barbiers LE SERPENT (2006), Julien Leclercqs CHRYSALIS (2007), Franck Mancusos CONTRE-ENQUÊTE (2007), Philippe Haïms SECRET DÉFENSE (2008) oder Olivier Megatons in Kürze startender COLOMBIANA (2011) zeugen von einer lebendigen Tradition des französischen Kriminalfilms als populäres Genrekino europäischer Herkunft.

Der Polar als französische Variation des Kriminalfilms

Polar, das ist ein Begriff, den jeder Franzose kennt. Ein Kompositum: zusammengesetzt aus ›police‹ und ›argot‹, den Wörtern für die französische Exekutive und den Soziolekt der Unterwelt. Damit sind bereits die beiden zentralen Akteure des Polar spezifiziert: auf der einen Seite die Gesetzeshüter, auf der anderen Seite die Gangster[20]. Verbrechen und Strafe, darum kreisen die Erzählungen des Polar. Soziale Regeln werden überschritten, die Akte der Transgression geahndet; Normen verletzt und restituiert;

Verbrechen begangen und bekämpft. Wie der US-amerikanische Kriminalfilm konstituiert sich dabei auch der Polar aus einzelnen Subgenres, die durch ihren jeweiligen Point of View definiert sind, ihre unterschiedlichen Erzählperspektiven: Polizei- und Detektivfilm (von Jean Renoirs LA NUIT DU CARREFOUR [1932] bis zu Guillaume Niclouxs UNE AFFAIRE PRIVÉE [2002]), Gangster- und Gefängnisfilm (von Henry Decoins RAZZIA SUR LA CHNOUF [1954] bis zu Jacques Beckers LE TROU [1960]), Gerichts- und Spionagefilm (von Claude Autant-Laras EN CAS DE MALHEUR [1958] bis zu Christian Carions L'AFFAIRE FAREWELL [2009]) sowie der Thriller um aus ihrem Alltag gerissene Opfer krimineller Taten (von Marcel Carnés THERESE RAQUIN [1953] bis zu Jean-Jacques Beineix' MORTEL TRANSFERT [2001])[21]. Eine Konstante dabei, in allen Sub-Genres des Polar: ihre besondere Noir-Sensibilität, die Vorliebe für düstere Geschichten und melancholische Atmosphäre, für prononcierte Licht-/Schattenspiele und moralische Ambivalenzen, für zwielichtige Milieus und extreme Emotionen. Polar, das heißt immer auch ein Kino der Superlative: »Die tiefste Einsamkeit. Die schwärzesten Nächte. Die brutalsten Morde. Die verrückteste Liebe. Der gemeinste Verrat«[22]. Im Polar geht es um Phantasien von Verwirrung und Verzweiflung, Verstörung und Verdammnis. Wieder und wieder blickt er hinter das Gewohnte und Geläufige, es geht um Verlorene und Verirrte, um Anarchie und asoziales Handeln, Urbanität und Untergang. Dazu, wieder und wieder, die Darstellung des Lebens in der Nacht: mit den teuersten Drinks am Tresen, den längsten Pokerpartien im Hinterzimmer, den wildesten Schießereien auf der Straße, den spektakulärsten Coups über den Dächern der Stadt.

Zwei unterschiedliche Noir-Traditionen bilden dabei die zentralen Eckpfeiler des Polar. Auf der einen Seite steht das literarische Erbe von Honoré de Balzac, der mit seinen epischen Großstadterzählungen um den legendären Verbrecherkönig Jacques Collin/Vautrin sowohl die Romane von Pierre Souvestre und Marcel Allain als auch George Simenon stark prägt. Erstere übernehmen die topografische Vision eines von dunklen Mächten regierten Paris, das in seiner Evozierung von Anonymität, Reizüberflutung und Ich-Verlust den idealen Nährboden für kriminelles Tun abgibt. Letztere situieren sich in Nachfolge Balzacs durch ihre Favorisierung eines psychologischen Realismus oder »social voyeurism«[23], der seine generischen Phantasien an alltäglichen *fait divers criminels* entzündet und seine Protagonisten als gesellschaftliche, meist bürgerliche Figuren verankert. Demgegenüber steht als zentraler Einfluss auf den Polar die literarische Tradition der *Série Noire*, einer anno 1945 vom ehemaligen Surrealisten Marcel Duhamel bei Gallimard initiierten Buchreihe (gelbe Schrift vor schwarzem Grund auf dem Umschlag). Zunächst werden dort *hardboiled novels* aus den USA verlegt, d.h. Romane von Raymond Chandler und Dashiell Hammett, James M. Cain und David Goodis, Horace McCoy und Jim Thompson. Während die Erzählungen Balzacs oder Simenons eher von psychologischer Introspektion und atmosphärischen Schilderungen geprägt sind, geht es diesen Amerikanern um eine Phänomenologie der Aktion. Sie erklären nicht, sondern schildern, sie schmücken nicht aus, sondern legen dar, sie schweifen nicht ab, sondern spitzen zu. Duhamel: »Sometimes there is no mystery. And sometimes not even a detective. So what? ... Then there is action, anxiety, violence«[24]. Die auratische Anziehungskraft der amerikanischen Autoren ist dabei so groß, dass französische Schriftsteller nicht nur deren Stil imitieren, sondern auch unter englischsprachigen Pseudonymen publizieren: Thomas Narcejac als John Silver Lee oder Boris Vian als Vernon Sullivan. Amerikanische Kultur, das Schreiben der *hardboiled writers*, es wird dem Europäer zum Phantasma, eine Vorstellung, die Inneres nach Außen bringt, um im Äußeren das Innere zu verändern. In Frankreich greift die phantasmatische Imagination, wie Roland Barthes sie bestimmt hat, d.h. »etwas *flicht sich* zusammen«[25] als halbbewusste Vorstellung, die an der Konstitution des Subjekts partizipiert. Bald sind Tatsache und Traum daher nicht mehr voneinander zu separieren, vereinen sich zur Noir-Welt als »a world of *sang-froid*«[26]. Zu den ersten Autoren, die sowohl unter ihrem bürgerlichen Namen veröffentlichen als auch französische Schauplätze bemühen, gehören Albert Simonin, Auguste Le Breton und Pierre Lesou. Ihre Romane *Touchez pas au grisbi* (1953), *Du rififi chez les hommes* (1953) und *Le doulos* (1957) werden in den gleichnamigen Verfilmungen von Jacques Becker (1954), Jules Dassin (1955) und Jean-Pierre Melville (1962) zu stilbildenden Klassikern des Polar: durch die Apotheose einer Pariser Unterwelt, die von strengen moralischen Gesetzen, phallokratischen Männerfreundschaften und einem spezifischen Argot geprägt ist. Simultan feiern sie amerikanische Kultur: Kleidung (Trenchcoat und Fedora), Autos (Chevrolet und Cadillac), Musik (Jukebox und Jazz). Es entstehen ins Mythische stilisierte Studien über Gangster und Polizisten, die nur zufällig auf verschiedenen Seiten des Gesetzes zu stehen scheinen.

Zum einen brechen literarische wie filmische *Serié Noire* so mit einer Tradition französischer Kriminalgeschichten, wie sie bis dato bei George Simenon und seiner Figur des gemütvollen Kommissar Maigret angelegt waren. Wo Simenon sich inspirieren lässt von prosaischen *faits divers*, der gewöhnlichen Kriminalität unter einfachen Leuten, stilisiert die *Série Noire* das Verbrechen und seine Bekämpfung zum Akt heroischer Anstrengung, der heterosexuelle Erotik nicht selten im Agieren einer homosozialen Männergemeinschaft sublimiert. Während Simenon mit seinem Kommissar Maigret einen phlegmatischen Protagonisten entwirft, der mehr verstehen als strafen will und das Einbrechen der Kriminalität in den Alltag konsterniert registriert, ist der *Série Noire* das Verbrechen selbst zum Alltag geworden, wird ebenso brutal exekutiert wie gnadenlos sanktioniert. Polizei und Gangster agieren kompensatorisch: »Wie du mir, so ich dir«, damit fasst Gilles Deleuze die Philosophie der *Sèrie Noire* zusammen, »Austausch von Gefälligkeiten, nicht minder häufiger Verrat auf beiden Seiten«[27]. Zum anderen verweist der Polar als Noir-Erzählung auf die bilaterale Interdependenz von französischem und US-amerikanischem Kriminalfilm, auf den Polar als einen »inter-national text«[28], dessen unterschiedliche Ausdifferenzierungen durchaus gelten müssen als »the principal means by which the French cinema's relationship to Hollywood has been articulated«[29]. Zwischen beiden Kinematografien herrschen reziproke Relationen vor, wobei aus der ökonomischen Dominanz Hollywoods auf den europäischen Märkten keine naive Rezeption kultureller Produktionen resultiert. Was aus den USA kommt, wird in Frankreich reevaluiert. Wie die literarische *Série Noire* transferiert der Polar US-amerikanischen Film noir in einen differenten Zusammenhang, indem er dessen generische Zeichen einem Interpretationsprozess unterzieht, sie aus ihrem originären Kontext herauslöst, um das Zeichenarsenal amerikanischer Noir-Geschichten mit neuem Blick zu rekontextualisieren. So entsteht ein hybrides Kino, das Bausteine generischer Konventionen aufgreift, diese aber an einer lokalen Sensibilität bricht. Dadurch kann es zu Rückkoppelungsprozessen kommen, wenn der Polar seinerseits Genreproduktionen aus den USA befruchtet: Julien Duviviers PÉPÉ LE MOKO (1937), ein Film, der der sich entzündet an Howard Hawks' SCARFACE (1932), wird zu John Cromwells ALGIERS (1938); Jean-Luc Godards À BOUT DE SOUFFLE (1960), ein Film, der auf John Hustons THE MALTESE FALCON (1941) rekurriert, wird zu Jim McBrides BREATHLESS (1983); Jean-Pierre Melvilles LE SAMOURAÏ (1967), ein Film, der auf Frank Tuttles THIS GUN FOR HIRE (1942) basiert, wird zu Walter Hills THE DRIVER (1978); Luc Bessons LA FEMME NIKITA (1990), ein Film, der inspiriert ist von Guy Hamiltons REMO WILLAMS (1985), wird zu John Badhams POINT OF NO RETURN (1993). Zwischen französischem und US-Kriminalfilm existieren so bilaterale Beziehungen, ein »System des dynamischen Austausches und der konstanten Zirkulation von Kulturwerten und –gütern«, das in seiner Negation einer Dichotomie zwischen nationaler und internationaler Kinematografie verweist auf basale Analogien in filmischen Traditionen von »verschiedenen gesellschaftlichen wie kulturgeografischen Räumen«[30]. Das Hollywood-Kino mit Fredric Jameson als eine »kulturelle Dominante«[31] zu begreifen, durch die mediale Artefakte der US-Populärkultur soziales Leben ästhetisieren und virtualisieren, das heißt nicht nur, »nach dem Ende des bürgerlichen Ichs«[32] so fragmentierte wie geschichtslose Subjektivitäten zu konstatieren, sondern auch eine globale Präsenz populärer US-amerikanischer Kultur, deren Signifikanz ihre Funktion als bloßes transatlantisches Warenangebot deutlich transzendiert. Mit dem durch die *Serié Noire* geprägten Polar ist das Hollywood-Kino kein ›fremder‹ kultureller Einfluss mehr, der von den französischen Filmemachern unter den Verdacht des ›Kulturimperialismus‹ zu stellen wäre, wie es die institutionalisierte Forderung nach nationalen Förderprogrammen oder protektionistischen Quoten immer wieder suggeriert. Das Oszillieren zwischen Attraktion und Abwehr gegenüber den USA hat sich für die *Série Noire* eindeutig zugunsten positiver Reaktionen verschoben, so wie US-amerikanische Kultur spätestens seit Ende des Zweiten Weltkriegs generell als integraler Bestandteil französischen Alltags figuriert. Stuart Halls Hinweis auf die Existenz einer globalen Massenkultur als geprägt »durch das Bild, das die Sprachgrenzen schneller und einfacher überschreitet und über sie hinweg in einer sehr viel unmittelbareren Weise spricht«, akzentuiert die Bedeutung der Bildmedien in einer transnationalen Ordnung, die dadurch definiert ist, »dass die visuellen und grafischen Künste direkt in die Umgestaltung des Alltagslebens, der Unterhaltung und der Freizeit hineinwirken«. Es ist eine globale Massenkultur entstanden, und »[s]ie wird durch Fernsehen, Film und das Bild, die Metaphorik und die Stile der Massenwerbung bestimmt«[33]. Hollywood fungiert hier als eine kulturelle Ressource, die globale Verbreitung besitzt und lokal assimiliert wird. Ist der US-amerikanische Film noir von französischen Filmkritikern erst als Genre erfunden worden[34], so greift der Polar seinerseits auf die Ikonografie und Erzählmodelle amerikanischen Kinos zurück, um sie in einen neuen Kontext zu transformieren.

Wo aber liegen dann die lokalen Spezifika des Polar als französische Variation eines globalen Genres? Eigenschaften wie lineare Kausalität (um spannungsreiche Konflikte) und nichtspürbare Technik (also narrative Transparenz) teilt er sich mit dem US-amerikanischen Kriminalfilm, ver-

CANICULE

LE SAUT DE L'ANGE

sucht aber dennoch eigene Akzente zu setzen. So will der Polar zwar keine ›nationale Identität‹ im Sinne eines wesenhaften Inhalts gemeinsamen Ursprungs, gemeinsamer Erfahrungen oder gemeinsamer Eigenschaften konstruieren, bemüht jedoch durchaus inszenatorische Strategien, die ihn von Hollywoods »classical narration«[35] abheben. Einerseits lässt sich so eine Vorliebe für Szenen konstatieren, die primär atmosphärisch wirken wollen und eine Evokation von Stimmungen gegenüber narrativer Funktionalität präferieren. Oft tritt die eigentliche Kriminalhandlung zugunsten präziser Beobachtungen von Figuren im jeweiligen Raum zurück. Dazu gehören auch häufig lange Einstellungen und fluide Kamerabewegungen, die das ephemere Erleben eines Augenblicks akzentuieren. Ziel ist der prägnante Ausschnitt, weniger das konsistente Ganze. Dadurch entsteht eine Spannung in und zwischen den Bildern, die irritiert, die rätselhaft bleibt über das Sichtbare hinaus. Der Polar konstituiert imaginäre Welten, die Konkretes transzendieren und im Abstrakten eine Verbindung suchen zu Assoziationen und Affekten, Erinnerungen und Emotionen. Anderseits betreibt der Polar das Projekt einer Radikalisierung von Noir-Tendenzen, er kultiviert eine *vision du monde*, die an Pessimismus und Zynismus oft kaum noch zu übertreffen scheint. Meist ist er charakterisiert durch eine Stimmung der Hoffnungslosigkeit und Verzweiflung, von obsessiven Protagonisten, die das Leben in der Nacht und die Gewalt auf den Straßen gezeichnet hat.

Geradezu paradigmatische Polars dafür: die Polizei- und Gangsterfilme von Yves Boisset. Sie zeigen Frankreich als Kessel destruktiver Energie, den Boisset durch harte Schattensetzung, unruhige Handkamera und oft diskontinuierliche Montage zu einem Hort albtraumhaften Geschehens stilisiert. Boisset, ehemaliger Filmkritiker der ebenso ciné- wie amerikanophilen Zeitschrift Présence du Cinéma, ist ein Poet des Profanen, ein Visionär der Verdammnis. Bei Boisset regieren Neid und Niedertracht, seine Polars sind intensive Studien in Missgunst, Mord und Misanthropie. UN CONDÉ (1970) zeigt Michel Bouquet als verbitterten Inspektor Favenin, er ist ein Pariser Polizeibeamter voller Hass und Ekel gegenüber seiner Umwelt. Favenins schwarzer Mantel und schwarzer Hut evozieren bereits Reminiszenzen an die nationalsozialistische Gestapo, und Boisset wird den Assoziationen rasch Rechnung tragen: Nachdem Favenin im Dienst seinen Kollegen und einzigen Freund verloren hat, stellt er sich auf der Jagd nach den Tätern selbst als brutaler Killer heraus. Mit seinen illegalen Methoden will der ›condé‹ (Argot für ›Polizist‹) das Richtige tun, schafft aber das Falsche.

Nicht nur erpresst er grausam Geständnisse, er greift auch zur Waffe und drückt eiskalt ab, wenn es ihm für die Ermittlungen hilfreich scheint. Falschaussage und Folter, Schläge und Schüsse sind Favenin recht, um ans Ziel zu kommen. Boisset charakterisiert ihn als Mörder mit Marke, seine klüngelnden Vorgesetzten aber decken ihn, damit die Polizei keinen Rufschaden nimmt. In UN CONDÉ sind Polizisten keine Polizisten mehr und Gangster keine Gangster, die Flics haben ihre Methoden gelernt von den Verbrechern und die Verbrecher tarnen sich als Flics. Es regiert das Axiom der Austauschbarkeit, der absoluten Äquivalenz: UN CONDÉ, das ist der Polizeifilm als Gangsterfilm, der Gangsterfilm als Polizeifilm. In LE SAUT DE L'ANGE (1971) wird Jean Yanne von Boisset als korsischer Ex-Gangster Orsini inszeniert, der aus dem thailändischen Exil nach Marseille zurückkehrt, um dort die Ermordung seiner Familie zu rächen. Mafia, Polizei und Politik sind in der französischen Hafenstadt untrennbar verfilzt, so dass Orsinis Rachefeldzug eine Blutspur bis in die höchsten Kreise der Gesellschaft zieht. Seine Feinde richtet er ohne Gnade, seine Freunde sorgen für ein Ende, das auch er nicht überlebt. Schon in LE SAUT DE L'ANGE lässt Boisset als FBI-Agenten Sterling Hayden auftreten, mit CANICULE (1984) setzt er der amerikanischen Noir-Ikone Lee Marvin ein finales Denkmal. Marvin ist Jimmy Cobb, eine alt gewordene Gangsterlegende, die sich nach einem blutigen Geldtransporterüberfall mit mehreren Millionen Francs auf ein abgelegenes Landgut in der französischen Beauce flüchtet. Dort provoziert er unter den durch Inzucht und Alkoholmissbrauch degenerierten Hinterwäldlern eine fatale Kette von Gewalttaten, die neben ihn auch fast alle anderen Figuren das Leben kostet. CANICULE liest sich wie eine Summe der *Série Noire*, wenn die Beste »unter allen möglichen Welten«[36] sich als Welt der Hunde entpuppt (»canicule« = »Hundstage«). Sie opponiert immer gegen das Individuum, hält nur Bedrohung und Gefahr bereit. An Stelle sinnstiftender Ursachen gibt es nur sinnlose Wirkungen, der Mensch kann lediglich zwischen gleich schlechten Alternativen wählen, die alle nur verheerende Effekte evozieren. Jeder für sich gegen alle, so lautet die Devise. Töten, um nicht getötet zu werden. Die Hölle, das sind hier nicht länger die Anderen. Stattdessen regiert das Nichts. Der Existentialismus wird zum Nihilismus, wenn das Individuum sich nicht mehr gegen die Welt als Subjekt konstituieren lässt, sein Leben erstarrt, gänzlich kristallisiert. Bei Boisset gibt es weder Fortschritt noch Ziel, das Dasein ist nur noch Negation: »Überall sehen wir den Triumph des ›Nein‹ über das ›Ja‹, der Reaktion über die Aktion«[37]. Eine Welt aus den Fugen, ringsum nur Depression und Desaster, nur Verhängnis und Verderben. Boissets Noir-Kino lässt kein Licht am Ende des Tunnels. *Rien ne vas plus*.

Der Polar als französische Filmgeschichte
Der Polar ist französische Filmgeschichte. Wie kein anderes Genre hat er die nationale Kinematografie Frankreichs seit ihrem Beginn bestimmt. Im Polar verbinden sich Genre- und Autorenkino, seine Entwicklung läuft nicht parallel zur Geschichte des Cinéma d'art, sondern ist ihm dialektisch verbunden[38]. Wo von letzterem immer wieder gestalterische Impulse ausgehen, erweist der Polar sich für ästhetische Experimente offen und wirkt seinerseits auf das Autorenkino zurück. Stets aufs Neue erzählt er das Gleiche, nur immer anders. Wenn Alain Corneau den französischen Kriminalfilm als Blues des Kinos charakterisiert, dann ist damit eine der schönsten Definitionen des Polar gegeben. So wie der Blues nur drei Harmonien in festgelegter Folge kennt, so variiert auch der Polar das Alte und Bekannte, bis es neu und unbekannt erscheint. Und wie der Blues erzählt er schwermütige Geschichten, mal voller Lakonie, mal voller Wut, mal voller Trauer. Wie Geschichten zu Gefühlen werden, das ist vielleicht das größte Geheimnis des Polar. Eine Konstante, die französische Filmgeschichte durchziehend: von den ersten Pionierarbeiten des kinematografischen Erzählens bei Louis Feuillade über die frühe Avantgarde bei Louis Delluc und Jean Epstein, den Poetischen Realismus bei Jean Renoir, Julien Duvivier und Marcel Carné, die Nouvelle Vague bei Jean-Luc Godard, Jacques Rivette und François Truffaut, das parametrische Kino von Robert Bresson, das Kino der Postmoderne bei Jean-Jacques Beineix, Leos Carax und Luc Besson bis hin zum Kino der poetischen Philosophie bei Bruno Dumont, Gaspar Noé und Philippe Grandrieux. Im Polar beeinflussen generische Tradition und Kino der Autoren sich wechselseitig, entsteht erst Frankreichs nationale Kinematografie. Es gibt keine französische Filmgeschichte ohne Polar, so wie es keinen Polar ohne französische Filmgeschichte gibt. Diese Teilhabe aber kann niemals Zugehörigkeit sein, wenn man Jacques Derrida folgt: »Und zwar nicht nur wegen einer Überfülle an Reichtum oder an freier, anarchischer und nicht klassifizierbarer Produktivität, sondern wegen des *Zugs* der Teilhabe selbst, wegen der Wirkung des Codes und der Gattungsmarkierung«[39]. Mit Derrida ist der Zug der Teilhabe anzusiedeln zwischen Innen und Außen, Präsenz und Abwesenheit, wird stets durch sein Gegenteil konstituiert. So zeigt der Polar nicht zuletzt, dass keine binäre Differenz existieren kann zwischen Genre- und Au-

torenkino, weil alle Filme gleichsam an generischen Markierungen teilhaben. Französische Filmgeschichte als Geschichte des Polar lässt den Blick darüber hinaus auch jenseits die bekannten Epochalstile fallen, wo »[t]he wood of a national cinema« allzu oft verdeckt wird von »a small number of canonical movements«[40]. Dort stehen die »popular auteur[s]«[41] des Polar, deren Namen untrennbar mit den ›Klassikern‹ des französischen Kriminalfilms verbunden sind: Henri-Georges Clouzot und Jean-Pierre Melville, Claude Chabrol und José Giovanni, Alain Corneau und Oliver Marchal.

Ihnen will der vorliegende Band en détail nachspüren, ohne dabei eine Reevaluation von Filmen der kanonischen Epochalstile als paradigmatische Polars zu vernachlässigen. Den akademischen Texten vorangestellt ist eine sehr persönliche Hommage an den Polar, die Dominik Graf anhand ausgewählter Filme der späten 1970er und frühen 1980er Jahre formuliert. Matthias Abel beschäftigt sich im ersten wissenschaftlichen Beitrag mit den Anfängen des Polar und interpretiert den frühen Kriminalfilm als allegorische Repräsentation der Moderne. Peter W. Schulze greift diese Perspektive auf und widmet sich dem Serial FANTÔMAS (1913/14), das aufgrund seiner onirischen Erzählungen um eine Welt am Abgrund noch vor LES VAMPIRES (1915/16) respektive JUDEX (1917/18) zum primären Liebesobjekt surrealistischer Aneignung evolviert ist und derzeit vom ehemaligen Starfix-Herausgeber Christophe Gans mit Vincent Cassell in der Titelrolle neu verfilmt wird. Roman Mauer beleuchtet mit dem Poetischen Realismus einen Epochalstil des französischen Kinos, der nicht nur durch die Dominanz von Kriminalfilmen, sondern auch eine spezifische Noir-Atmosphäre bestimmt ist: Geschehen in Nacht und Nebel, Rauch und Regen. Claudia Mehlinger untersucht die Polars von Henri-Georges Clouzot und Claude Chabrol mit Blick auf transatlantische Kulturtransfers, wobei sie deren analytische, mitunter zynische Milieustudien in Relation zu Alfred Hitchcocks Thrillern um bedrohte Bürger setzt. Karlheinz Oplustil betrachtet die romantisch-fatalistischen Arbeiten von José Giovanni, einem ehemaligen Résistance-kämpfer, Kleinkriminellen und Romancier, der bereits früh die Schreibmaschine gegen die Kamera tauscht, nicht ohne zuvor noch Drehbücher für bedeutende Polars wie Claude Sautets CLASSE TOUS RISQUES (1959), Jean-Pierre Melvilles LE DEUXIÈME SOUFFLE (1966) oder Henri Verneuils LE CLAN DES SICILIENS (1969) zu verfassen. Bernd Kiefer setzt sich mit den enorm einflussreichen Filmen von Jean-Pierre Melville auseinander, die er als post-existentialistische Studien deutet und in ihrer minimalistischen, auf Oberflächen verdichteten Hermetik beschreibt. Auch Alain Corneau wird von Norbert Grob als ein zentraler *noir-auteur* gesehen, der die existentialistische Tradition hinter sich lässt, dabei jedoch nicht wie Melville bei der selbstreferentiellen Abstraktion ankommt, sondern vielmehr ausweglose Phantasien um absonderliche Außenseiter erzählt. Betonen Kiefer und Grob den Polar als generisches Formenspiel, so analysiert ihn Oliver Keutzer als politisches Paranoiakino, das ausgehend von Constantin Costa-Gavras z (1969) die *Série Noire* zur ideologisch ambivalenten »*série-Z*«[42] werden lässt. Josef Rauscher dagegen wirft einen neuen Blick auf das vielfach vorschnell als »postmoderne Werbeverpackung« und »narzißtisches Bildimitat«[43] geächtete cinéma du look, dem er keineswegs reaktionäre Tendenzen unterstellt, es vielmehr in seiner irritierenden Ausdruckskraft würdigt. Andreas Rauscher knüpft daran an und kommt auf den sich um die Jahrtausendwende manifestierenden Zyklus von ebenfalls dem ›look‹ verpflichteten Mystery-Thrillern zu sprechen, die sich sowohl als »*superproductions hollywoodienne*«[44] als auch »gallicisation of the blockbuster form«[45] lesen lassen. Filme wie Jean-Christophe »Pitof« Comares VIDOCQ (2001) oder Christophe Gans' LE PACTE DES LOUPS (2001) wollen sich offensiv durch lokale Spezifität von der globalen Anonymität US-amerikanischer Produktionen abgrenzen und lancieren deshalb einen Rekurs auf französische Historie bei gleichzeitiger Emphase spektakulärer Schauwerte. Ihnen ästhetisch diametral entgegen situiert stehen Filme wie Philippe Grandrieuxs SOMBRE (1998) oder Bruno Dumonts L'HUMANITÉ (1999), die Phil Powrie »[t]he blackest of noir«[46] nennt und hier von Marcus Stiglegger beleuchtet werden. Er arbeitet heraus, wie im Kontext dieses »*cinéma du corps*«[47] eine Poetisierung des Polar erfolgt, die Genrefragmente nutzt, um durch deren Stimmungswerte einen Fall ins Leere erfahrbar zu machen. Ekkehard Knörer wiederum widmet sich mit Olivier Marchal einem Filmemacher zwischen (Neo-)Klassik und (Post-)Moderne, dessen Polizeifilme jenseits von rigider Dekonstruktion und ironischen Zeichenspielen eine neue Ernsthaftigkeit wagen, ohne dabei auf reflexive Genrebrüche zu verzichten. Mein Aufsatz zu transnationalen Tendenzen des Polar im Kontext kultureller Globalisierung beschließt den Band mit einer Perspektive auf Hybridproduktionen zwischen französischem und asiatischem Kino, die dem Genre einen völlig neuen ästhetisch-ideologischen Diskurs einschreiben.

Natürlich kann der Fokus einer Textsammlung zum französischen Kriminalfilm kein erschöpfender sein, schon gar kein definitiver. Zahlreiche Filme bleiben notwendigerweise außen vor, auch viele derjenigen Polars, die detaillierte Analysen verdient hätten. Zum Abschluss dieser Einfüh-

SUR MES LÈVRES

CORTEX

rung deshalb noch einige Hinweise auf rezente Entwicklungen, die aus genretheoretischer Perspektive besonders interessant scheinen. Wo heute die Zuschreibung ›Filmautor‹ selbst zur stereotypen Konstruktion geronnen ist, das als klischiertes Rollenmodell nur noch eine Identität aus zweiter Hand offeriert, kann es dabei freilich nicht um eine Verklärung von Filmen als Produkte individuellen ›Genies‹ gehen, wohl aber um die Würdigung experimenteller Zugriffe auf generische Formen.

Da sind zum einen die Polars von Jacques Audiard. Sie spüren Outsidern in ihren Abgründen und Ambitionen nach, präsentieren ein allgegenwärtiges Universum der Kriminalität, das von Rastlosigkeit ebenso bestimmt ist wie von Routine. Ausgangspunkt sind für Audiard dabei stets seine Figuren, die ihre äußere Situation verändern, um sich im Inneren neu zu erfinden. Audiard setzt zum einen auf impressionistische Großaufnahmen und eine nervöse Handkamera, die den Protagonisten physisch nahe kommen. Dem externen Distanzverlust entsprechen zum anderen inszenatorische Strategien, deren Effekt eine Subjektivierung des Geschehens ist: lange Brennweiten und halbgeöffnete Blenden fokussieren die Aufmerksamkeit auf signifikante Details, Zeitlupe und Shuttereffekte dehnen das Geschehen in seiner Dauer. Stets scheint die Wahrnehmung der Figuren ausschlaggebend für den Blick auf ihr Handeln. In Audiards Debütfilm REGARDE LES HOMMES TOMBER (1994) agiert Jean Yanne als vereinsamter Handelsvertreter, der auf eigene Faust nach dem Mann zu suchen beginnt, der seinen jungen Polizistenfreund niedergeschossen hat. Die Geschichte des melancholischen Ermittlers ist gespiegelt in der Erzählung von einem ungleichen Gangsterduo. Jean-Louis Trintignant und Mathieu Kassovitz spielen den alternden Berufsspieler und den jugendlichen Herumtreiber, letzterer wird von ersterem in das kriminelle Handwerk eingewiesen. In SUR MES LÈVRES (2001) sind es Vincent Cassel und Emmanuelle Devos, die Audiard als ungewöhnliches Gaunerpaar auftreten lässt, sie ist eine hörgeschädigte Sekretärin, er ein rüder Sträfling auf Bewährung. Zusammen formen auch sie zögerlich eine kleine Außenseiterbande: Er hilft ihr bei der Rache am ungeliebten Vorgesetzen, sie assistiert ihm durch Lippenlesen bei einem Coup. Audiards DE BATTRE MON COEUR S'EST ARRÊTÉ (2005) ist ein Remake von James Tobacks FINGERS (1978), mit Romain Duris in der Rolle von Harvey Keitel. Audiard zeichnet freilich auch ihn als Outsider, der es ebenso liebt seinen Vater zu hassen, wie er es hasst, den Vater zu lieben. Für ihn wickelt er kriminelle Machenschaften in der florierenden Pariser Immobilienbranche ab, die nicht selten den Einsatz größter Brutalität verlangen. Fäuste und Baseballschläger regeln das Geschäft. Dann aber wird er eines Tages an das Erbe seiner verstorbenen Mutter erinnert, und die Geschichte nimmt ihre entscheidende Wendung: In ihm erwacht die eigene Neigung zur Musik, so dass er nach Jahren das Klavierspiel wieder aufnimmt, mit der Perspektive, an einer Hochschule als Student aufgenommen zu werden. Eine chinesische Immigrantin unterrichtet ihn am Piano, die Kunst scheint die Gewalt zu besiegen, aus dem Schläger ein Schöngeist zu werden. Letztlich kommt es aber, wie es kommen muss im Noir-Kino: Da fühlt sich einer für den Augenblick frei und stark, dann aber stellen alle Bemühungen auf Veränderung als vergeblich sich heraus. Die großen Sehnsüchte gebären nur noch größere Schimären, Wünsche und Träume sind von Anfang an zum Scheitern verurteilt. Neoklassisch erzählt ist dagegen Audiards UN PROPHÈTE (2009), die Geschichte vom Aufstieg eines Gangsters an die Spitze der Unterwelt. Wieder steht ein einsamer Außenseiter im Zentrum, der junge Gewohnheitskriminelle Malik (Tahar Rahim). Anfangs wird er zu sechs Jahren Haft verurteilt, und der Film zeigt im Folgenden Maliks langsame Karriere hinter Gittern. Wie eine Illustration von Michel Foucaults berühmter These zur Dialektik der Delinquenz wirkt UN PROPHÈTE dabei oft, wenn Audiard zeigt, wie das Gefängnis keine Kriminalität abschafft, sondern vielmehr erst selbst produziert: »Die Gefängnisse tragen nicht zur Verminderung der Kriminalität bei: wie sehr man sie auch ausbaut, vervielfacht oder reformiert, die Zahl der Verbrechen und der Verbrecher bleibt stabil oder steigt sogar«[48]. Es werden nicht bessere Menschen geschaffen, sondern vielmehr bessere Verbrecher. Das Gefängnis, so Foucault, »ermöglicht, ja begünstigt die Organisation eines solidarischen und hierarchisierten Milieus von Delinquenten, die zu allen künftigen Komplizenschaften bereit sind«[49]. Als Raum völliger Entfremdung zwingt das Gefängnis dem Subjekt eine disziplinierte Existenzweise auf, die zwangsläufig kriminelles Verhalten zu gebären scheint. Sie sorgt nicht für eine Reduktion von Delinquenz, sondern bringt gar erst Verbrecherkarrieren hervor. Mit UN PROPHÈTE inszeniert Audiard den Weg seines Protagonisten als eine solche Erfolgsgeschichte, der Film schildert Maliks Passage vom kleinkriminellen Niemand zum allmächtigen Jemand. Als er zu Beginn eingeliefert wird, ist er bedeutungslos, hilflos, schutzlos. Man stiehlt ihm die Schuhe, lässt ihn verprügelt in einer schmutzigen Ecke auf dem Gefängnishof liegen. Noch weiter nach unten geht es nicht, also geht es nun nach oben: Vom Knecht eines korsischen Gangsterpaten steigt er durch Anpassungsfähigkeit, Beobachtungsgabe und Organisationstalent sukzessiv zum Herrn auf, der während seiner Freigänge mit Hilfe ehemaliger Gefangener ein florierendes Drogenimperium installiert. Ohne noch wie frühere Gangster des Polar in Milieu oder Moral verwurzelt zu sein, geht er konsequent über Leichen. Als er am Ende nach sechs Jahren entlassen wird, erwartet ihn zu Brechts »Mack the Knife« bereits eine Kolonne von Limousinen, die den neuen Paten in Empfang nehmen will. Die Machtrelationen außerhalb der Gefängnismauern entsprechen dem Mikrokosmos hinter Gittern, beide Welten setzt Audiard analog: eine Vision »der modernen Gesellschaft als Gefängnis«[50].

Da sind zum anderen die Polars von Nicolas Boukhrief. Sie begreifen das Genrekino als kulturelles Repertoire, mit dessen konventionellen Versatzstücken immer wieder unkonventionelle Effekte zu erzielen sind. Für Boukhrief zählt der originelle Zugriff auf existentes Material, der eine neue, zusätzliche Ebene ins Spiel bringt. Als ehemaliger Chefredakteur von Starfix, einer 1982 gegründeten Zeitschrift cinéphiler Provenienz, die von John Carpenter über George Pan Cosmatos, John McTiernan, Paul Verhoeven bis zu Russel Mulcahy unterschätzte Autoren des Genrekinos feiert, greift Boukhrief auf seine immense Filmbildung zurück, ohne aber Zitate und Referenzen in Anführungszeichen zu setzen, um sie ironisch zu relativieren. Seine Polars präsentieren sich als freies Spiel der flottierenden Signifikanten, wahren dabei jedoch das Primat des Erzählten gegenüber der Erzählung. Von Film zu Film zeigt sich bei Boukhrief eine immer funktionaler werdende Mise en scène, die das Geschehen mal mit kleinen Kamerabewegungen, mal mit großer Tiefenschärfe akzentuiert. Für ihn gibt es nichts Spannenderes, als für das Kino spannende Geschichten zu inszenieren. LE CONVOYEUR (2004) schildert sowohl Einsamkeit als auch Kollegialität in der Gruppe, inspiriert durch Howard Hawks erzählt Boukhrief von Angestellten einer maroden Wachschutzfirma für Geldtransporte, die nicht nur untereinander Konflikte auszutragen haben, sondern sich auch gegen ein schwerbewaffnetes Überfallkommando verteidigen müssen. Albert Dupontel spielt mit Alex Demarre den Neuzugang der Truppe, ihn motiviert die Suche nach den Gangstern: Nachdem diese seinen Sohn ermordet und ihn selbst schwer verletzt haben, liegt der einzig noch verbliebene Grund seiner zerstörten Existenz im Finden und Töten der Täter. Boukhrief nutzt sowohl Demarres physische wie psychische Traumata als auch den trostlosen Alltag der unterbezahlten Kurierfahrer zur Inszenierung einer fatalistischen Noir-Phantasie um die Sinnlosigkeit des Lebens. In LE CONVOYEUR scheint es nicht die Mühe wert, gelebt zu werden, denn alles Tun resultiert nur in Katastrophen. Am Ende wird selbst der Konkurs des Sicherheitsunternehmens durch einen Akt der Gewalt beschleunigt. Zurück bleiben lediglich Leichen. Auch mit CORTEX (2008) rückt Boukhrief einen angeschlagenen Protagonisten ins Zentrum, der wie Demarre aus LE CONVOYEUR schwer erkrankt ist. Zu Beginn wird André Dussolliers Polizeikommissar Boyer in ein Pflegeheim eingewiesen, wo der an Alzheimer leidende Pensionär seinen Lebensabend verbringen soll. Dort aber scheint sich eine Mordserie zu ereignen, die den dementen Ermittler vor Rätsel stellt. Ist es in LE CONVOYEUR noch Howard Hawks, der Boukhrief als Inspiration dient, so orientiert CORTEX sich an den Thrillern von Alfred Hitchcock: Bis zum überraschenden Ende bleibt in der Schwebe, ob Boyer tatsächlich einem Serienmörder auf der Spur oder doch bloß Opfer seiner mentalen Verwirrung ist. Schildert CORTEX die letzte Ermittlung eines Polizisten, geht es in GARDIENS DE L'ORDRE (2010) um ein junges Beamtenpaar, das erstmals investigativ tätig wird. Cécile de Frances Julie und Fred Testots Simon sind eigentlich nur ganz gewöhnliche Streifenpolizisten, als sie aber in ein Komplott von Legislative und Exekutive – auf einem Routineeinsatz mussten Julie und Simon in Notwehr den Sohn eines einflussreichen Politikers töten, nun droht ihnen ein Disziplinarverfahren wegen unangemessener Gewaltanwendung – verwickelt werden, beginnen sie auf eigene Faust verdeckt zu ermitteln. Die beiden Wächter der Ordnung kommen einer neuen Designerdroge auf die Spur und verstricken sich immer weiter in eine Welt aus Rausch, Glamour und Verbrechen. Unaufhaltsam geraten Julie und Simon selbst in den Strudel der Illegalität, überschreiten die Grenzen des Gesetzes: Sie lügen und betrügen, sie stehlen und töten. An William Friedkins TO LIVE AND DIE IN L.A. (1985) orientiert Boukhrief sich mit GARDIENS DE L'ORDRE, auch seine beiden Flics gehen aufs Ganze und verlieren dadurch das Einzelne aus den Augen. Und wie Friedkin sein Los Angeles, so entwirft Boukhrief sein Paris jenseits von dramaturgischer Plausibilität und narrativer Logik als urbanes Signifikantenphänomen, das mit anonymen Gebäudefassaden und glamourösen Edeldiscotheken den beiden Polizisten zur infernalischen Bedrohung wird. GARDIENS DE L'ORDRE inszeniert im Zirkulieren der Zeichen die französische Metropole als rasenden Mahlstrom an Intensitäten. Dort sucht Boukhrief »nicht mehr den imaginären Reichtum, sondern den Taumel der Oberflächlichkeit, das Künstliche ihres Details«[51]. Er bringt den Blick zum Abgleiten und erzeugt einen Überschuss an Sichtbarkeit, der das Bild durchdringt, es auffüllt. Bei Boukhrief zeigt sich die Lust am Schauen an Signifikanten, die sich ihrer Basis entziehen, an Signifikanten, die zeigen und doch immer nur auf das Gezeigte verweisen. Sein Kino fungiert rituell statt diskursiv, das Sichtbare hat hier das Sagbare abgelöst.

Und da sind die Polars von Frédéric Schoendoerffer. Sie schildern Kriminalität und Detektion betont reserviert, womit ein dokumentarischer Blick suggeriert ist, der dem Genre eigene ästhetische Qualitäten abgewinnt. In mal ruhigen, mal durch Handkamera dynamisierten Einstellungen erforscht Schoendoerffer eine Welt des Verbrechens, die vor dem Kinosaal schon zu beginnen scheint. Sein Debütfilm SCÈNES DE CRIMES (2000) handelt von der Jagd auf einen grausamen Serienmörder, die durch einen zufälligen Leichenfund in den Wäldern der Ardennen initiiert wird. Nie zeigt Schoendoerffer die Taten selbst, er lässt die Tatorte sprechen. Sie sind zu deuten von den ermittelnden Polizisten, deren akribische Ermittlungsarbeit im Zentrum der Narration steht. Von der Spurensicherung bis zur Obduktion der malträtierten Körper wird ihr Vorgehen auf Basis modernster Fahndungsmethoden en détail geschildert, mitunter in zermürbend langsamem Erzähltempo. Möglichst viel Zeit, so viel Zeit wie möglich nimmt Schoendoerffer sich, auch bei der Porträtierung seiner Protagonisten. Charles Berling und Andre Dussollier agieren als langjährige Partner, die ihre gemeinsame Polizeiarbeit zu engen Freunden gemacht hat. Professionelles und Privates mischt sich in SCÈNES DE CRIMES, ist kaum mehr auseinanderzuhalten. So erhält das Publikum im Verlaufe der investigativen Arbeit nicht nur immer mehr Informationen über die Psyche des Serienkillers, auch die beiden Ermittler gewinnen sukzessive größere Kontur als gebrochene Männer, die Beruf und Privatleben weder voneinander separieren noch miteinander in Einklang bringen können. Analog zu den Opfern des Mörders leben sie in zerrütteten Familienverhältnissen, so dass die finale Pointe des Films nur folgerichtig ist: Als der ältere Polizist einem Herzinfarkt erliegt, setzt sein junger Partner die Ermittlungen alleine fort und wird in seinem obsessiven Tun beinahe selbst zum Opfer des Serienkillers. Wie SCÈNES DE CRIMES ist auch Schoendoerffers zweiter Film von einem zurückhaltenden Gestus bestimmt. AGENTS SECRETS (2004) spielt im mythischen Milieu der Spione, prosaischer aber könnte die Perspektive auf ihr Agieren kaum sein. Besetzt mit den Stars Vincent Cassel und Monica Belluci, inszeniert AGENTS SECRETS gerade keine glamourösen Auftritte. Schoendoerffer will hinter die Kulissen der Geheimdienste blicken, er zeigt das reibungslose Funktionieren einer amoralischen Maschinerie: Als Spion endet man mit einer Kugel im Kopf, als Insider wie als Outsider. Wer dem

TRUANDS

SCÈNES DE CRIMES

Geheimdienst treu bleibt, der wird irgendwann von gegnerischen Agenten liquidiert, wer den Dienst quittiert, den lässt die eigene Firma ausschalten. In AGENTS SECRETS verlieren die Figuren daher schon, wenn sie sich noch als Sieger wähnen. Am Ende gewinnt immer der Tod. Agenten sterben einsam. So beginnt Schoendoerffer den Film auch schon mit der Ermordung des Protagonisten, er wird von der Straße abgedrängt und in einem Feld erschossen. Als Traum stellt sich das Geschehen dann heraus, aber es ist mehr eine Vorahnung: Cassels Brisseau (ein Agent ohne Vornamen) ist die nächsten neunzig Minuten über nur ein Toter auf Urlaub. Mit Bellucis Lisa (einer Agentin ohne Nachnamen) soll er vor der marokkanischen Küste das Frachtschiff eines russischen Waffenhändlers zum Kentern bringen, dahinter jedoch steckt eine perfide Intrige der französischen Regierung, die nach erfolgreicher Mission ihre eigenen Agenten loswerden möchte. Über die Hälfte der Laufzeit widmet AGENTS SECRETS sich dem Anschlag vor Casablanca und seiner minutiösen Vorbereitung, wie SCÈNES DE CRIMES wird der Film stärker durch kleine Details als von großen Ereignissen getragen. Dann aber geht plötzlich alles sehr schnell, läuft plötzlich alles aus dem Ruder. Brisseau muss erkennen, dass er und Lisa lediglich Bauern in einem weltpolitischen Schachspiel um Macht und Geld sind, die man nur allzu leicht bereits ist zu opfern. So wenig wie persönliche Verdienste honoriert werden, so wenig existiert eine Differenz zwischen ›guter‹ und ›böser‹ Seite. Auch in Schoendoerffers TRUANDS (2007) sind Fragen der Moral völlig absent, die Pariser Unterwelt wird als das Terrain von ebenso primitiven wie misogynen wie sadistischen Gewaltverbrechern inszeniert. Philippe Caubère spielt den brutalen Gangsterboss Claude Corti, um dessen Nachfolge ein blutiger Bandenkrieg entsteht, als er mehrere Jahre ins Gefängnis muss. Diese Ausgangslage nutzt TRUANDS für ein Panorama an austauschbaren Figuren, die kommen und gehen, das Mosaik wird nur durch den Fluss ihrer kriminellen Energie zusammengehalten. Dabei gelten weder Ehrenkodex noch Loyalität, Schoendoerffer hebelt die ›klassischen‹ Konventionen des Polar völlig aus. Seine Gangster sind stillose Rüpel, die verstümmeln, die vergewaltigen, die morden, und sei es nur, um dadurch eine Macht zu demonstrieren, die dem anderen imponieren soll. Lediglich der von Benoît Magimel gespielte Auftragskiller Franck scheint zunächst noch an die Professionals alter Schule zu erinnern: Wortkarg, emotionslos, fokussiert tritt er auf, die Situation stets unter Kontrolle. Doch auch er stellt seine Fähigkeiten ausschließlich in den Dienst des Meistbietenden. Dass Corti den Killer als Freund betrachtet, das wird ihm zum Verhängnis werden. In TRUANDS regiert allein das Recht des Stärkeren, ein Gesetz von Geld und Gier, Geilheit und Gewalt. Mit dem Film wirft Schoendoerffer den Polar auf seinen Kern zurück: die Bestie Mensch.

1 Hayward, Susan: French National Cinema. London/New York 1993, S. 7.
2 Alain Corneau, zitiert nach: Gerhold, Hans: Kino der Blicke. Der französische Kriminalfilm. Frankfurt am Main 1989, S. 209.
3 Berry-Flint, Sarah: Genre. In: Miller, Toby / Stam, Robert (Hg.): Film Theory. Malden 2004, S. 25–44, hier S. 40.
4 Elsaesser, Thomas: European Cinema. Face to Face with Hollywood. Amsterdam 2005, S. 300. Ähnlich resümiert bereits Andrew Tudor: »In Europa war der Regisseur, wie man glaubte, relativ frei von dem kommerziellen Druck, der in Hollywood auf ihm lastete. Gerade diese ›Freiheit‹ gestattete ihm, ein Autor zu sein. Hollywood aber war – so glaubte man immer – nichts weiter als eine Ansammlung unterschiedlich begabter Handwerker, die mehr oder weniger gute Filme herstellten. […] Kunst existierte per definitionem anderswo« (Tudor, Andrew: Film-Theorien. Frankfurt am Main 1977, S. 83).
5 Brenez, Nicole: Forms 1960–2004: ›The Critical Faculty Invents Fresh Forms‹. In: Temple, Michael / Witt, Michael (Hg.): The French Cinema Book. London 2004, S. 230–246, hier S. 246.
6 Ebd., S. 230.
7 Arnheim, Rudolf: Film als Kunst. München 1974, S. 195.
8 Ebd., S. 194f.
9 Horkheimer, Max / Adorno, Theodor W.: Dialektik der Aufklärung. Philosophische Fragmente. Frankfurt am Main 1987, S. 29.
10 Fiske, John: Understanding Popular Culture. Boston 1989, S. 26.
11 Deleuze, Gilles: Philosophie der ›Série noire‹. In: ders.: Die einsame Insel. Texte und Gespräche von 1953 bis 1974. Frankfurt am Main 2003, S. 120–126, hier 123.
12 Ebd., S. 125.
13 Das macht ihn zur Herausforderung jeder Analyse: »[P]erhaps, popular genres require more complex decoding than art cinema, because of their closeness (through language, character's gestures, topical references) to popular culture« (Vincendeau, Ginette: Issues in European Cinema. In: Hill, John / Church Gibson, Pamela (Hg.): The Oxford Guide to Film Studies. Oxford 1998, S. 440–448, hier S. 446).
14 Interessant erscheint jedoch, dass Adorno in seinem Spätwerk darauf hinweist, wie die Kulturindustrie im Innersten selbst emanzipatorisches Potential besitze: »Will sie die Massen ergreifen, so gerät selbst die Ideologie der Kulturindustrie so antagonistisch wie die Gesellschaft, auf die sie es abgesehen hat. Sie enthält das Gegengift ihrer eigenen Lüge. Auf nichts anderes wäre zu ihrer Rettung zu verweisen« (Adorno, Theodor W.: Ohne Leitbild. Parva Aesthetica. Frankfurt am Main 1967, S. 83). Für eine (Gegen-)Lesart von Adorno, die in seinen Schriften einer Apologie des Kinos nachspürt, vgl. Seel, Martin: Adornos Apologie des Kinos. In: Baum, Patrick / Seubold, Günter (Hg.): Wieviel Spaß verträgt die Kultur? Adornos Begriff der Kulturindustrie und die gegenwärtige Spaßkultur. Bonn 2004, S. 127–144.
15 Benjamin, Walter: Das Kunstwerk im Zeitalter seiner technischen Reproduzierbarkeit. In: ders.: Illuminationen. Ausgewählte Schriften 1. Frankfurt am Main 1977, S. 136–169, hier S. 149.
16 Dyer, Richard / Vincendeau, Ginette: Introduction. In: Dyer, Richard / Vincendeau, Ginette (Hg.): Popular European Cinema. London 1992, S. 1–15, hier S. 2.
17 Godard, Jean-Luc: From Critic to Film-Maker: Godard in Interview (December 1962). In: Hillier, Jim (Hg.): Cahiers du Cinéma. Volume 2. 1960–1968: New Wave, New Cinema, Re-evaluating Hollywood. London 1986, S. 59–67, hier S. 64.
18 Vgl. Vanderschelden, Isabelle / Waldron, Darren: Introduction. In. dies. (Hg.): France at the Flicks. Trends in Contemporary French Popular Cinema. Cambridge 2007, S. 1–15, hier S. 8.
19 Vincendeau, Ginette: The Companion to French Cinema. London 1996, S. x.
20 Ginette Vincendeau weist mit Recht darauf hin, dass im Alltagsgebrauch der Terminus Synonym für Kriminalfilm per se ist: »The term *policier* – ›polar‹ in slang – designates all crime films, whether the police appear in them or not« (Vincendeau, Ginette: French film noir. In: Spicer, Andrew (Hg.): European Film Noir. Manchester 2007, S. 23–54, hier S. 46).

21 Eine alternative Ausdifferenzierung findet sich mit Hickethier, Knut: Das Genre des Kriminalfilms. In: ders.: (Hg.): Filmgenres. Kriminalfilm. Stuttgart 2005, S. 11–41, hier S.16ff.
22 Göttler, Fritz: Über die Nacht hinaus. In: Süddeutsche Zeitung v. 10.03.2005.
23 Vincendeau 2007, a. a. O., S. 25.
24 Marcel Duhamel, zitiert nach: Vincendeau 2007, a. a. O., S. 36f.
25 Barthes, Roland: Über mich selbst. München 1978, S. 96.
26 Barthes, Roland: Power and ›Cool‹. In: Barthes, Roland: The Eiffel Tower and Other Mythologies. New York 1997, S. 43–45, hier S. 43.
27 Deleuze 2003, a. a. O., S. 123.
28 Vincendeau, Ginette: France 1945–65 and Hollywood: The *policier* as inter-national text. In: Screen, Nr. 1 (1992). S. 50–79.
29 Forbes, Jill: The Cinema in France After the New Wave. London 1992, S. 48.
30 Böhler, Michael: High and Low. Zur transatlantischen Zirkulation von kulturellem Kapital: In: Linke, Angelika / Tanner, Jakob (Hg.): Attraktion und Abwehr. Die Amerikanisierung der Alltagskultur in Europa. Köln/Weimar/Wien 2006, S. 69–93, hier S. 85.
31 Jameson, Fredric: Postmoderne – Zur Logik der Kultur im Spätkapitalismus. In: Huyssen, Andreas / Scherpe, Klaus R. (Hg.): Postmoderne – Zeichen eines kulturellen Wandels. Reinbek 1986, S. 45–102, hier S. 48.
32 Ebd., S. 60.
33 Hall, Stuart: Das Lokale und das Globale. Globalisierung und Ethnizität. In: ders.: Rassismus und kulturelle Identität. Ausgewählte Schriften 2. Hamburg 1994, S. 44–65, hier S. 52.
34 Vgl. Frank, Nino: Un nouveau genre ›policier‹: L'aventure criminelle. In: L'Écran français, Nr. 61 (1946), S. 8–9/14; Borde, Raymond / Chaumeton, Étienne: Panorama du film noir americain (1941–1953). Paris 1955.
35 Bordwell, David: Narration in the Fiction Film. London 1985, S. 156ff.
36 Leibniz, Gottfried Wilhelm: Die Theodizee. Von der Güte Gottes, der Freiheit des Menschen und dem Ursprung des Übels. Philosophische Schriften. Band 2.1. Darmstadt 1985, S. 219.
37 Deleuze, Gilles: Nietzsche und die Philosophie. Hamburg 1991, S. 27.
38 Zur Dialektik von Genre- und Autorenkino siehe Ritzer, Ivo: Walter Hill. Welt in Flammen. Berlin 2009.
39 Derrida, Jacques: Gestade. Wien 1994, S. 260.
40 Vincendeau 1998, a. a. O., S. 444.
41 Ebd., S. 445.
42 Smith, Alison: French Cinema in the 1970s. The Echoes of May. Manchester 2005, S. 35.
43 Gerhold 1989, a. a. O., S. 218.
44 Molia, Francois-Xavier: »Peut-on être à la fois hollywoodien et français?« French *Superproductions* and the American Model. In: Vanderschelden, Isabelle / Waldron, Darren (Hg.): France at the Flicks. Trends in Contemporary French Popular Cinema. Cambridge 2007, S. 51–62, hier S. 52.
45 Ebd., S. 56.
46 Powrie, Phil: French Neo-Noir to Hyper-Noir. In: Spicer, Andrew (Hg.): European Film Noir. Manchester 2007, S. 55–83, hier S. 67.
47 Palmer, Tim: Pop-Art French Cinema and Valeria Bruni-Tedesci's IL EST PLUS FACILE POUR UN CHAMEAU ... In: Vanderschelden, Isabelle / Waldron, Darren (Hg.): France at the Flicks. Trends in Contemporary French Popular Cinema. Cambridge 2007, S. 89–102, hier S. 94.
48 Foucault, Michel: Überwachen und Strafen. Die Geburt des Gefängnisses. Frankfurt am Main 1994, S. 341.
49 Ebd., S. 343.
50 Ebd., S. 388.
51 Baudrillard, Jean: Videowelt und fraktales Subjekt. In: Ars Electronica (Hg.): Philosophien der neuen Technologie. Berlin 1989, S. 113–133, hier S. 116.

Dominik Graf

Tiefes Blau
Eine Hommage an den Polar

Die erste Szene in LA GUERRE DES POLICES (1979; R: Robin Davis) gehört zu den überraschendsten Anfängen des Genres: Um 3 Uhr 45 klingelt der Wecker bei Marie Garcin (Marlene Jobert) mit satter Blues-Rock Livemusik, Soundtrack von Jean Senia. Sie kommt schwer aus dem Bett, weckt sanft einen Typen nebenan in ihrem kleinen Wohnzimmer, der auf der Couch schläft. Sie sagt begütigend zu seinem Hinterkopf unter der Decke, der sich nicht rührt: »Wir können ja nochmal über alles reden«. Offenbar musste sie ihn am Vorabend abwimmeln, vielleicht hat sie auch Schluss gemacht mit ihm, und er hat aber noch einmal bei ihr übernachtet – weil sie beide nämlich Mitglieder derselben Elitetruppe bei der Polizei sind und gemeinsam früh raus müssen. Aber plötzlich dreht sich der Couch-Mann um, hellwach, und sagt fröhlich: »Ich würde viel lieber mit dir schlafen!« Sie fährt lachend zurück und wehrt ihn ab, »Nichts da!« Er haut sich beim Versuch, ihr hinterherzukommen, den Kopf an ihrer von der Decke hängenden »Scheiß-Innendekoration!« an, ein volles Glas Wasser kippt dabei auf ihm aus. Sie verschwindet grinsend ins Bad, schließt ab. Es klingelt an der Tür, der Couch-Typ geht öffnen und draußen stehen mit gezogener Waffe zwei Männer in Lederjacken und Comic-Masken vor dem Gesicht: Sie drängen ihr Opfer zurück in das Wohnzimmer. Jobert hört das Handgemenge unter der Dusche, nimmt ihren Revolver aus dem Halfter, das neben ihr hängt, und tritt leise und splitternackt hinter die vermeintlichen Gangster: »Nicht umdrehen!« Die heben erschrocken die Hände, geben sich als Kollegen aus der Polizeitruppe zu erkennen: »Wir sind's doch!« Es sollte ein Scherz werden. Jobert sagt kühl: »Ja, ich weiß, wer ihr seid. Nicht umdrehen!«, und zieht sich nach der Entwaffnung der beiden wieder rückwärts ins Badezimmer zurück. Von ihrer Nacktheit haben sie alle nichts gesehen. Aber wir. Es sollte Gedichte und Lieder über diesen Moment geben.

Schnitt: Der Einsatz, zu dem sie nun alle vier am frühen Morgen mit ihrem magenkranken Chef Ballestrat (Claude Rich, der immer gekochte Eier isst) fahren, endet tödlich. Weil eine andere Polizei-Elitetruppe unter Führung des Draufgängers Fush (Claude Brasseur) ihnen die spektakuläre Festnahme des Groß-Gangsters Sarlat wegschnappen will. Und weil Ballestrat daraufhin aus eiskalter Karriere-Sucht den Einsatz torpediert, indem er eine nichts ahnende Polizeistreife alarmiert, die durch ihr Auftauchen totale Verwirrung stiftet. Ein Mann von Fushs Truppe wird dabei erschossen. Und Sarlat entkommt.

Am nächsten Morgen sitzen Fush und Ballestrat mit ihren Unterchefs beim Oberchef, gespielt von Francois Perrier, der wieder mal eine seiner grandios boshaften Szenen zelebriert, in der kaum einer redet außer ihm – während draußen vor seinem Büro prachtvolle alte Bäume abgesägt werden. Der Chef erwartet nach dem Debakel perfekte Zusammenarbeit der beiden Elitetruppen, keinen einzigen weiteren Toten sowie eine baldige – lebende! – Verhaftung des flüchtigen Sarlat. Zwischen den Zeilen seines Gelabers aber hetzt er eigentlich die beiden Truppen in mörderischem Konkurrenzkampf aufeinander. Die Quote zählt, sonst nichts. Und Fush wird ein glorreicher Karriere-Aufstieg in Aussicht gestellt ...

Man muss spätestens jetzt hinzufügen: Zwei Wochen vor der Premiere von Robin Davis' LA GUERRE DES POLICES wurde Frankreichs ›Staatsfeind Nr. 1‹ Jacques Mesrine am 2. November 1979 auf offener Straße in Paris von Dutzenden Polizisten erschossen. Frankreich war daraufhin kurzzeitig in moralischem Aufruhr. Als »Hinrichtung ohne Verfahren« wurde der Polizeieinsatz gebrandmarkt. LA GUERRE DES POLICES kam also genau zur richtigen Zeit und wurde ein sensationeller Publikumserfolg. Dennoch ist der Film heute fast vergessen.

Von fast allen französischen Polars jener Zeit – und das ist als ein sicheres Zeichen für ihre Qualität zu werten – gibt es in Deutschland nur noch VHS-Kopien. Der Schmutz dieser Filme kann nur auf einem knallharten, kontraststarken, von der Kinokopie abgetasteten Video perfekt wiedergegeben werden. Es ist eine schmuddlige Welt mit knalligen Covers. Man will sie eigentlich auch gar nicht ›digital überarbeitet‹ haben, und womöglich auch noch neu synchronisiert. (In all diesen vergessenen französischen Wunderfilmen findet man nämlich im Synchron auch herrliche deutsche Frauen- und Männer-Stimmen, die einem damals beim Hören im Kino Mut

LA GUERRE DES POLICES

machten, mit unseren Schauspielern deutsche Polar-Gegenstücke zu versuchen).

Es sind tiefdunkle und trotzdem zarte Filme, die von 1979 bis 1983 (einem ganz großen Polar-Jahr!) in Frankreich entstehen. Sie sind politisch unkorrekt, realistisch inszeniert und dennoch sehnsüchtig im Ton. Sie sind nichts für heutige deutsche Filmhochschulen und ihre System-unterwürfigen Zöglinge. Man könnte die alten VHS-Kopien eher versteckt vorführen, in einem heimlichen unterirdischen Kino, so wie vor ein paar Jahren eines in Paris in den Höhlen der Metro gefunden wurde. Denn die Welt oben ist nicht mehr reif genug für die entwaffnende Direktheit der Filme. Der Blick eines heutigen Publikums verwundet und beleidigt sie gleichsam, und man will sie wie verborgene Juwelen unwillkürlich vor einer banalen Wiederentdeckung schützen.

Es war vielleicht damals eine Welt-Sekunde des ›kleinen‹ Films, ein kurzer Moment des gezielt unaufwendigen Erzählens mit maximalem Ergebnis im Genrekino Europas: Der Asphalt der Pariser Straßen bei Nacht glänzt Ende der 1970er noch genauso dunkelblau und feucht wie bei Melville. Aber man kann die Stadt jetzt zusätzlich riechen. Die Bilder des wahren, des ›ehrlichen‹ Polizei-Thrillers waren kurze Zeit lang ganz schlicht geworden. Halbtotale, Halbnahe, Nahe. Kaum Fahrten. Kein filmischer Protz, kein eitles Styling (wie schon kurz danach wieder bei Jean-Jaques Beineix' DIVA). Kein ›Look‹, keine Kranfahrt. Es ist ›leichtes‹ Filmemachen, Filmemachen ohne Gepäck, ohne selbst- oder fremdauferlegte Bürde: Einfach nur gute Dialoge, tolle Situationen, keine aufgesetzten stilistischen Willensbekundungen. Diese Filme sind nicht cool wie Melvilles Masken-Dramen. Sie wirken wie mit links inszeniert, nebenbei, sozusagen gedreht während man bereits den nächsten Film vorbereitet. Und so war das Genrekino ja mal gemeint, bevor die Film-Akademien kamen. Es war kontinuierliches, dunkelfreudiges B- und C-Filmemachen. Eine Fabrik der Schatten. Unaufwendiger als damals wird heute selbst im Fernsehen nicht inszeniert. Die neuen Regisseure hießen jetzt (nach dem ersten Post-Melville-Meister Alain Corneau) Bob Swaim, Robin Davis und Philippe Labro. Ihr charismatischer Autor der Stunde war Jean-Patrick Manchette, der ›Rimbaud des Polar‹, der Erfinder der neuen Polizeithriller-Herrlichkeit. Es ist das Ende der Regenmäntel im französischen Film. Die Polizisten und die Gangster sind jetzt angezogen wie beim Training: Turnschuhe, Jeans, Windjacken, ärmellose Handwerker-Westen. Gewalt passiert meist schnell und ohne Vorwarnung.

Und wie alles so passiert, das ist schon ziemlich frech. Da werden dem ›Hühnchen‹-Schänder Rufus in seinem neuen Sozial-Job von Claude Rich und einem großartigen Jean-Francois Stevenin die Hühner aus seinen Massenkäfigen gerissen und brutal an den Kopf geworfen. Damit er preisgibt, wo seine Schwester zu finden ist, die eine Freundin des Gangsters Sarlat ist. Zwei Szenen später wird Madame Jobert beinahe von einer ganzen Gang von Kleinkriminellen vergewaltigt, weil sie sich unvorsichtigerweise solo auf die Suche nach einem Ex-Sträfling gemacht hat, der ihr Informationen über den Gesuchten geben soll. Nachdem Brasseur sie aus dieser Situation gerettet hat, wacht sie bei ihm zu Hause auf dem Sofa auf, erkennt ihn als ›Gegner‹ ihres Chefs und sagt als erstes: »Geben Sie's zu, Sie haben mich missbraucht, während ich ohnmächtig war?« Und er antwortet: »Zweimal«, und zeigt dabei vier Finger. Aber wie sie dann lächelt! Nicht wie eine Pose, sondern sie lächelt so, als hätte sie es Brasseur nicht einmal übel genommen, wenn's wirklich passiert wäre. Sie lächelt in einer Weise offen und hinterhältig und geradezu anti-sexy gleichzeitig, dass einem beim Zuschauen die seither jahrzehntelange Abwesenheit echten, marketingfreien Lächelns in den Gesichtern des Kinos erst so richtig bewusst wird.

Ähnlich dicht und vertrackt geht es in einem anderen versunkenen Film jener Zeit zu: LA CRIME (1983; R: Philippe Labro). Komissar Griffon (wieder Claude Brasseur) sucht in höheren Kreisen nach den Hintergründen für den Mord an einem Richter. Er benimmt sich dabei dermaßen rüpelig, dass er schon beinahe den Zuschauer gegen sich aufbringt. Alle Frauen sind bei ihm grundsätzlich Schlampen, und im Haus des edlen Verblichenen drückt er seine Dauer-Zigaretten auf den Empire-Tischplatten aus. Aber er hat das Herz auf dem rechten Fleck: Der Fall nimmt früh Formen eines Endspiels für Griffon an – man will ihn von oben behindern, dann irgendwann soll er weg. In einer üblen Szene wird eine englische Edelprostituierte – Suzy »D'Annunzio« (Dayle Haddon) – in einem Lift verbrannt. Als Griffon sie nach 25 Minuten Film das erste Mal besuchte, da saß sie in tiefer, echter Trauer um ihren erschossenen Richter-Kunden im weiß-goldenen Apartment und aß selbstvergessen Kaviar. Die beiden stritten sich sofort. Griffon aß ihr den Kaviar weg, sie haute ihm die Semmel, die er sich geschmiert hatte, ins Gesicht, sodass ihm nur ein kleines Kaviar-Hitlerbärtchen blieb. Dann ließ sie ihn von seinen eigenen Leuten abholen, weil Polizeibesuche nach 21 Uhr verboten sind. Seitdem mögen sie sich aber. Dass sie stirbt, aussagewillig auf dem Weg zu ihm und der hartnäckigen hübschen Journalistin (Gabrielle Lazure), in die er sich verlieben wird – das macht ihn extra wütend, und er rächt sie (Zur Journalistin sagt er nach dem Showdown: »Warum bist du denn noch da?« – »Weil ich will, dass du mich liebst«).

Philippe Labro gibt den Schauspielern durch kurze Brennweiten allen Raum. Im Grunde ein Kammerspiel, jede Szene in Innenräumen ist fabelhaft. Starke Dialoge, gewitzte Inszenierung, immer überraschend und ironisch. Alle sind besser denn je, aber es bleibt Brasseurs grandiose One-Man-Show – solange, bis sie nach 80 Minuten durch Trintignants Auftritt mit dem Orangen-Messer unterbrochen wird. Er ist der Verkehrsminister Lacassagne, korrupt und absurd asketisch. Als er von Brasseur mit der unweigerlichen Aufdeckung seiner Verfehlungen konfrontiert wird, da lässt er sich eine Orange geben, schält sie sorgfältig, als würde er ein kleines Tier vivisezieren und schwadroniert dabei darüber, dass er eigentlich ein Genießer sei. Und als Brasseur kurz am Telefon ist, da stürzt er sich mit leisem Seufzer in das blitzende Orangen-Skalpell.

Natürlich ist die Trintignant-Szene das Herz des Films. Aber Brasseur ist die Seele. Wie er mit der Edelnutte schimpft. Wie er mit seiner Katze spricht (»OK, wenn du nicht mit mir redest ... Ich kann auch schweigen!«). Wie er alle, die sich ihm als Stützen der Gesellschaft präsentieren und ihm raten, sein Engagement in Grenzen zu halten, in Furor hinwegfegt! Solche Figuren braucht man, um durch einen Polizeithriller geführt zu werden. Nach außen hin zynisch geworden aus enttäuschtem Moralismus. Unpolitisch, oder eher anti-politisch, desillusioniert nach dem Tamtam der 1960er und 70er. Die Enden der Filme: Claude Brasseur überlebt in LA CRIME völlig wider Erwarten. Und in LA GUERRE DES POLICES überlebt er überraschend nicht. Zweimal Brasseur als perfekter B-Picture-Schauspieler. Brasseur: dem immer irgendwie sein Vater im Nacken saß, der alte Pierre Brasseur, der strahlend als Frédérick Lemaître in LES ENFANTS DU PARADIS (1945; R: Marcel Carné), düster als Arzt in LES YEUX SANS VISAGE (1960; R: Georges Franju), einsam in PORTE DES LILAS (1957; R: René Clair) allen in Erinnerung war: Was für eine Hypothek für den Sohn, in denselben Job einzusteigen, in dem der Vater so berühmt wurde! Aber Claude Brasseur spielte spätestens in diesen beiden Filmen alle dynastischen Probleme glatt über den Haufen und den Vater sozusagen an die Wand.

Die Väter überhaupt: Marie (Jobert) in LA GUERRE DES POLICES ist ein schwieriger Charakter. Man erfährt nicht viel über sie. Ihr Vater – ein Polizist – war »ein Idiot«, sagt sie. Aber sie ist auf dem besten Weg, genauso zu werden wie er: »Wenn ich dran denke, dass ich dich mal gebumst habe, läuft's mir kalt den Rücken runter«, sagt ein kriminell gewordener Exfreund zu ihr. Sie lässt sich mit Fush ein, weil er ein klassischer Fall von verlassenem Mann mit kleiner Tochter ist, er ist attraktiv und tut ihr leid. Er ist für kurze Zeit eine bessere Vaterfigur als ihr Chef Ballestrat. Aber dann verrät sie ein wichtiges Detail, das sie bei Fush zufällig erfahren hat, an Ballestrat – fast so, als wolle sie sich selbst bestrafen und durch sinnlose Loyalität das Ende ihrer verbotenen Romanze mit dem ›Gegner‹ erzwingen. Fush ohrfeigt sie dafür, ihr Chef nützt ihren Hinweis kaltblütig aus und führt abermals eine Katastrophe herbei. In der schön absurden Hold-Up-Situation, die sich am Ende zwischen Polizei und dem gesuchten Sarlat ergibt, geht Jobert einfach weg. Dann fallen hinter ihr Schüsse, Fush hat einen idiotischen Western-Showdown heraufbeschworen und stirbt. Jobert rennt zurück, berührt die Leiche kurz und geht endgültig. Die einzige Frau unter lauter »Idioten«. Eine Frau mit schwer schwankendem Selbstbewusstsein – was sie sehr sympathisch macht – anlehnungsbedürftig und autark gleichzeitig, mit eben jenem wundervollen Lächeln.

Sind das eigentlich vor allem pure Schauspieler-Filme? Ist das vielleicht ihr heute noch bestrickendes Geheimnis? So viele Höchstleistungen in diesen tollen Polar-Jahren: Adjanis unglaublicher, gelangweilter Blick über das Glas auf Alain Souchon bei der sagenhaften Dorfdisco-Szene in L'ÉTÉ MEURTRIER (1983; Jean Becker), Romy Schneider und Ventura und Serrault in GARDE À VUE (1981; R: Claude Miller). Coluches herrliche Antwort als alter versoffener Ex-Cop in TCHAO PANTIN (1983; R: Claude Berri) auf Anconinas Frage, ob er sich nie nach einer Frau sehne: »Selbst ist der Mann«. Dazu Agnes Soral, der verletzte, verfügbare, anrührende Punk-Engel im gleichen Film! Und man könnte ewig weiter aufzählen. – Sind das am Ende alles einfach keine reinen Regisseurs-Filme mehr wie noch bei Melville? (Als hätten die Delons, Venturas, Belmondos, Montands usw. immer nur nach der Regie-Pfeife getanzt! Von wegen …) Oder Nathalie Bayes Auftritt auf dem Polizeirevier in LA BALANCE (1982; R: Bob Swaim): Drei Polizisten befragen sie. Der an der Schreibmaschine fragt nach ihrem Geburtsdatum, hat ihren Ausweis in der Hand. Sie daraufhin: »Kannst Du nicht lesen?« Er schreibt das Datum aus dem Ausweis ab, dann will er witzig sein: »Beruf? Hausfrau nehme ich an?« Sie: »Nein. Hure. Ich ficke Dich lieber für 500 Francs als umsonst wie Deine Frau zu Hause«. Als er ihr kurz darauf eine Ohrfeige androht, hält sie ihm den Hintern hin: »Verhauen heute gratis!« Man kann an der Nutte N. Baye hier erahnen, wie die grandiose Alkoholiker-Polizistin N. Baye in LE PETIT LIEUTENANT (2005; R: Xavier Beauvois) als junge Frau wohl so war.

Wer einmal als Regisseur ein Film-Ritter des Polar-Ordens geworden ist, der hat ein Treuegelöbnis abgelegt. Der hat den Kino-Blues als Vorbild, und sonst nichts, hat einen Eid geleistet auf verlässliche Melancholie. Das Verblüffende: Beide Filme, LA CRIME und LA GUERRE DES POLICES sind neben ihrem Straßen-Realismus ja auch erzählerische Drahtseilakte, Farcen, Spiele. Dafür ist sicher auch Manchette, der Autor, verantwortlich. Europäisch hard-boiled, existenzialistisch, dennoch verzinkt und sehr sarkastisch hat er geschrieben. Von ihm könnte auch Claude Riches kleine Szene stammen, in der er beim Verhör eines jungen Homosexuellen seinen grinsenden Mitarbeiter Stevenin ironisch zurechtweist: »Capati, ich glaube, dass ich in Ihrem Verhalten ein Vorurteil gegenüber Homosexuellen sehe. Darf ich Sie daran erinnern, dass Homosexuelle vollwertige Bürger sind, denen wir Unterstützung schuldig sind – und den ganzen Scheißdreck«. Dann bricht er dem Jungen halb den Arm. In solchen Momenten der überscharfen Genre-Selbstreflexion schimmert selbst in diesen beiden grandiosen Filmen schon das baldige Ende der Polar-Welle am Horizont. Wenn eine große Genre-Welle zu Ende geht, dann wachsen ja oft ihre schönsten Blüten. Bei den Polars jener Zeit gehört sicher noch Boissets toller Dijan-

Thriller BLEU COMME L'ENFER (1986) zu den letzten Sumpfpflanzen. Noch einmal mit der wunderbaren Agnes Soral. Es tritt eine Überreife des Genres ein, die Früchte überzuckern sozusagen am Baum, ein Manierismus der Welle ist spürbar. Folgerichtig war 1987 mit Pialats POLICE, dem letzten Meisterwerk, erst mal Schluss. Und als Depardieu traurig und verloren ins nächtliche Schaufenster schaute und Pialat dazu wie eine Erlösungsmusik Góreckis 3. Sinfonie erklingen ließ, da war das wundervoll, und es war gleichzeitig ein Endpunkt. Denn von hier aus führte jeder Schritt das Genre erstmal weiter in den Kunstfilm hinein – und damit in seine eigene Abschaffung. Als der Eiserne Vorhang fiel, hauchte der westeuropäische Thriller im Kino zunächst mal für fünfzehn Jahre seinen Atem aus.

Alle Genre-Wellen der neueren europäischen Filmgeschichte waren Wunderwelten an Variantenreichtum, an Originalität im Seriellen, vom bizarrsten bis zum massenkompatibelsten Werk. Polar, Italowestern, Giallos, British Crime der 1960er und 70er – sie waren alle Westeuropas Nachkriegsnähe zu den USA geschuldet. Sie träumten nochmal den blutigen Wahnsinn des Faschismus im Genre nach. Sie ließen aber unter ihrer oft brachialen Radikalität gleichzeitig die kurzfristige Chance einer anderen westlichen Gesellschaft ahnen. Hoffnung, Sehnsucht nach Gerechtigkeit, Bestrafung, Wiederauferstehung nach dem Unheil.

Ab den 1980er Jahren spürte man dann im maßlosen Zorn der Polizeihelden auf die Politik schon den neuerlichen Niedergang des alten Kontinents voraus – das heutige Ersticken in eitler Bürokratie. Das wiedervereinigte Europa braucht keine provozierenden, dreckigen Genrefilme mehr, sondern es braucht die EU-Kunst als Folklore, exportierbares »Felix«-Marketing-Kino à la Haneke, Almodovar und Konsorten. Und diese Eurokitsch-Filmerei drängt halt am Ende mehr nach dem Auslandsoscar als nach irgendetwas sonst. Darin finden die Kulturfunktionäre des alten Kontinents ihre alberne Selbstbestätigung. Claude Brasseur aus LA CRIME würde als alter fröhlicher Rentner heute vielleicht eine Pumpgun nehmen und halb EU-Brüssel über den Haufen schießen. »Was soll's – ein paar Idioten weniger«.

Matthias Abel

Mord, Maskerade, Moderne
Beobachtungen zur Entwicklung des frühen Polar

Ein genuines Genre »Kriminalfilm« entwickelt sich im französischen Kino vor dem ersten Weltkrieg erst spät[1]. Dabei hat das Verbrechen von Anfang an Frankreichs Leinwände unsicher gemacht. Gleich zu Beginn des ersten kinematografischen Jahrzehnts entstehen mit L'AFFAIRE DREYFUS (1899) von Georges Méliès und HISTOIRE D'UN CRIME (1912), den Ferdinand Zecca drei Jahre später für Pathé dreht, zwei Filme, die entscheidende Aspekte des späteren französischen Kriminalfilms in der »Belle Époque« vorwegnehmen. Da ist zum einen Méliès' Verfilmung des zeitgenössischen Justizskandals, die sich in elf Einstellungen[2] auf die Leiden des Opfers konzentriert und einen Gerichtsprozess zeigt, der eine tiefe gesellschaftliche Zerrissenheit und ein weitverbreitetes Misstrauen gegenüber staatlichen und rechtlichen Organen zum Ausdruck bringt. Und da ist im Falle von Zecca die Geschichte vom armen Tischler, der, um seine Spielschulden tilgen zu können, zum Raubmörder wird und am Ende seinen Kopf durch die Guillotine verliert. Ein Film, der von der Bedrohung der bürgerlichen Ordnung durch die Laster und Versuchungen der kriminellen Halbwelt erzählt. Der Film beinhaltet in seinen sechs Bildern eine ganze Reihe von Standardsituationen, die noch heute zum Kriminalfilm gehören: Der Raubüberfall in einer Bank, die Verhaftung des Verbrechers, eine Szene im Leichenschauhaus sowie Haft und Verurteilung. Bemerkenswert darüber hinaus ist die lange Sequenz, in der der schlafende Häftling zugleich mit seinem Traum gezeigt wird, der auf einer separaten Bühne zu sehen ist, die in die Wand der Zelle eingelassen ist und auf der sein Werdegang vom einfachen Handwerker und Familienvater zum Raubmörder als Rückblende erzählt wird. Beide Themen, die Angst vor der verbrecherischen Unterwelt wie auch das Misstrauen gegenüber der Justiz, werden den französischen Kriminalfilm in der »Belle Époque« bestimmen.

Dabei ist es interessant zu sehen, dass sich die beiden frühen Filme nicht als rein fiktionale Spielfilme verstehen, sondern sich vielmehr in einem intermedialen Geflecht aus aktueller Berichterstattung und Sensationsjournalismus verorten. Méliès inszeniert den zeitgenössischen Justizskandal im Stil der nachinszenierten Tagesereignisse, die als »actualités« zu den wesentlichen Elementen des frühen Kinos gehören. Als Vorlage für seine Szenenbilder benutzt er Abbildungen aus Wochen- oder Tageszeitschriften, wie etwa der *L'Illustration*[3]. Aber auch Zeccas Film entstand als Rekonstruktion einer mehrteiligen Wachsfigureninstallation des Musée Grévin aus dem Jahre 1899[4]. Alan Williams zitiert aus dem Katalog der betreffenden Ausstellung, aus dem hervorgeht, dass auch das Wachsfigurenkabinett sich selbst in einer intermedialen Beziehung zu den Tageszeitungen sowie den Fortsetzungsromanen verortet, die in solchen Blättern erschienen: »The Musée Grévin has justly been thought of as a newspaper in wax. In all newspapers, one of the successful elements that is most sought after is the serial novel. The Musée Grévin has its own such series, more striking, more dramatic in its living reality than any written work. This is the Story of a Crime«[5]. Der französische Kriminalfilm entwickelt sich also aus einem Geflecht von Sensationsberichten, tagesaktueller Berichterstattung, Pressemeldungen und Belletristik.

Beginnend mit der sechsteiligen Éclair-Produktion NICK CARTER (1908) von Victorin Jasset, zeigt der frühe Polar eine Gesellschaft, deren innere Zerrissenheit nicht mehr befriedet werden kann. Ab 1911 stehen Detektive wie Nat Pinkerton und Nick Winter, Pathés Antwort auf Nick Carter, oder Verbrecher wie Zigomar, in der gleichnamigen Éclair-Produktion, im Zentrum einer Gesellschaft, die durch und durch von verbrecherischen Netzwerken unterwandert und dominiert wird. Keine der Serien, deren Stoffe und Figuren meist aus populären amerikanischen oder deutschen Trivialromanen entnommen sind[6], erreichte hingegen den legendären Status von FANTÔMAS, dem Meisterverbrecher der gleichnamigen Gaumont-Serie, bei deren fünf Teilen, die zwischen 1913 und 1914 gedreht wurden, Louis Feuillade die Regie übernahm. Hans Gerhold betont, dass die Figuren in unterschiedlichen sozialen Milieus agieren, zwischen denen sich scheinbar nur Fantômas mit spielerischer Leichtigkeit und Eleganz hin und her bewegen kann. Der Meisterverbrecher ist weniger eine Figur als vielmehr ein phantasmatisches Prinzip, das die feste Struktur und Ordnung der französischen Gesellschaft bedroht. Fantômas als »empereur du crime« ist nach Hans Gerhold eine »Inkarnation des unbezwingbaren Bösen«, das zu einem negativen sozialen Leitbild wird, das die »Belle Époque« simultan »demystifiziert und ihren Endpunkt markiert«[7]. Für Thomas Brandlmeier ist Fantômas »Verbrecher und Anarchist zugleich«, eine eminent politische Figur, in der »bürgerliche Ängste, ebenso wie Fantasien zusammen[treffen]«. Kurzum: »Er ist der Verbrecher, der das selbstsüchtige Prinzip der Gesellschaft mit letzter Konsequenz verfolgt, und er ist der Anarchist, der die Gesellschaft herausfordert, sich ihr als selbstbewusstes Subjekt entgegenstellt«[8]. Aber diese albtraumhafte Projektionsfigur ist nicht nur Antagonist, sondern zugleich Spiegel jener Welt, in der sie Feuillade agieren lässt, eine Welt, »in der Heimat radikal negiert ist«, in der es keine Sicherheit gibt, in der die Wirklichkeit immer schon »ihre Verwandlung [ist], noch bevor sich die Personen vermummen und die Dinge verwandeln«[9]. Die Feuillade-Serien zeigen eine Welt, in der jedem, selbst Polizist oder Richter, zu misstrauen ist, sich hinter jeder Wand ein Geheimgang befinden kann, Betrüger betrogen werden und Fallensteller in ihre eigenen Fallen tappen. Interessant ist nicht die Auflösung eines Falles, sondern das Spiel, in das Ermittler und Kriminelle gemeinsam eintreten, wie in ein mechanisches Räderwerk.

Das wird nirgends so deutlich wie in Feuillades Serie LES VAMPIRES (1915–16), die im ersten Weltkrieg gedreht wurde und deren Held Philippe Guérande als Journalist gegen ein kriminelles Untergrundnetzwerk kämpft. Um die Verbrecher zu stellen, muss er deren Methoden übernehmen, tricksen, selbst zum Teil des Spiels werden. Als er im dritten Teil der Serie, LE CRYPTOGRAMME ROUGE (1915), ein geheimes Büchlein stiehlt, in dem die Verbrechen der Vampire verzeichnet sind, locken die Gauner sein Hausmädchen durch ein gefälschtes Telegramm in eine Falle. Die Anführerin der Vampire, die schöne Irma Vep, gespielt vom damaligen Star Musidora, gelangt, als Hausmädchen verkleidet, in die Wohnung von Philippe, um das rote Buch wieder an sich zu nehmen. Durch einen runden Taschenspiegel, den Feuillade in einem Insert als Großaufnahme zeigt, beobachtet der Journalist, wie das falsche Zimmermädchen eine Glasflasche, die auf seinem Nachttisch steht, durch ein Fläschchen mit Schlafmittel austauscht. Bevor er das Gift ausleert und normales Wasser in das Fläschchen füllt, versteckt er eine Attrappe des Buches im Schrank, wohl wissend, dass er dabei von Irma beobachtet wird. Danach lässt er sich von der Verbrecherin seine Medizin aus der ja nun seinerseits präparierten Flasche verabreichen und stellt sich schlafend. Die getäuschte Diebin kommt in das Schlafzimmer und ruft durch das Dachfenster einen Komplizen herbei. Während die beiden Philippes Kleiderschrank nach dem Buch durchsuchen, springt dieser aus seinem Bett und schießt die Gangster mit einem Revolver nieder. Als er einige Zeit später mit einem Polizisten zurückkehrt, sind die Verbrecher allerdings verschwunden. Ungläubig untersucht Philippe seinen Revolver und stellt fest, dass dessen Patronen zuvor durch Platzpatronen ersetzt worden sind.

Viele Motive seiner späteren Serien nimmt Feuillade schon in dem 1911 gedrehten Teil seiner Serie LA VIE TELLE QU'ELLE EST mit dem Titel LE TRUST, OU LES BATAILLES DE L'ARGENT vorweg. Der Kautschuk-Produzent Bremond weigert sich, einem Kartell beizutreten, das von einem skrupellosen Mann namens Jacob Berwick angeführt wird. Dieser engagiert Julius Keffer, einen von René Navarre, dem späteren Fantômas-Darsteller, gespielten Privatdetektiv. Mit seinem Gehilfen lockt dieser Bremonds Sekretärin in eine Falle, betäubt sie und verkleidet den Gehilfen als eben jene Sekretärin, um ihn als Spion in das Büro des Unternehmers zu schicken. Dort entdeckt der Transvestit das Telegramm eines von Bremonds Mitarbeitern, der von einer Reise nach Südamerika zurückkehrt, von wo aus er ein wertvolles Patent zur Verarbeitung von Kautschuk mitbringt. Bremond kann den verkleideten Gauner zwar demaskieren, aber dieser entkommt durch einen Geheimgang, der sich hinter dem Wandschrank verbirgt. Alarmiert beauftragt Bremond nun seinerseits einen Detektiv, um den Mitarbeiter samt des wertvollen Patents nach dessen Einschiffung in Le Havre sicher nach Paris zu bringen. Dabei ist der beauftragte Detektiv kein anderer als der von Berwick angeheuerte Julius Keffer, der somit zu einem Doppelagenten wird. Er holt den Reisenden vom Schiff ab und bringt ihn in die unterirdischen Katakomben eines Schlosses, das Berwick gehört. Wie bei einem Freimaurertreffen kommen die Mitglieder des Kartells in das Verlies und bieten dem Gefangenen einen Deal an. 50.000 Francs und dessen Leben für das geheime Patent. Dieser geht auf das Angebot ein, schreibt die komplizierte chemische Formel jedoch mit Zaubertinte auf ein Blatt Papier, die verblasst, nachdem er in Freiheit und um die vereinbarte Summe Francs reicher ist.

Die doppelten Spiele in einer Welt voller doppelter Böden, Geheimgänge, Verschwörungen, unterirdischer Keller und Verliese nehmen viele Motive aus FANTÔMAS und LES VAMPIRES vorweg. Ein besonders signifikanter Topos der französischen Kriminalserien vor dem ersten Weltkrieg sind

LES VAMPIRES

die wiederkehrenden Maskeraden, bei denen Ermittler wie Verbrecher beständig ihre Identitäten verbergen oder wechseln. Am Beispiel von LE PICKPOCKET MYSTIFIÉ (1911) aus der Nick-Carter-Serie von Pathé erläutert Richard Abel ein generelles dramatisches Muster der frühen Kriminalserien. Ein Detektiv enthüllt zu Beginn der Folgen die Identität eines Verbrechers und muss diesem verkleidet eine Falle stellen, um ihn zu überführen. In diesem Fall will Winter einen Bankräuber stellen und wird, als einfacher Arbeiter verkleidet, selbst fälschlicherweise für den Verbrecher gehalten. In LE MYSTÈRE DES ROCHES DE KADOR (1912) von Perret wird der Verbrecher und vermeintliche Mörder am Ende des Films auf einem Ball von Maskierten gestellt, ohne dass diese Maskerade durch die Handlung des Films notwendig wäre. Die Vampire treten vermummt auf, und es ist kein Zufall, dass kurz vor Erscheinen von FANTÔMAS Gaston Lerouxs Roman *Le Fantôme de l'Opéra* 1910 erschien, der Roman um jene maskierte Figur, die ein ebenso romantischer wie verbrecherischer Held ist, ein Meister der Geheimgänge, Falltüren und Drohbriefe. Nirgends tritt das Motiv der Maskerade so zentral in Erscheinung wie in Feuillades FANTÔMAS-Serie. Schon die erste Episode À L'OMBRE DE LA GUILLOTINE von 1913 wird durch eine Reihe von überblendeten Nahaufnahmen eingeleitet, in denen der Verbrecher in den unterschiedlichen Verkleidungen gezeigt wird, die er im Laufe des Films tragen wird. À L'OMBRE DE LA GUILLOTINE treibt das Prinzip der Verkleidung und der falschen Identitäten reflexiv auf die Spitze. Lady Beltham (Renée Carl), eine frühe Femme fatale des Kinos, lockt einen gefeierten Schauspieler, der allabendlich auf der Theaterbühne den gefürchteten Verbrecher Gurn, eine der Inkarnationen von Fantômas (alle drei gespielt von René Navarre), täuschend echt verkörpert, in eine Falle und tauscht diesen mit Hilfe von bestochenen Justizbeamten gegen den echten Gurn aus, der in einer Todeszelle auf seine Hinrichtung wartet. Erst in letzter Sekunde kann Fantômas' Gegenspieler, Inspektor Juve (Edmund Breon), den Schauspieler davor bewahren, unschuldig enthauptet zu werden. Verbrechen und Maskerade – luzid hält der Film einer Epoche den Spiegel vor, die Alan Williams als eine Epoche beschreibt, die von einer durchgängigen Theatralisierung geprägt ist, deren Inszenierungen nur dürftig das soziale Elend verbergen können[10]. In FANTÔMAS verfängt sich diese Epoche in ihren Maskeraden, der Verbrecher hält der »Belle Époque« den Spiegel vor, in dem diese gezwungen ist, sich ins Gesicht zu sehen. Das wird besonders in der zweiten Episode JUVE CONTRE FANTÔMAS (1913) reflektiert, wo die berühmte Schießerei am Seine-Ufer stattfindet, in der sich Juve und sein Mitstreiter Fandor (Georges Melchior) gegenseitig für Fantômas halten und sie ihren Irrtum erst dann bemerken, als hinter Fässern im Bildhintergrund zwei weitere Figuren auftauchen, die exakte Abbilder von Juve und Fandor sind – das Filmbild als Spiegelkabinett.

Fantômas ist eine Mephisto-Figur, ein Chamäleon, weniger Mensch als Prinzip beständiger Instabilität, permanenten Wandels, personifizierte Unberechenbarkeit. Er bewegt sich in einem rein kinematografischen Universum, taucht mit der Blitzhaftigkeit eines Filmschnitts auf, um ebenso schnell wieder zu verschwinden. Die weiße Visitenkarte, auf der immer wieder sein Name mit Zaubertinte aufscheint, ist nicht nur eine sinnige Metapher für die Filmleinwand, sie deutet vielmehr als visuelle Leerstelle, als unbeschriebenes Blatt, die Möglichkeit an, dass sich hinter all den Masken und Kostümierungen überhaupt keine feste Identität mehr verbergen könnte. Wie der Erzähler in Max Frischs 1964 veröffentlichten Roman *Mein Name sei Gantenbein* probiert Fantômas Identitäten aus, als seien es Kleidungsstücke[11]. Indem das frühe französische Kino seine eigenen medialen Gesetzmäßigkeiten erkundet, findet es so zugleich einen bildlichen Ausdruck, um eine in ihrer Modernität verunsicherte und erschütterte Epoche zu beschreiben. Es reflektiert eine neuartige Bildpraxis, die durch ein Spannungsverhältnis von Einfachheit und Vielheit geprägt ist, denn das Filmbild ist ja ein Bild, das zugleich viele Bilder ist, es konstituiert sich »nur in einer und über eine Vielheit von Bildern. Aber es konstituiert sich als Einheit über der Differenz«[12]. Alternativ wäre es auch denkbar, das Filmbild als Bild zu verstehen, das in seiner beständigen Veränderung nicht mehr mit sich selbst kongruent ist, an sich selbst ein anderes wird. Hinter all seinen Facetten bleibt das Filmbild verborgen wie das wahre Wesen von Fantômas.

Der französische Kriminalfilm vor dem ersten Weltkrieg artikuliert so in seinen Maskenspielen ein Prinzip neuzeitlicher Philosophie, das meist als das der Relationalität bezeichnet wird, eine Tendenz, feststehende Wesenheiten oder Essenzen als reine Funktionen innerhalb eines Geflechts aus Beziehungen zu verstehen. In seinem großen filmtheoretischen Werk *Le cinéma du diable* von 1947 erklärt Jean Epstein das Kino zum antiessentialistischen Prinzip schlechthin, das er sinnigerweise anhand der Metapher des Teufels erläutert. Dieser steht für ein spezifisch modernistisches Denken, das dem Absoluten den Krieg erklärt habe. Im Gegensatz zu einem festen Universum, dessen Zentrum die Vorstellung der Kongruenz Gottes mit sich selbst darstelle, verkörpere der Teufel das »Prinzip der Variabilität«, und seine Erfindung, der Kinematograf, ermögliche einem Massenpublikum den verunsichernden Anblick einer instabilen Welt beständigen Wandels: »Man lasse sich nicht täuschen von Charlie Chaplins Schnurrbart oder Fernandels Lachen. Hinter diesen Masken kann man den Ausdruck einer grundlegenden Anarchie, die Ankündigung einer Umwälzung entdecken, die bereits Risse in den ältesten Grundfesten der gesamten Ideologie verursacht«[13]. Das Kino wird zum Mittel der Enttäuschung, zum Instrument universellen Zweifels, wobei der fundamentalste und erste Zweifel wiederum der menschlichen Identität gilt. »So wirft der Kinematograf, wenn auch nicht als erster, einen beträchtlichen Zweifel auf: den Zweifel an der Einheit und Dauer des Ichs, an der Identität des Menschen, an seinem So-Sein«[14]. Obwohl Epstein das Kino der »Belle Époque« im Allgemeinen ablehnt, demonstriert dieses dennoch erstaunlich reflexiv, wie stark sich insbesondere technische Bilder in das kommunikative Netz wechselseitiger Interpretation und Bestimmung eingelagert haben, wodurch scheinbar stabile Kategorien wie die menschliche Identität erschüttert werden.

Ein herausragendes Beispiel hierfür liefert abermals Louis Feuillade in seinem Kriminaldrama ERREUR TRAGIQUE von 1912. Das herkömmliche

Motiv der falschen Verdächtigung erfährt in diesem über zwanzig Minuten langen Film eine interessante Variation, denn das Verbrechen selbst resultiert überhaupt erst aus dem Akt des falschen Interpretierens, der bezeichnenderweise durch einen Kinobesuch ausgelöst wird. Auch dieser Film erzählt von einer Gesellschaft, die mit sich selbst versöhnt werden muss. Feuillade strukturiert die Erzählung entlang der Pole des alten Frankreichs, das durch das auf dem Land lebende, adelige Ehepaar René und Suzanne de Romiguières verkörpert wird, und dessen Gegenpol die moderne Großstadt ist. Dort besucht René, wiederum von René Navarre gespielt, ein Kino. In einer fiktionalen Folge der tatsächlich existierenden Gaumond-Reihe ONÉSIME (1912–14) von Jean Durand glaubt er seine Frau im Hintergrund mit einem Geliebten spazieren zu sehen. Er besorgt sich eine Kopie des Films und stellt fest, dass die abgebildete Frau tatsächlich Suzanne ist. In rasender Wut unternimmt er, wieder zu Hause, einen Mordversuch, indem er das Pferdegeschirr von Suzannes Kutsche manipuliert. Am Ende klärt sich auf, dass der Fremde an Suzannes Seite lediglich deren Bruder war. Auch überlebt die Verdächtigte den fingierten Unfall. Am Ende deutet Feuillade ein nach heutigen Maßstäben schwer nachvollziehbares Happy End an. Inszenatorisch ist der Film eine Meisterleistung. In sorgfältig beleuchteten Einstellungen vollzieht die Choreografie der Figuren den filmischen Subtext nach, der von der Bild- und Zeichenwerdung der Menschen untereinander erzählt. Immer wieder zeigt er die männlichen Personen als Rückenfiguren, die Suzanne umrahmen und einfassen, als sei sie ein Bild, keine reale Person. Dabei arbeitet er oft mit einem dunklen Vordergrund, bei dem die Betrachterfiguren als Silhouette erscheinen, während die Frau im Mittelgrund des Bildes hell ausgeleuchtet ist. Am Eindrucksvollsten ist aber die Einstellung, in der René den erworbenen Filmstreifen betrachtet. Durch ein rundes Lupenglas filmt die Kamera in einer eingeschnittenen Großaufnahme den perforierten Bildstreifen, der zuvor im Kino in projizierter Form zu sehen war. Der fehlgeleitete Blick des eifersüchtigen Ehemannes wird zum Agenten eines Mediums, das sich in sich selbst betrachtet.

Vollends zu Figuren in inszenierten Rollenspielen macht Léonce Perret seine Figuren im gleichzeitig entstandenen LE MYSTÈRE DES ROCHES DE KADOR. Der aus drei Rollen bestehende Film beginnt im ersten Drittel mit der ausführlichen Schilderung eines verbrecherischen Plans und dessen Ausführung. Graf Fernand de Keranic, von Perret selbst gespielt, der Vormund und Vermögensverwalter der verwaisten Suzanne, deren verstorbene

Eltern ihr ein beträchtliches Erbe hinterlassen haben, steckt in einer verzweifelten finanziellen Lage. Als seine Nichte seinen Heiratsantrag ablehnt und gleichzeitig eine Beziehung mit einem eleganten Kapitän beginnt, fürchtet der Graf seinen Einfluss auf die junge Frau und deren Vermögen zu verlieren. Er lockt das Liebespaar mit einem gefälschten Brief an die schroffe Felsküste des Atlantiks, deren diagonale Verläufe den Bildhintergrund dramatisieren, wo er Suzanne betäubt. Dann erschießt er den Kapitän, als dieser mit einem Ruderboot am Strand gelandet ist und legt das Gewehr neben die ohnmächtige Suzanne, um diese davon zu überzeugen, dass sie selbst den Geliebten erschossen habe. Der Kapitän überlebt jedoch, zieht die bewusstlose Suzanne mit in das Boot, in dem beide davon treiben. Der zweite Teil des Films handelt von dem Versuch eines Arztes, Suzanne, die seit dem traumatischen Erlebnis an einer besonderen Form der Demenz leidet, zu heilen. Sein Plan ist es, Suzanne das Erlebte filmisch ein zweites Mal sehen zu lassen. Mit Hilfe des Kapitäns und einer Schauspielerin inszeniert er nun die Szene, in der der Kapitän unter den Schüssen am Strand zusammenbricht, neu, allerdings auch, wie dieser überlebend Suzanne zu sich in das Boot zieht. Der Zuschauer sieht die Szene so erneut, diesmal aus einer entfernteren Perspektive, wobei der Arzt und ein Kameramann im Bildvordergrund zu sehen sind. In der folgenden Sequenz wird der Film Suzanne vorgeführt. In einem weißen Kleid steht sie als Rückenfigur vor der Leinwand und streckt ihre Arme der Inszenierung ihres persönlichen Traumas entgegen. Nach einem erneuten Ohnmachtsanfall wacht sie geheilt wieder auf. Suzannes Trauma ist das Resultat einer initiierten Fehlinterpretation, und dieser Zustand der Selbsttäuschung kann nur durch eine weitere, bessere Interpretation aufgelöst werden.

Wo bei Feuillade das Betrachten des Films der Auslöser der Fehlinterpretation ist, wird bei Perret ein Verbrechen, das in einer initiierten Selbsttäuschung besteht, gerade durch das Betrachten einer weiteren Inszenierung aufgehoben. Nach Richard Abel betonen beide Filme die aktive Rolle des Betrachters als Antwort auf die zu der Entstehungszeit aktuelle Zensurdebatte in Frankreich, die etwa durch die Reihe BANDITS EN AUTOMOBILE (1912) von Jasset ausgelöst worden war.[15] Doch LE MYSTÈRE DES ROCHES DE KADOR verdeutlicht noch mehr. Indem hier das Kino zum therapeutischen Instrument wird, mit dessen Hilfe eine Selbsttäuschung aufgehoben wird, wird der Film zum Sinnbild einer ganzen Epoche, die im Begriff ist zu erkennen, in welchem Maße sie zu einer Massengesellschaft geworden ist, in der noch die Psyche der einzelnen Menschen von den technischen Mitteln der modernen Massenkommunikation durchdrungen ist. Karl Sierek stellt anhand von Perrets Film eine Beziehung zwischen den Mitteln moderner Kommunikation und moderner Psychologie her, indem er auf die Verwandtschaft von Psychoanalyse und Film verweist, die beide durch das Prinzip der Montage bestimmt seien und so in ihrer »Bewegung und Bewegtheit sowie [durch den] Verzicht auf geschlossene, festgefügte, statische Systeme« als »Schlüsseltechniken der Moderne«[16] zu verstehen seien.

In den Kriminalfilmen der Vorkriegszeit ist das Verbrechen meist in einem komplexen Kommunikationsgeflecht verortet; die Verbrecher oder deren Opfer werden durch Briefe, Telegramme oder Telefonanrufe in die Falle gelockt, Unterschriften werden gefälscht oder Verträge mit Zaubertinte unterzeichnet. Ein Verbrechen zu begehen, heißt im französischen Kriminalfilm der »Belle Époque«, mit allen Mitteln zu kommunizieren. So zeigt eine lange Einstellung in Feuillades LE TRUST (1911), wie das Telegramm des heimkehrenden Angestellten in die Maschine eingegeben wird. Auch die vergiftete Tinte eines Füllfederhalters in LES VAMPIRES, der den Vampiren gestohlen wurde und dazu dient, eines ihrer Mitglieder zu töten, ist ein schönes Denkbild dafür, dass in den Kriminalfilmen der Kampf auf Leben und Tod immer auch ein Kampf um die Mittel der modernen Kommunikation ist.

Das Verbrechen ist öffentliches Ereignis, das verdeutlicht auch die Rolle der Presse in vielen der frühen Kriminalfilme, worin diese zugleich bewusst ihre eigenen Ursprünge im Kontext der Sensationsberichterstattung reflektieren. Die Verbrecher in Perrets LE ROMAN D'UN MOUSSE (1914) erfahren aus der Zeitung vom Reichtum ihres Opfers, und auch der kindliche Held liest nach seiner Rückkehr in der Zeitung vom Prozess gegen seine Mutter, wodurch er zur Rettung aufbricht. Juves Mitstreiter in FANTÔMAS, Fandor, ist nicht zufällig ein Journalist. Vielmehr weist die Nähe seines Namens zu dem des Verbrechers darauf hin, dass dieser ein Spiegelbild des Journalismus, eine Projektion der Massenmedien selbst ist. Und schon in Méliès' Dreyfus-Film ist eine der beeindruckendsten Szenen die eines Kampfes zwischen Journalisten, die entweder Dreyfus-Anhänger oder Dreyfus-Gegner sind. Was bedeutet also, resümierend gefragt, das Verbrechen im französischen Kriminalfilm der Vorkriegszeit? Es sind die Hindernisse und Irritationen einer Gesellschaft, die im Begriff ist zu realisieren, dass sie sich in eine moderne Massengesellschaft gewandelt hat.

1 Alan Williams führt eine Pathé-Werbung von 1902 an, in der die Firma zwölf verschiedene Serien anbietet, darunter Außenaufnahmen, komische Szenen, Trickfilme, Sportfilme, historische Szenen, Nachrichten, erotische Szenen, Tänzer und Ballette, realistische und dramatische Szenen, phantastische und märchenhafte oder biblische Filme. Vgl. Williams, Alan: Republic of Images. A History of French Filmmaking. Cambridge/London 1992, S. 45. Für einen prototypischen Kinoabend um 1908, als sich das Kino als feste soziale Praxis in kleinen urbanen Lichtspielhäusern etabliert hatte, führt er einen ca. zweistündigen Mix aus kürzeren Reiseberichten, Komödien, phantastischen Filmen, Melodramen und Wochenschauen an. Vgl. ebd., S. 57.
2 Die Szenen werden im Katalog von Méliès Firma Star Films einzeln angeführt, sie konnten also einzeln gekauft und vom Vorführer beliebig variiert werden. Vgl. Abel, Richard: The Ciné Goes to Town. French Cinema 1896 – 1914. Berkeley/Los Angeles/London 1994, S. 92.
3 Vgl. Gerhold, Hans: Kino der Blicke. Der französische Kriminalfilm. Frankfurt am Main 1989, S. 13.
4 Vgl. Abel 1994, a. a. O., S. 92.
5 Vgl. Williams 1992, a. a. O., S. 46.
6 Vgl. Gerhold 1992, a. a. O., S. 19.
7 Ebd., S. 19f.
8 Brandlmeier, Thomas: Fantômas. Beiträge zur Panik des 20. Jahrhunderts. Berlin 2007, S. 14.
9 Ebd., S. 25.
10 Vgl. Williams 1992, a. a. O., S. 32.
11 Auch Thomas Brandlmeier regt einen Vergleich des Serienhelden mit dem Werk von Max Frisch an, indem er sein Fantômas-Buch immer wieder mit Frisch-Zitaten durchsetzt, besonders aus dessen Drama *Graf Öderland*, das von einem Bankangestellten handelt, der scheinbar grundlos zum Mörder wird.
12 Rauscher, Josef: Philosophie des Bildes. Die Herausforderung Platons. In: Koebner, Thomas / Meder, Thomas (Hg.): Bildtheorie und Film. München 2006, S. 135–157, hier S. 151.
13 Epstein, Jean: Krieg dem Absoluten. In: ders.: Bonjour Cinéma und andere Schriften zum Kino. Wien 2008, S. 94–96, hier S. 96.
14 Epstein, Jean: Die Bezweiflung des Selbst. In: Epstein 2008, a. a. O., S. 97–102, hier: S. 97f. Es ist interessant zu sehen, dass Epstein, der im Allgemeinen einen sehr kritischen Blick auf das frühe französische Kino wirft, Méliès, den Regisseur des Teufels, als eine der wenigen positiven Ausnahmen erwähnt. Vgl. Epstein, Jean: Fazit zum Ende des Stummfilms. In: Epstein 2008, a. a. O., S. 63–74, hier S. 66.
15 Vgl. Abel 1994, a. a. O., S. 364f.
16 Sierek, Karl: Assoziieren, verketten, montieren. Montage als verbindendes Moment zwischen Psychoanalyse und Film. In: Jaspers, Katharina / Unterberger, Wolf: Kino im Kopf. Psychologie und Film seit Sigmund Freud. Berlin 2006, S. 38–45, hier S. 38.

Peter W. Schulze

Fantômas, Meister des Verbrechens – Feuillade, Genie der Verwandlung
Von der *paralittérature* zum *ciné-roman*

– Fantômas!
– Vous dites?
– Je dis ... Fantômas.
– Cela signifie quoi?
– Rien ... et tout.
– Pourtant, qu'est-ce que c'est?
– Personne ... mais cependant quelqu'un.
– Enfin, que fait-il, ce quelqu'un?
– Il fait peur ...
(Pierre Souvestre / Marcel Allain: *Fantômas*, 1911)

I

Fantômas. Der Name irritiert, wirft Fragen über Fragen auf. Sicher ist nur eins: »Il fait peur«. Fantômas versetzt die Welt in Furcht und Schrecken. Der Name ist Programm. Ein Mann wie ein Phantom. »Rien ... et tout.« Seine Spur: nur Leichen und Zerstörung. Entwendung. Ständige Verwandlung. Verfolgung, die ins Leere läuft. Und das Ende immer: sein Triumph.

Schwarzer Anzug, weiße Weste und Zylinder. Tadellos, gleich einem Gentilhomme. Kultiviert das Kinn durch eine Hand gestützt mit vorgebeugtem Arm. Sinnierend? Mit gestrecktem Arm hält er ein blankes Messer in der anderen Hand. Und unter dem Zylinder verbirgt die Augenmaske sein Gesicht. In dieser Positur erhebt sich Fantômas. Über Paris. Grau die Stadt, verschattet unter dunkelrotem Himmel, der wie ein Flammenmeer die Skyline säumt.

II

Die schillernde Gestalt des Fantômas' prägte sich in das Stadtbild von Paris ein, deren Bewohner sich der hier geschilderten Erscheinung plötzlich allenthalben auf Plakaten gegenüber sahen. Dasselbe Bild, gestaltet von Gino Starace, ziert auch den Roman *Fantômas*, der im Februar 1911 von dem Autorenduo Pierre Souvestre und Marcel Allain im Pariser Verlag Arthème Fayard publiziert wurde.[1] Auf den ersten Fantômas-Roman folgte, der vertraglichen Regelung entsprechend, jeden Monat ein neuer Band. So erschienen bis September 1913 insgesamt 32 Bestseller über den anarchischen Verbrecher.[2] Dieser erfüllt in den Romanen das Paris der »Belle Époque« mit Angst und Schrecken. Vornehmlich, indem er in Salons, Sälen und Gemächern die Aristokratie und das gehobene Bürgertum heimsucht. Offenbar nicht nur, um diese auszurauben, sondern auch um der Zerrüttung der Gesellschaft willen. Als »Le crime pour le crime«[3]. Die Stoßrichtung ihrer Literatur wurde den Autoren von staatlicher Seite angelastet, als durch eine Koinzidenz die Fiktion von der Realität eingeholt wurde: Zeitgleich zur Publikation der Romane erregte die Bande à Bonnot, die aus dem Pariser Anarchisten-Milieu hervorging, durch ihre Überfälle großes Aufsehen. Die Bande konnte erst 1913 durch ein großes Aufgebot von Polizei und Militär unschädlich gemacht werden – im selben Jahr, in dem Souvestre und Allain ihren letzten gemeinsamen Fantômas-Roman publizierten (wobei Fantômas, im Gegensatz zur Bande à Bonnot, den Gesetzeshütern immer wieder entkommen kann).

Die Aktualität von Fantômas beschränkte sich jedoch nicht auf die Koinzidenz von fiktionalem und realem Verbrechen. Vielmehr sind die Romane tief in ihrer Gegenwart verankert. So entwickelten die beiden Autoren ihre Geschichten maßgeblich aus dem Zeitgeschehen heraus. Ausgangspunkt sind häufig spektakuläre *faits réels*, insbesondere Aktualitäten wie der internationale Streik in den Häfen (in *Le train perdu*), die Drohung eines Marineoffiziers, das Kasino von Monte Carlo zu bombardieren (in *La main coupée*), oder der Schiffbruch der Titanic (in *La fin de Fantômas*). Diese Geschehnisse stellen einen ausgeprägten Wirklichkeitsbezug her und steigern für den Leser die Glaubwürdigkeit der Geschichten. An den Tatsachen entzündet sich dann jedoch die Imagination der Autoren, die in der Figur des Fantômas' gesellschaftszersetzende Kräfte und die Omnipotenz des Bösen zelebrieren. Nicht zuletzt schlägt sich die Aktualität der Romane auch im Gebrauch neuester technischer Errungenschaften nieder. Diese werden von Fantômas professionell eingesetzt. So entschwindet der Verbrecher seinen

Verfolgern immer wieder im Automobil. Oder er erkennt die Zahlenkombination eines Tresors durch heimliche Aufzeichnung mit dem Diktaphon. Das Diktaphon wiederum diente Pierre Souvestre und Marcel Allain zur Anfertigung ihrer Romane.

Durch die Technisierung ihrer literarischen Produktion wurden die Autoren dem Publikationsdruck gerecht, der ihnen laut Vertrag monatlich einen umfangreichen Roman abverlangte. Im Wechsel auf das Diktaphon gesprochen, wurden die Aufnahmen der Koautoren von Sekretärinnen abgeschrieben und ohne weitere Revision publiziert. Der produktionsästhetischen Hochgeschwindigkeit entspricht ein ungebremster Sprachrhythmus. Dieser generiert selbst dann noch Bewegung, wenn die Handlung gänzlich stillsteht und die Autoren sich in bloßen Phrasen ergehen (offenbar um schiere Textmasse zu produzieren und so auf die vertraglich festgesetzte Seitenzahl zu kommen). In der Mischung aus übersteigerter Emphase, Redundanz und stereotypen Wendungen entstehen eigentümliche Stilblüten und ein literarischer Duktus, der stellenweise die seltene Schönheit vollkommener Sinnentleerung erreicht. Wobei Fantômas nach dem sprachlichen Leerlauf gleich umso größere Volten schlägt. Und dies bar psychologischer Zeichnung, in reinstem Ausdruck einer Physis im permanenten Wandel. Bei Fantômas wird Identität zum Schein und subversiven Maskenspiel der Macht. Vom Polizisten über den Richter bis hin zum Priester infiltriert er die Führungsschicht Frankreichs, mimt deren Rollen, um kriminelle Pläne durchzuführen, welche die Ordnung der Gesellschaft zersetzen.

Kein Wunder, dass die Surrealisten sich für Fantômas begeisterten, ihn zur Leitfigur erklärten. War doch die Kampfansage an die bürgerliche Gesellschaft eine zentrale Stoßrichtung des Surrealismus. Ebenso wie die Ablehnung psychologisch motivierter Literatur und die Erhebung der Metamorphose zu einem surrealistischen Grundprinzip. – »Le cadavre était rigoureusement immobile.«[4] Absurde Sätze wie dieser entsprachen dem Gout der Surrealisten und versetzten sie in helles Entzücken. Erscheint er doch wie ein *Cadavre exquis*, eine kollektive Faltmontage, zu der mehrere Teilnehmer unabhängig voneinander je einen Satzteil (oder, in der visuellen Variante, ein Zeichnungselement) hinzufügen. Und in der Beschleunigung des Wortflusses durch die mündliche Koautorschaft von Souvestre und Allain erkannten die Surrealisten eine Nähe zur *écriture automatique*, der automatischen Niederschrift, mit dem Ziel, die kontrollierenden Instanzen des Bewusstseins auszuschalten. Schließlich erscheinen die stets erfolgreichen Verbrechen von Fantômas auch als Angriffe auf »die Herrschaft

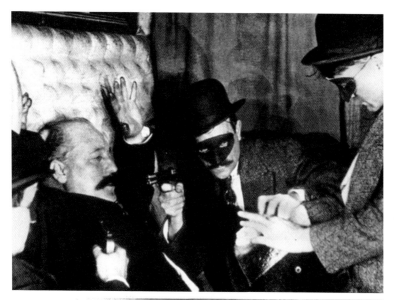

FANTÔMAS

der Logik«, gegen die die Surrealisten aufbegehrten.[5] Während am Ende des klassischen Kriminalromans »der unbestrittene Sieg der ratio«[6] steht, wie Siegfried Kracauer ausführt, ist es in den Fantômas-Romanen umgekehrt gerade das Scheitern einer ordnungschaffenden Rationalität, das variantenreich vorgeführt wird. Der omnipotente Ermittler des klassischen Kriminalromans, der Kraft seiner Deduktion Licht in das Dunkel bringt, Chaos und Unverständlichkeit in Ordnung und Transparenz verwandelt, wird durch einen unbezwingbaren Verbrecher suspendiert. Fantômas' Macht rührt gerade aus der Auflösung von Deutbarkeit, indem seine Identität sich stets als Differenz erweist, zur immerwährenden Abweichung und Verschiebung wird. Seine Verwandlung nimmt dabei auch perfide Formen von Übereinstimmung an. Etwa in einer ironischen Mise en abyme, bei der das Spiegelspiel der Identitäten plötzlich durchbrochen wird und Mimesis zur mörderischen Vertauschung mutiert: Fantômas' Verhaftung und vorgesehene Hinrichtung wird im ersten Roman als Theaterstück aufgeführt, wobei schließlich durch einen Trick von Fantômas der Schauspieler Valgrand an dessen Stelle stirbt (was Feuillades Film nicht nachvollzieht, wo der Schauspieler erkannt und vor dem Tod bewahrt wird). Weder die Nachahmung durch den Schauspieler noch die Nachforschungen der detektivischen Kontrahenten reichen an die Metamorphosen von Fantômas heran. Nicht-Identität wird bei dem »Meister des Verbrechens« zur Nemesis an der bürgerlichen Gesellschaftsordnung der »Belle Époque«. Fantômas erweist sich – im doppelten Wortsinn – als unfassbar für die rationalistischen Mechanismen und die gesellschaftlichen Ordnungsmuster seiner Zeit.

Die Bezüge und Hommagen der Surrealisten auf Fantômas sind zahlreich: Von Gedichten Robert Desnos' und dessen Radiosendung *La complainte de Fantômas* – mit Antonin Artaud als Sprecher von Fantômas – über Gemälde René Magrittes[7] bis zum demonstrativ surrealistischen Film FANTÔMAS (1933) von Ernst Moerman, um nur einige Beispiele zu nennen. In den angeführten Werken wird deutlich, dass nicht nur die Fantômas-Romane, sondern vor allem auch die daran angelehnten Filme von Louis Feuillade zentrale Bezugspunkte sind. So trug Feuillades *ciné-roman* FANTÔMAS, der in fünf Teilen zwischen Mai 1913 und Mai 1914 für Gaumont entstand[8], maßgeblich zu dem Mythos um Fantômas bei – insbesondere zu dessen visueller Ausgestaltung, die sich in zahlreichen Adaptionen und intermedialen Transformationen niederschlägt.

Die Romane von Souvestre und Allain sind zur Verfilmung besonders geeignet. Eine spezifisch filmische Umsetzung des Stoffes wird begünstigt durch schnörkellose Narration, plastische Bilder, detailgenau beschriebene Dekors und eine Figurenzeichnung anhand physischer Eigenschaften, unter Vermeidung jeglicher Psychologisierung. Diese Gestaltungsmerkmale stehen in diametralem Gegensatz zu denen der Literaturvorlagen, die für die gängigen Klassikerverfilmungen jener Zeit herangezogen wurden. Anders als im Film d'Art, der noch zu Beginn der 1910er Jahre das französische Kino bestimmte und in Adaptionen ›hoher‹ Literatur unter Einsatz berühmter Bühnenschauspieler eher theatergemäße als genuin filmische Werke hervorbrachte, gelingt Feuillade mit dem Fantômas-Serial eine filmspezifische Transformation von Literatur. In diesem Meisterwerk knüpft Feuillade an eine Darstellungsweise an, die im September 1908 von Victorin Hippolyte Jasset mit seinem sechsteiligen Serial um den amerikanischen Detektiv Nick Carter begründet wurde. Für Éclair schuf Jasset den ersten Serienfilm nach wöchentlich erscheinenden Kolportageromanen. Damit ist bereits der erste *ciné-roman* eine Verfilmung von *paralittérature*, die selbst durch Reprise, Redundanz und Wiederholung bestimmt ist, sowie durch eine prinzipielle Offenheit in Form und Handlung zum Zweck der seriellen Fortsetzung.[9] Der große Kassenerfolg des Nick-Carter-Serials führte zur Produktion weiterer Serienfilme, die Kriminalgeschichten mit kinematografischen Mitteln erzählen und als Vorläufer des Polar gelten können. Louis Feuillade wurde zu einem maßgeblichen Regisseur solcher *ciné-romans*, beginnend mit dem Fantômas-Serial. Im Anschluss an FANTÔMAS produzierte Feuillade für Gaumont noch weitere *ciné-romans* über Verbrecher-Figuren: LES VAMPIRES (1915/16), JUDEX (1916/17), TIH MINH (1918) und BARRABAS (1919).

III

Bereits die ersten Einstellungen des Fantômas-Serials charakterisieren den »Meister des Verbrechens« in dezidiert filmischer Darstellungsweise. Die Anfangssequenz ist nicht nur eine kongeniale bildliche Entsprechung für die Beschreibung der Romanfigur, sondern deren äußerste Verdichtung und der wohl prägnanteste Ausdruck der Fantômas-Figur überhaupt. In Form eines Brustbildes erscheint der unverkleidete Schauspieler René Navarre, dem Zuschauer frontal zugewandt. Mit dem Anflug eines überlegenen Lächelns richtet er seinen Blick zur Seite, begleitet durch eine leichte Kopfbewegung, wobei via Überblendung langsam eine andere Gestalt hervortritt, die exakt mit den Konturen seines Körpers übereinstimmt. Ein mächtiger Bart bedeckt nun das Gesicht, und statt eines grauen Anzugs mit Krawatte trägt der Mann einen Smoking mit weißer Fliege. In gegenläufiger Bewegung wendet der großbürgerlich wirkende Herr sein Gesicht in die Frontale und richtet seinen starren, strengen Blick dem Zuschauer direkt entgegen. Aus dieser Figur schält sich eine weitere Person heraus. Dabei decken sich die Konturen nicht gänzlich, entgegen der vorherigen Metamorphose entsteht nun der Eindruck einer Abspaltung, unterstützt durch die kontrastive Erscheinung, insbesondere die geduckte Kopfhaltung und den Habitus des Mannes, bei dem es sich, Livree und Kappe nach, offenbar um einen Lakaien handelt. Dieser Mann hat ein bartloses knochiges Gesicht, wobei er durch die zusammengepressten Lippen und die zur Seite gedrehten Augen heimtückisch und boshaft wirkt. In einer weiteren Überblendung verwandelt sich der Diener in einen Herrn mit Locken und Schnurrbart, der den Zuschauer eindringlich anblickt und mehrfach den Kopf unvermittelt zur Seite wendet.

In der kaum halbminütigen Einstellungsfolge sind bereits die drei Rollen vorweggenommen, in die Fantômas im Laufe des ersten *ciné-romans* schlüpfen wird: Dr. Chaleck, der in einem Pariser Luxushotel hinter einer Gardine hervortritt und die Prinzessin Danidoff (Jane Faber) um ihre kostbare Perlenkette und eine große Geldsumme erleichtert, darauf den Fahrstuhlführer überwältigt und in dessen Livree als Lakai durch den Haupteingang entschwindet; und schließlich Herr Gurn, der Lord Beltham umbringt und sich dessen Frau gefügig macht. Die Verwandlungskünste von Fantômas werden in der Eingangssequenz nicht bloß über die Kostümierung dargestellt, sondern erhalten in der Überblendung eine adäquate filmische Form. Die Prägnanz der Sequenz resultiert überdies aus der Blickführung und der Schauspielkunst von René Navarre. Die von ihm verkörperten Figuren changieren im Ausdruck zwischen nuanciertem Mienenspiel und plakativer Mimik, wobei die unruhigen Blicke und Kopfdrehungen sich einer klaren Deutung entziehen. Erreicht wird dies vor allem durch die Blickführung, die den Kontakt zum Zuschauer direkt herstellt, um dann suggestiv über den seitlichen Bildrand hinaus zu weisen. Durch die geschickte Einbeziehung des Off wird die Beschränkung des Cadre zwar transzendiert, doch der Raum, in dem sich Fantômas befindet, bietet keinerlei Anhaltspunkte, die Rückschlüsse auf seine Umgebung erlaubten. Ein in Grautönen gehaltener Hintergrund macht die Verortung unmöglich. Und auch die Handlungsabsicht von Fantômas, die sich auf etwas außerhalb des Bildes bezieht, bleibt im Unklaren. Lediglich eine Aura des Bösen geht aus seiner Körpersprache und seinen Verkleidungen hervor und suggeriert alle erdenklichen Verbrechen. Durch den neutralen Raum sowie die Ansichten en face und im Profil entstehen Anklänge an Polizeiaufnahmen, die (bereits im späten 19. Jahrhundert) zur Registrierung von Verbrechern angefertigt wurden. Doch gerade durch seine ständig wechselnde Erscheinung entzieht sich Fantômas ebenso konsequent der kriminalistischen Erfassung wie der polizeilichen Überführung.

Auf die Spitze getrieben ist das Prinzip der Verkleidung in LE MORT QUI TUE, wo Fantômas buchstäblich in die Haut eines anderen schlüpft, indem er die Epidermis eines Ermordeten als ›Handschuhe‹ verwendet, um so bei seinen Verbrechen falsche Fingerabdrücke zu hinterlassen. In der Eingangssequenz des ersten Serials klingt Fantômas' Unschlagbarkeit durch stete Verwandlung bereits an. Der suggestive Filmbeginn wird im zweiten und im vierten *ciné-roman* variierend aufgegriffen. Mit doppelbödigem Humor geschieht dies in JUVE CONTRE FANTÔMAS, wo sich das Spiel mit den Identitäten auch auf Fantômas' Widersacher, Inspektor Juve, ausweitet. Ist René Navarre erneut in drei verschiedenen Erscheinungen als Fantômas zu sehen, folgt darauf erstmals Edmund Breon, der Juve verkörpert und dann in einer Verkleidung auftritt, in der er im Laufe des Films versucht, Fantômas unbemerkt auf die Schliche zu kommen. Anstatt Fantômas so zu fassen, entzieht sich dieser nicht nur der Verhaftung, sondern sprengt sogar die Villa, in der eine ganze Polizeimannschaft nach ihm sucht. Filmisch ist dies aufgelöst in einer Einstellung, die durch eine geöffnete Tür die Explosion in der Raumtiefe zeigt, während Fantômas – bekleidet mit enganliegendem schwarzen Anzug und Gesichtsmaske – im Bildvordergrund die Arme zum Triumph erhebt. Die Verkleidung von Juve führt also letztlich bloß dazu, dass der Zuschauer am Ende des zweiten Serials befürchten muss, Juve und Fandor seien in der Villa zu Tode gekommen (dementsprechend heißt es am Ende des Films:»Juve et Fandor ont ils trouvé la mort dans l'explosion de la villa de Lady Beltham?«). In der kontrastiven Aufeinanderfolge der Verkleidungsstrategien wird die Machtlosigkeit des Inspektors gegenüber seinem verbrecherischen Gegner besonders augenfällig.

Im Gegensatz zu der relativen Flächigkeit der Eingangssequenzen sind die Fantômas-Serials ansonsten überwiegend durch ausgeklügelte Inszenierungen in die Raumtiefe gestaltet. Deutlich wird dies in der Szene, die auf die beschriebene Eingangssequenz des ersten Serials folgt: Die Prinzessin Danidoff bezieht ihre Suite im Hotel Royal Palace und wird von Fantômas beraubt.[10] Nukleus der Sequenz ist eine Halbtotale, die in tiefenscharfer Aufnahme (von Kameramann Georges Guérin) die Suite zeigt, in der sich die Handlung abspielt. Trotz der weiten statischen Einstellung, in der die Szene vorwiegend dargestellt ist, folgt die Inszenierungsweise – im Gegensatz zum Film d'Art – weder Theaterkonventionen, noch ist der Raum bühnenhaft angelegt. Erreicht wird dies unter anderem durch die kompositorische Gestaltung, die den Eindruck von Bildtiefe hervorruft und zudem geschickt mit einer dramaturgischen Aufteilung des Raums korrespondiert. Im Hintergrund sichtbar ist ein vorhanggeschmückter Durchgang, hinter dem sich ein Vorraum mit Tür befindet; dort beginnt die Handlung mit der Ankunft der Prinzessin und endet mit dem fliehenden Fantômas. In Verbindung mit dem Bildvordergrund, wo Kanapee, Stuhl und Kommode Räumlichkeit erzeugen, entsteht eine ausgeprägte Perspektivwirkung. Über den Mittelgrund wird der Raum ins Off verlängert. Als die Prinzessin mit dem Zimmermädchen rechts den Bildkader verlässt, um in den (nicht sichtbaren) Nebenraum zu gelangen, folgt, genau rhythmisiert, der erste prägnante Einstellungswechsel. Analog zu der Öffnung des Bildraums nach rechts ist der Vorhang am linken Bildrand plötzlich in einer halbnahen Einstellung zu sehen: Zwischen den bewegten Gardinen streckt Fantômas seinen Kopf hervor und blickt um sich, bis seine Augen einen Punkt fixieren. In präziser Fortsetzung seiner Blickrichtung schreitet Fantômas – nun wieder in der vorherigen halbtotalen Einstellung – auf die Kommode mit den Wertsachen der Prinzessin zu. Plötzlich springt er hinter den Vorhang zurück, und die Prinzessin erscheint mit dem Zimmermädchen, die im Bildhintergrund aus der Tür geht, während die Prinzessin die geöffnete Schublade bemerkt. Als sie beruhigt feststellt, dass ihre Wertsachen noch da sind, schleicht Fantômas von hinten auf sie zu. Mit knappen Gesten, die ohne jegliche Theatralik auskommen, weist der »Meister des Verbrechens« die Prinzessin an, auf dem Kanapee Platz zu nehmen. Es folgt der einzige Zwischentitel der Sequenz, eine Frage der perplexen Frau: »Mais qui êtes vous?« Fantômas zieht seine Visitenkarte hervor. Die Prinzessin nimmt diese entgegen und ist darauf kurz in einer von diagonalen Linien bestimmten Nahaufnahme zu sehen: Ihr Blick richtet sich auf die weiße Karte, die sie mit den Händen mehrmals dreht. In der folgenden Großaufnahme, die erneut durch Diagonalen dynamisiert ist, setzen sich die Handbewegungen fort, wobei deutlich wird, dass die Visitenkarte unbeschrieben ist. Auf dieses retardierende Moment, das durch visuelle Unruhe die mysteriöse Identität des Eindringlings betont, folgt ein Rückschnitt in die halbtotale Ansicht des Raums: Blitzschnell nimmt Fantômas die Wertsachen an sich, verbeugt sich vor der Prinzessin, zieht sie dann im Bildmittelgrund vom Telefon weg, küsst ihre Hand und stößt sie plötzlich in einen Sessel, um darauf durch die Tür im Bildhintergrund zu entschwinden.

In der geschilderten Sequenz wird die meisterhafte Inszenierungsweise des Fantômas-Serials deutlich. Die Mise en scène ist äußerst präzise gestaltet, insbesondere in der Raumkomposition, die handlungstragende Funktion hat. Sowohl das Arrangement der Ausstattung als auch die Bewegung der Figuren sind spannungsdramaturgisch bedeutsam und sorgen zugleich für Tiefenwirkung. Die sparsame Verwendung von Einstellungswechseln verleiht den wenigen, aber gezielt eingesetzten Nah- und Großaufnahmen besondere Prägnanz und akzentuiert wirkungsvoll zentrale Momente im Handlungsablauf. Bemerkenswert ist auch die feine Rhythmisierung des Geschehens, die aus den genau abgestimmten Figurenbewegungen und Einstellungswechseln resultiert. Neben der ästhetischen Wirkung hat die Rhythmisierung die dramaturgische Funktion, das Tempo der Handlung zu beschleunigen oder zu verlangsamen und so Spannung zu erzeugen. Aus dem gelungenen Zusammenspiel der filmspezifischen Gestaltungsmittel entsteht die formale Stringenz und ästhetische Dichte der Fantômas-Filme. In der analysierten Sequenz wird auch die anarchische Stoßkraft deutlich, die für das Serial insgesamt charakteristisch ist. Die Ehrerbietung, die Fantômas der Prinzessin erweist, zeugt von subversiver Ironie, steht sein Verhalten als Gentilhomme doch in diametralem Gegensatz zu seiner kriminellen Tat. Damit werden die Höflichkeitsformen und elaborierten Manieren, mit denen die Oberschicht sich distinguiert gibt, ironisch gebrochen. Fantômas führt die kulturelle Verfeinerung, die in der Lebensweise der herrschenden Klasse während der »Belle Époque« zum Ausdruck kommt, sarkastisch zur Schau und dekuvriert sie als sinnentleertes ständisches Ritual.

Neben der vorherrschenden Inszenierung in präzise arrangierten Innenräumen finden sich im Fantômas-Serial auch immer wieder Sequenzen mit ausgeprägt dokumentarischen Dimensionen. Außenaufnahmen in Paris setzen bekannte Orte wie den Gare de Lyon oder die Metro ins Bild. Diese Orte des öffentlichen Raums dienen als Schauplätze der fiktionalen Handlung, wobei durch den deutlichen außerfilmischen Realitätsbezug das Phantastische der Fantômas'schen Verbrechen glaubhafter erscheint. Der so erzielte Realitätseffekt wird verstärkt durch lange Einstellungen. Häufig sind einzelne Handlungssegmente nicht durch Schnitte getrennt, sondern über innere Montage verbunden, insbesondere durch Fahrzeuge, deren Bewegung Teile des Bildes verdeckt oder freilegt – wodurch die bewegungsgenerierende Modernität des Pariser Großstadtlebens auf der Ebene der Mise en scène in den Film einfließt.

Die Außenaufnahmen beschränken sich jedoch nicht auf die Steigerung des Realitätseffekts. Mehrmals wohnt den Bildern ein gewisser Eigen-Sinn inne, der sich jenseits der Spielfilmhandlung entfaltet. In den Aufnahmen von Paris und seinen Bewohnern scheint zuweilen eine Aura der Fremdartigkeit auf (die durch die historische Distanz noch verstärkt wird). Dokumentarische Details wirken durchdrungen von einer filmspezifischen Poesie des Augenblicks. In den Zwischenräumen einer Verfolgung zeugen die Bewegtbilder plötzlich von einem ephemeren Lyrismus der Großstadt: über die Kopfsteinpflaster einer menschenleeren Straße huschen Schatten schnell ziehender Wolken; ein anfahrendes Auto wirbelt Staub auf, der sich im weichen Nachmittagslicht langsam kräuselt; neben einem Schaufenster mit Kleidungsstücken in der Auslage verwandelt sich ein verschatteter Eingang in einen gähnenden Abgrund. In diesen dokumentarisch geprägten Aufnahmen offenbaren sich Bilder, die der Welt des Traums zu entstammen scheinen. Sie entwickeln eine besondere Zeitlichkeit, wirken wie herausgelöst aus der filmischen Narration, die durch häufige Wechsel von Schauplätzen und Figuren in schnellem Tempo voranschreitet. Solche Momente folgen einer eigenen Logik, die nicht durch die Handlung, sondern durch das Bild bestimmt ist und die Narration für einen Augenblick zum Stillstand bringt. Momente, die einlösen, was Luis Buñuel in seinem ästhetischen Credo *Der Film als Instrument der Poesie* eingefordert hat (aber im Film kaum verwirklicht sah): »Es genügte, daß die weiße Pupille der Leinwand ihr eigentümliches Licht reflektiert, damit sie das Universum zum Explodieren brächte.«[II]

IV

Trotz des Innehaltens, zu dem der Eigen-Sinn der dokumentarischen Aufnahmen zuweilen führt, ist das Fantômas-Serial von einem schnellen Erzählrhythmus und starker Handlungsbezogenheit bestimmt, die bereits in den Romanen von Pierre Souvestre und Marcel Allain angelegt sind und später auch für den Polar kennzeichnend werden sollten. Spektakuläre Raubüberfälle, Verfolgungsjagden und Morde treiben das Geschehen voran, ein großer Coup reiht sich an den nächsten. Formal findet dies seine Entsprechung in der Spannungssteigerung durch Beschleunigung des Erzählrhythmus' und genau gesetzte retardierende Momente, durch alternierende Montage, über die Verfolger und Verfolgte verbunden sind, aber auch durch unruhige, dynamisierende Bildkompositionen und abenteuerliche Schauplätze wie die Dächer oder die Kanalisation von Paris. Filmspezifische Darstellungsweisen, die im Fantômas-Serial meisterhaft eingesetzt sind, dienen immer auch der Spannungserzeugung und der Generierung von Tempo. Dabei gelingt es dem Serial, Nervenkitzel hervorzurufen und Schaulust zu evozieren. Statt psychologischer Verfeinerung, wie sie der Film d'Art anstrebte, setzt Feuillades *ciné-roman* ganz auf die Physis seiner Figuren und deren filmspezifische Inszenierung – im Gegensatz wiederum zu dem abgefilmten Theater des Film d'Art. Kolportage wird dabei zur großen Kunst, ohne jedoch einem bürgerlichen Kunstverständnis zu entsprechen. Ganz im Gegenteil, in der Apotheose des Verbrechens und der unaufhörlichen Zersetzung der Gesellschaftsordnung durch Fantômas kommt eine dezidiert anti-bürgerliche Stoßkraft zum Ausdruck. Aufgrund der anarchischen Verbrechergeschichten und der außergewöhnlichen Bildfindungen entwickelten die Surrealisten eine starke Affinität zu Fantômas, insbesondere zu Feuillades Filmen. Dass Fantômas sowohl ein großes Publikum als auch die Surrealisten zu begeistern verstand, spricht für die Vielschichtigkeit und Komplexität dieses *ciné-romans*, der populäre Formen aus der *paralittérature* aufgriff und in eine filmspezifische Form zu transformieren wusste.

1 Das Gaumont-Filmplakat bildet dasselbe Motiv ab, wobei Fantômas aus Zensurgründen die Faust ballt, anstatt ein Messer in der Hand zu halten. René Magritte nimmt das Motiv ebenfalls auf und ersetzt das Messer ironisierend durch eine Rose.
2 Bis in die 1980er Jahre wurden weltweit etwa 80 Millionen Fantômas-Romane verkauft. Vgl. Angot, Jean-Luc: Fantômas revient ... Le Coteau 1989, S. 79.
3 Brandlmeier, Thomas: Fantômas. Beiträge zur Panik des 20. Jahrhunderts. Berlin 2007, S. 3.
4 Souvestre, Pierre / Allain, Marcel: Le Policier apache. Paris 1911, S. 12. »Die Leiche war rigoros regungslos.«
5 Vgl. die programmatischen Darlegungen von André Breton: Erstes Manifest des Surrealismus. In: ders.: Manifeste des Surrealismus. Reinbek bei Hamburg 2009, S. 9–43, hier S. 15.
6 Kracauer, Siegfried: Der Detektiv-Roman. Ein philosophischer Traktat. In: ders.: Schriften I. Frankfurt am Main 1971, S. 103–204, hier S. 201.
7 Magrittes Bezug auf Fantômas ist besonders markant in einer Fotografie des Künstlers neben seinem Gemälde *Le Barbare*. Das Portrait von 1927 (das im Krieg zerstört wurde) zeigt Fantômas in Frontalansicht mit aufgestützter Hand, wie er sich vor einer Mauer aufzulösen beginnt, also im Begriff ist, zu verschwinden. Auf der Fotografie posiert Magritte, gekleidet in schwarzem Anzug und Bowler, in derselben Haltung wie Fantômas auf dem Gemälde neben ihm und wirkt so wie dessen Doppelgänger.
8 Bei den fünf Filmen handelt es sich um: FANTÔMAS, JUVE CONTRE FANTÔMAS, LE MORT QUI TUE, FANTÔMAS CONTRE FANTÔMAS und LE FAUX MAGISTRAT.
9 Vgl. Couégnas, Daniel: Introduction à la paralittérature. Paris 1992, besonders S. 35 und S. 56.
10 Der erste Fantômas-Roman hingegen beginnt mit der brutalen Ermordung der Marquise de Langrune, einer Episode, die im Film ausgespart wird.
11 Buñuel, Luis: Der Film als Instrument der Poesie. In: ders.: Die Flecken der Giraffe. Ein- und Überfälle. Berlin 1991, S. 142–149, hier S. 142.

Roman Mauer

Atmosphären der Ausweglosigkeit
Kriminalfilm im Poetischen Realismus

In der französischen Filmgeschichte werden nur wenige Epochen derart über ihren atmosphärischen Impetus charakterisiert wie der Poetische Realismus. Der Realismusbegriff rekurriert hier in der Tradition des literarischen Realismus und Naturalismus eines Honoré de Balzac und Emile Zola auf das Sujet: die kleinen und großen Dramen der Arbeiterklasse oder unteren Mittelschicht in ihren spezifischen (Pariser) Milieus. Poetisch hingegen ist der kunstvolle Einsatz der Gestaltungsmittel – Licht, Bauten, Kameraführung –, mit dem diese präzise definierten sozialen Welten in eine lyrische Sphäre des Nostalgischen und Tragischen gehoben werden. Das proletarische Milieu war dem Poetischen Realismus vor allem wegen seiner Atmosphäre wichtig. Den Poetischen Realismus als Polar, d.h. mit dem Fokus auf kriminalistische Motive, Figuren und Dramaturgie zu untersuchen, liegt nahe, da zum einen das Unterschichtmilieu mit der Unterwelt korreliert (Jean Gabin ist mal Arbeiter, mal Kleinganove), zum anderen die Melodramen um Liebe, Eifersucht und Intrige meist in eine Tragödie umschlagen und den tragisch scheiternden Helden in den Suizid, Totschlag oder Mord treiben.

Die ersten Maigret-Verfilmungen: Atmosphäre und Charakterstudie bei Renoir und Duvivier

In den späten 1920er und frühen 1930er Jahren erlebte die französische Kriminalliteratur in Resonanz auf die Blütezeit in den USA einen Boom. Ausschlaggebend war vor allem die Roman-Reihe um den lakonischen Kommissar Maigret, die ab 1931 erschien und ihren Autor Georges Simenon schlagartig berühmt werden ließ. Die erste Leinwandadaption eines

Maigret-Romans – des sechsten Bandes *La nuit du carrefour* (1931) – wurde von Jean Renoir gedreht, der seinen Bruder Pierre als Kommissar besetzte, dessen mächtige, aber hellwache Präsenz für Simenon die beste Maigret-Verkörperung überhaupt bleiben sollte. Was Renoir an Simenons Stil begeisterte, war genau der *gout*, mit dem sich die französischen Kriminalgeschichten von ihren amerikanischen Vorbildern abhoben und wiederum stark auf die US-Genrefilme zurückwirkten: ein unvergleichliches Gespür für Atmosphäre. Jean Renoir zog aus seiner Faszination für die Atmosphäre radikale Konsequenzen: »Ich hatte mir vorgenommen, das Geheimnis dieser durch und durch geheimnisvollen Geschichte rein durchs Bild wiederzugeben. Ich wollte die Handlung der Atmosphäre unterordnen. Simenons Buch lässt großartig das Grau dieser Ecke, rund fünfzig Kilometer vor Paris, vor unseren Augen entstehen. [...] Diese paar Häuser, verloren in einem Meer von Nebel, Regen und Dreck«[1].

Eine Spannung aus modernem Nicht-Ort und Fin-de-Siècle-Romantik entfesselt Simenon in *La nuit du carrefour* über die topographische Konstellation aus hoch frequentierter Schnellstraße mit Autowerkstatt und altem Anwesen mit Park. Um das alte Anwesen mit einem Mysterium zu belegen, zieht er alle atmosphärischen Register; ineinander verschränkt werden die Beschreibungen der morbiden Abendstimmung mit denjenigen des vermoderten Interieurs: ein verlassener Ort (»In keinem Zimmer brannte Licht«), geheimnisvoll (»Nebelschwaden [zogen] zwischen den Baumstämmen«), geprägt von Attributen des Sinnlichen und Sterbenden (»Durch die Glastür, die aufgeblieben war, drang die kühle und zugleich schwere Abendluft ebenso wie ein Geruch von Gras und feuchtem Laub herein«[2]). Simenon arbeitet mit Temperatur, Geruch, Lichtverhältnissen und Luftfeuchtigkeit. Eingeflochten in die Szene sind Verweise auf das Einbrechen der Dunkelheit – »Die Dämmerung wurde stärker« –, bis sie schließlich so »massiv« wird, »dass der Kommissar, dem dies nicht geheuer war, nach einem Lichtschalter suchte«[3]. Höhepunkt ist das Erscheinen der Hausherrin Else. Simenon potenziert den unheimlichen Effekt ihres Auftretens geschickt durch die nervöse Ankündigung des Bruders, der »ein Sklave neben seiner Königin«[4] sei und damit Untergebener, stiller Geliebter und Bruder zugleich: auch dieses Verhältnis also geprägt von der Ambiguität des Ortes. »Sie trat ein. Ihre Konturen verschwammen im Dämmerlicht. Ihre Bewegungen waren die eines Filmstars«. Die ganze morbide Decadence-Stimmung findet sich verkörpert in dieser jungen Fremden aus Dänemark. Ihrer Erotik kann sich Maigret kaum entziehen: »Schmale Hüften betonten noch ihre geschmeidige Gestalt«. Er fragt sich: »Wirkte sie zu sinnlich, zu lasziv?«[5], und es folgt der ikonische Satz: »[E]inen Augenblick lang wetteiferte das Rot der Flamme mit dem dunklen Blau ihrer Augen«[6]. Eine Formulierung par excellence, wenn man so will: Film Noir in Farbe.

Die Atmosphäre der Straßenkreuzung in Renoirs LA NUIT DU CARREFOUR (1932, Regieassistenz: Jacques Becker[7]) ergibt sich aus einer unglaublich dunklen, regennassen und nebligen Nacht, wie man sie in dieser Tristesse selten im Film sieht: ein einsamer Motorradfahrer, kahle Bäume, nur schemenhaft erkennbar, weil Nebel und Dunkelheit wie ein Tuch das Bild verhängen, bis Nachtaufnahmen folgen, welche die Leinwand komplett in Schwärze tauchen, nur schwach punktiert durch die Scheinwerfer der Autos in nasser Spiegelung. Mit solchen Außenaufnahmen übt Renoir in Analogie zu Simenon atmosphärischen Druck auf das Interieur aus. Wenn Maigret das Anwesen der Andersens betritt, erlaubt die Kamera als narrative Instanz keinen Überblick. Das Ancien-Siècle-Flair stellt sich bei Renoir nicht über den Bildraum ein – der Salon wirkt schlicht wie ein Lagerraum – sondern über den Ton: Maigret entdeckt ein Grammophon, stellt es an, und eine feierliche Walzermusik erfüllt den verstaubten Raum mit dem Glanz alter Zeiten. Überhaupt lebt Renoirs Atmosphäre auch stark von dem Originalton, den er als einziger Regisseur zu dieser frühen Stunde des Tonfilms so vehement präferiert. In der Autowerkstatt korrespondieren die Texturen der Materialien aus Gummi (Reifen), Eisen (Werkzeuge), Blech (Autoteile) und die Präsenz der robusten Arbeiter mit der harten Geräuschkulisse aus Autolärm und halb geschrienen Dialogen. Der filmische Blick bleibt verstellt durch Automobile, so als müsse sich die Kamera den Bedingungen des Ortes unterordnen – eine ästhetische Strategie des Realismus, die scheinbare Unabhängigkeit der ›Wirklichkeit‹ von der Aufnahme zu suggerieren. Sie kehrt wieder, wenn Renoir das 17-stündige Verhör in Paris summarisch zusammenfasst: Der wiederholte Blick auf den Kiosk zur Morgen-, Mittags- und Abendzeit wirkt, als sei er in die Tiefe verrutscht: ein Gully, der feuchte Teer, die Schuhe der Passanten, ein Besen, der die aufgeweichten Zeitungen in den Straßenablauf kehrt. Die Kamera unterwirft sich einer Poetik urbaner Trostlosigkeit. In dem Verhörzimmer summieren sich die Stunden sichtbar durch die zunehmende Dichte des Zigarettenqualms: Die erzählte Situation ertrinkt nahezu in einem Dunst, der gerauchte Zeit und unklares Ergebnis symbolisch verdichtet. Maigret besiegelt das Scheitern seiner Verhörmethode, indem er dem Verdächtigen Andersen kollegial ein Glas Bier reicht.

LA NUIT DE CARREFOUR

Dieser Film rieche nach nasser Erde, nach öligem Metall, nach Holzrauch und dem alten Ofen in Maigrets Büro, schreibt Raymond Durgnat in synästhetischer Übertragung und stellt LA NUIT DU CARREFOUR in atmosphärische Verwandtschaft zu einem anderen mysteriösen Film, Carl Theodor Dreyers VAMPYR (1932): Wo Dreyers Film mit Nebel, Mondlicht und Mehlstaub zum fotografischen Weiß tendiere, da bade Renoirs Film mit Nebel, Nacht und Regen in fotografischem Schwarz[8]. Renoirs Verfilmung ist durchdrungen von dem, was Leo Braudy »die dunkle Seite des Naturalismus« nennt, eine Erbschaft Emile Zolas, die Erkundung der negativen Seite der menschlichen Natur. Wie LA CHIENNE (1931) ist LA NUIT DU CARREFOUR ein Film der Straße, ein Film, der wie Dunkelheit und Nebel die Oberflächen zersetzt und auf die Weise Unruhe und Mysterium, Begehren und Obsession in die Bilder legt. Jean Renoir, der NANA (1926), LA CHIENNE, LA NUIT DU CARREFOUR und LA BÊTE HUMAINE (1938) inszenierte, ist ein Regisseur, der den Zwang zu Mord und Selbstzerstörung und den inneren Strudel des moralischen Untergangs präzise in Welten der Verlorenheit fassen konnte[9].

Was bei Renoir die Atmosphäre, ist bei Julien Duviviers Verfilmung des Maigret-Romans *La tête d'un homme* (1931), der 1933 in die Kinos kam, die

Charakterstudie des tragisch-kranken, zugleich verschlagenen Mörders Radek. Ordnet Renoir die Handlung der Stimmung und dem Geheimnis unter, so klärt Duvivier den arg konstruierten Plot von allen Hakensprüngen und erhält eine lineare Geschichte, um den Schwerpunkt auf die intellektuelle Konfrontation des exzentrischen Mörders mit dem nüchternen Maigret zu legen. Duvivier misstraut der konventionellen Dramaturgie des Polizeifilms, die ihm »un peu facile, un peu étroit«[10], zu einfach und durchschaubar erscheint und stellt das Psychogramm eines Kriminellen ins Zentrum, der Intelligenz, Nervosität und Stolz mit Hass auf all diejenigen verbindet, die ihn missachten. Radek lockt Maigret sogar auf die eigene Fährte, damit dieser die Genialität seines Verbrechens anerkenne, diesen Triumpf mit der eigenen Hinrichtung bezahlend. Offensichtliches Vorbild sind hier Fjodor Dostojewskis Charakterstudien narzisstischer Zyniker, die zum Mörder werden und sich in einem Strudel der Selbstzerstörung verlieren. Im Roman klingt das deutlich an, wenn Simenon den Fall auflöst und den Medizinstudenten wie folgt charakterisiert: »[N]och vor zwanzig Jahren wäre aus ihm ein Anarchist geworden. Heutzutage, in einer so hektischen und etwas verrückten Umgebung wie dem Montparnasse, findet er es amüsanter, *ein schönes Verbrechen* zu begehen!«[11] Ein Satz, der vorausweist auf Alfred Hitchcocks ROPE (1948). Offensichtliches Vorbild für das expressive, beinahe expressionistische Schauspiel im Film – den aufgerissenen Augen und verzweifelten Händen – ist Peter Lorres epochale Darstellung des Triebkranken in Fritz Langs M – EINE STADT SUCHT EINEN MÖRDER (1931), ein Film, der Frankreichs Poetischen Realismus vorweg genommen hat. Duvivier interessiert nun inmitten all der kalkulierten Grausamkeit vor allem der Hoffnungslose, Verlorene, vom Leben zum Tode Verurteilte, der mit seiner Tat gegen eine Welt rebelliert, die ihn zur Armut degradiert, und gegen ein Leben, das ihn zum baldigen Tod an Tuberkulose verdammt. LA TÊTE D'UN HOMME (1933) ist unter Duviviers Filmen der wohl pessimistischste. Durch das von Damia gesungene Chanson, das von einem ausweglosen Schicksal spricht, addiert Duvivier ein Attribut, welches die Heldenkonzeption des Poetischen Realismus maßgeblich kennzeichnet: das Pathos aus Sehnsucht, Scheitern und Vergeblichkeit. »Et la nuit m'envahit / Tout est brume, tout est gris«, heißt es hier. Somit ist im Kern von Duviviers LA TÊTE D'UN HOMME schon Wesentliches angelegt. Es bedarf noch Jean Gabins sanft-trauriger Physiognomie und schauspielerischem Minimalismus, und Duvivier hat vieles zusammen, was sein Meisterwerk PÉPÉ LE MOKO (1937) herausheben wird. Auch in PÉPÉ LE MOKO wird es ein melancholisches Chanson sein, das den Bannkreis der Gefühle, aus dem für Pépé wie einst für Radek kein Ausbruch möglich ist, enigmatisch verdichtet. Zusammenfassend lässt sich feststellen, dass Renoir und Duvivier im Unterschied zur klassischen Dramaturgie der (amerikanischen) Kriminalgeschichte, welche *plot-driven* auf die Lösung des kriminalistischen Rätsels abzielt, eine für den Poetischen Realismus signifikante Verschiebung der Gewichte Richtung Atmosphäre und Charakterstudie vornehmen. Beides ist in Simenons Büchern angelegt, doch erst die Filme bringen es in aller Deutlichkeit zur Geltung.

Jean Gabin: »mauvais garçons au bon cœur«

Jean Gabin, der nach Theaterrollen und oftmals komödiantischen Filmen durch Julien Duviviers LA BANDERA (1935) seinen Durchbruch und seine melodramatische Profilierung erlebte, war bis zum Beginn des Zweiten Weltkrieges der führende männliche Star in Frankreich, der in nahezu allen Meisterwerken des Poetischen Realismus zwischen 1935 und 1940 die Hauptrolle spielte und dieser Epoche seinen genuinen Stempel aufdrückte. Die mythische Leinwandpersona, die Gabin mit den Regisseuren Renoir, Carné, Duvivier und Grémillon festigte, fasziniert durch den Eindruck von Authentizität, Charme und Bodenständigkeit. Gabin, ein Schauspielerkind, erarbeitet sich das Image eines »mauvais garçons au bon cœur«[12]: ein Proletarier, der sich durchschlägt, mehr oder minder kriminell, aber das Herz auf dem rechten Fleck trägt. Sein ›zerknautschtes‹ Gesicht mit der markanten Nase unterstützt den Eindruck der Milieuzugehörigkeit, der fein geschnittene Mund und der bedrückte, oft traurige Blick stärken Empfindsamkeit und Romantizismus seiner Rollen, minimalistischer Schauspielstil und bewusst naturalistische *argot*-Sprechweise schließlich verschmelzen Spannung und Realismus zu einer kraftvoll introvertierten Maskulinität.

In Duviviers LA BANDERA (1935) verkörpert Gabin den wegen Mordes gesuchten Gilieth, der sich in die Fremdenlegion flüchtet und in Marokko wiederfindet, heimlich verfolgt durch den spanischen Polizeiagenten Lucas (Robert Le Vigan). Dass Gilieth sich verlieben wird (in die Tänzerin Aïscha), mit Lucas versöhnt und am Ende in einem Hinterhalt der Rebellen stirbt, führt romantische Liebe, Freundschaft zwischen ungleichen Männern, tragische Männlichkeit und exotisches Kolonialsetting als paradigmatische Elemente zusammen. Der zweite Film, der die Ära Gabin mitbegründete, Renoirs LES BAS-FONDS (1936), festigt diese Persona. Gabin ist Pépé der Dieb, der im titelgebenden Nachtasyl für Obdachlose wohnt, dort seine große Liebe findet und eine sympathische Freundschaft mit einem ruinierten Baron beginnt. Der Schwerpunkt des Films liegt nicht in der Kriminalhandlung, sondern in den melodramatischen Anziehungs- und Abstoßungskräften zwischen Pépél und den ihn liebenden Frauen, in den warmherzigen Milieudarstellungen, der Verbrüderung der Klassen und – nach einem Totschlag im Affekt, der Pépél für mehrere Jahre ins Gefängnis bringt – einem euphorischen Schlussbild: Wie das Tramp-Paar Charles Chaplin und Paulette Goddard in MODERN TIMES (1936) wandern Pépél und Natascha ohne Habe, aber Hand in Hand in eine ungewisse, aber gemeinsame Zukunft. In beiden Filmen sind die kriminellen Grenzüberschreitungen von Gabins Figuren Ausdruck ihrer depreviligierten Stellung und als Reaktionen auf soziale oder zwischenmenschliche Ungerechtigkeiten moralisch legitimiert – weder Atmosphäre noch Charakterstudie sind so verstörend wie in LA NUIT DU CARREFOUR und LA TÊTE D'UN HOMME. Vielmehr werden durch Gesetzesbrüche die Emotionalität und das Gerechtigkeitsempfinden des romantischen Helden noch unterstrichen.

1936 drehte Julien Duvivier PÉPÉ LE MOKO mit Jean Gabin in der Hauptrolle. Ginette Vicendeau ist nicht die einzige unter den Filmhistorikern, die PÉPÉ LE MOKO als ersten Klassiker des französischen Gangsterfilms betrachtet (auch wenn sie auf Louis Feuillades Arbeiten hinweist)[13]. Duviviers Film, gleichsam bei Publikum und Kritikern ein großer Erfolg, zog in Hollywood zwei Remakes nach sich (ALGIERS [1938; R: John Cromwell], CASBAH [1948; R: John Berry]) und bildete eine Blaupause für Michael Curtiz' Welterfolg CASABLANCA (1942). Im Rückblick kann man weder die Schablonenhaftigkeit der Charaktere und Ereignisse, noch die rassistische und orientalistische Charakterisierung der Einwohner von Algier leugnen. Trotzdem vereint PÉPÉ LE MOKO alle Vorzüge des Poetischen Realismus in sich und stellt in seinem poetischen Bildstil, seinem pessimistisch-nostalgischen Ton einen Schlüssel für den französischen Film Noir und das Polar-Genre der Nachkriegszeit dar. Wie so manche großen Hollywoodfilme, so Vincendeau, bediene und transzendiere PÉPÉ LE MOKO seine Groschenroman-Matrize und verwandele sie in eine kraftvolle, emotionale Aussage über Identität, Sehnsucht und Verlust[14]. Gabin als der französische Gangster Pépé, der sich in der arabischen Altstadt (Kasbah) von Algier versteckt und dort das organisierte Verbrechen leitet, wird von Duvivier über Großaufnahmen und die weiche Illuminierung seines Gesichtes als tragischer Held aus dem Milieu herausgehoben. Über seine elegante modische Kleidung (Anzug, Hut, weißer Schal, Lackschuhe) markiert er eine narzisstische Selbststili-

LE JOUR SE LÈVE

PÉPÉ LE MOKO

Kriminalfilm im Poetischen Realismus | 71

sierung, wie man sie von den Gangstern in den paradigmatischen US-Filmen aus den Jahren 1931–32 (Howard Hawks' SCARFACE [1932], Mervyn LeRoys LITTLE CAESAR [1931], William Wellmans THE PUBLIC ENEMY [1931]) kannte und die Gabins Figur und seinem Image eine Aura von Glamour und Chic verleiht, die in einem interessanten Spannungsverhältnis zu dem Arbeiterattribut steht.

Marcel Carnés Atmosphären der Ausweglosigkeit:
LE QUAI DES BRUMES UND LE JOUR SE LÈVE

Für das Gelingen von LE QUAI DES BRUMES (1938) und LE JOUR SE LÈVE (1939), Klassikern des Poetischen Realismus, kommt innerhalb der Synergie herausragender Talente – Regie: Marcel Carné, Drehbuch: Jacques Prévert, Hauptrolle: Jean Gabin – der meisterhaften Arbeit des Filmarchitekten Alexandre Trauner besondere Bedeutung zu. André Bazin titelte treffend: »Das Dekor ist der Akteur«[15]. Mit der Wirkung von Originalschauplätzen, wie sie Jean Renoir in TONI (1935) entfaltete und wie sie der italienische Neorealismus später zu einem ästhetischen Ethos erheben sollte, haben die aufwendigen Studiobauten des Poetischen Realismus nichts gemein: Indem sie proletarische Welten nachbilden, stehen sie zwar in der Sujet-Tradition des literarischen Realismus, doch bleiben sie in ihrer bewundernswürdigen Kunstfertigkeit stets künstliche Simulationen, deren Sinn gerade in einer symbolischen Verdichtung des filmischen Themas liegt. In LE JOUR SE LÈVE lässt Alexandre Trauners Konzeption des Wohnhauses, in dessen oberster Etage sich François (Jean Gabin) verbarrikadiert hat, das Gebäude als dramatische Vertikale wie einen Turm aus der Stadt herausragen. Top Shots, die in die schwindelerregende Tiefe des Treppenhauses zielen, wo Arbeiterfamilien stehen und den Gang der Polizisten nach oben verfolgen, konfigurieren die isolierte Höhe von Gabins Zimmer zu einer Raummetapher der Außenseiterposition: desillusioniert und gescheitert, losgelöst vom Arbeiterkollektiv, steht er auf der Scheidegrenze zwischen dem Dasein und dem Tod, in einer Warte des Überblicks über die Dächer der Stadt, aber auch über sein eigenes Leben, das er in drei Rückblenden nochmal Revue passieren lässt, um zu verstehen, wieso er schließlich zum Mörder wurde. Der ganze Film ist um diese Situation der existentiellen Auflehnung und Enttäuschung gebaut, die als gesellschaftlicher Kommentar zum Scheitern der Volksfront und dem sich ankündigenden Weltkrieg über sich hinausweist: Hier hat sich ein Mann eingekapselt, der Wahrheit und Aufrichtigkeit nur noch in sich selbst finden kann, der sich der Welt verweigert, die in seinen Augen alle Werte abgestoßen hat.

In Details blitzt Préverts Kritik an der Ausbeutung der Arbeiterklasse auf: Ein Blumenstrauß verwelkt nach wenigen Minuten in der mit Sandstaub verdickten Fabrikluft von François' Arbeitsstätte; ein Wecker steht für François' allmorgendliches Aufstehen und die Disziplin ehrlicher Arbeit, während andere, wie sein Gegenspieler Valentin (Jules Berry), sich unbekümmert dem Vergnügen hingeben können und mit Postkarten aus Urlaubsorten junge Frauen betören. Doch wie Anja Sieber zu Recht betont, bleibt die Sozialkritik in LE JOUR SE LÈVE seltsam abgestumpft. Der implizite Konflikt, der aus der Problematik von Ausbeutungsverhältnissen resultiert, wird ins Private verschoben, manifestiert sich in einem Liebesdrama, in dem der lavierende Schnösel Valentin als Verkörperung von Falschheit und bourgeoiser Dekadenz zum einen François' Geliebte Françoise, zum anderen seine Freundin Clara ausbeutet und mit seinen Intrigen den integren François zum Äußersten treibt. Jules Barry spielt hier einen nahezu identischen Charakter wie in Jean Renoirs LE CRIME DE MONSIEUR LANGE (1936), jenem Film, der die sozialrevolutionären Intentionen des Drehbuchautoren Jacques Prévert unverblümt ausdrückte und mit den Schauspielern aus seiner Agitprop-Theatergruppe *Groupe Octobre* realisiert wurde. Als Druckereibetreiber Batalat repräsentierte Barry in LE CRIME DE MONSIEUR LANGE einen skrupellosen Unternehmer, der seine Belegschaft ausbeutet, seine Sekretärin prostituiert und die junge Wäscherin Estelle gar vergewaltigt. Als Batalat vor dem Fiskus flüchtet, schließen sich die Arbeiter zu einer Kooperative zusammen und beweisen mit zunehmendem ökonomischem Erfolg und persönlichem Glück des einzelnen die Wirkungsmacht des sozialen Kollektivs. Zum Kapitalverbrechen kommt es beim plötzlichen Wiedererscheinen Batalats. Der einfache Angestellte Lange schießt ihn nieder. Der Mord erscheint innerhalb der moralischen Entwicklung des Films als legitim, so dass Lange am Ende vor einem improvisierten Arbeitergericht seinen symbolischen Freispruch findet.»So gesehen ist Batalas erst vermuteter, dann verantworteter Tod ein revolutionäres Ereignis: mit ihm fällt, wenn vielleicht auch nur auf Abruf, die Grenze, die das werktätige Kollektiv nicht zu sich selbst kommen lässt«[16].

Anders ist es in LE JOUR SE LÈVE. Nachdem François ebenfalls die von Barry verkörperte Dekadenz erschossen hat, kommt es zu einem Dialog zwischen ihm und den Arbeitern, die sich vor dem Haus versammelt haben und ihn zum Aufgeben bewegen möchten. Dabei sind die Kollegen – so wie er, allesamt mit Baskenmütze und Rennrädern ausgestattet – Multiplikationen seiner selbst, die sich mit François solidarisieren und seinen Totschlag als das werten, was es ist: der jähe Affekt eines emotional Geknechteten. Für einen Moment scheint sich die persönliche Revolte in einen kollektiven Aufstand gegen die Obrigkeit zu wandeln, doch dann lassen sich die Arbeiter von den Polizeitruppen wehrlos auseinandertreiben. Und François wird sich am nächsten Morgen selbst richten, indem er – wie einst Pépé mit dem Messer – sich die Pistole ans Herz hält und abdrückt. Der revolutionäre Optimismus in LE CRIME DE MONSIEUR LANGE, der mit dem Wahlkampf der Volksfront 1936 zusammenfällt, ist in LE JOUR SE LÈVE unter Fatalismus, Todessehnsucht und Desillusionierung begraben: »Die in LE CRIME DE M. LANGE dargestellte aktive Umgestaltung und der Kampf gegen konkrete gesellschaftliche Zustände wird im Individuum zu einer Schicksalsergebenheit, die das Scheitern akzeptiert. [...] Die Aufforderung zur aktiven Volksjustiz verdreht sich, wie in der Tragödie, zum moralischen Selbstgericht«[17]. Zudem ist die Atmosphäre an Stelle der dezidierten Sozialkritik getreten. Ein Gespinst aus märchenhaften Licht- und Schattenkonturen liegt nachts über den Dächern, als François auf dem Fahrrad zu Françoise unterwegs ist, und überhöht das Arbeitermilieu ins Poetische. Gelegentlich überlagert auch der Starmythos Gabins seine Figur. Wenn er in der Lederjacke, die Zigarette im Mund, die Hände in den Taschen, stumm in der Ecke seines Zimmers sitzt, dann ist er ikonisches Bild des tragisch Unangepassten.

In LE QUAI DES BRUMES dringt der Kriminalplot in Form eines Autos mit drei stilisierten Gangstern in die neblige Szenerie des Films ein. Die kindischen Ganoven auf der Suche nach dem kleinbürgerlichen Zabel (Michel Simon) bedrohen die Einwohner der Panamahütte, allesamt Gestrandete, Flüchtige, soziale Außenseiter an einem Anders-Ort am Meer, der wie das Kanalschiff in Jean Vigos L'ATALANTE (1934) oder das Flusslokal in Julien Duviviers LA BELLE ÉQUIPE (1936) als Zufluchtsstätte und gesellschaftlicher Gegenentwurf fungiert. Nach einem Schusswechsel, der von den Gestrandeten in der Hütte nicht ernst genommen wird, verschwinden die Gangster wieder. Der Suizid des Malers Michel, der damit seine Identität dem Deserteur Jean (Jean Gabin) überlässt, vollzieht sich unwirklich, beinah phantastisch und in der düster-melancholischen Schwere des Films eigentümlich konsequent. Nicht der Grünschnabel Lucien (Pierre Brasseur) jagt in seiner Selbststilisierung als Ganove Furcht ein, überhaupt ist die Stimmung des Films nicht von Bedrohung geprägt. Der Abgrund, der sich hinter der Scheinheiligkeit Zabels verbirgt, offenbart sich erst nach und nach. Wenn beide Handlungsstränge kulminieren und dazu führen, dass Jean Zabel erschlägt und schließlich von Lucien erschossen wird, bevor er das Schiff nach Venezuela nehmen kann, dann erfüllt sich keine kriminalistische Spannungsdramaturgie, sondern die Atmosphäre der Tragik und Depression. »Der Alltag wird als ›soziales Klima‹, als Gefühl reflektiert; jedes Detail, jede Beleuchtung, jeder Satz bekommt diese besondere, symbolische Bedeutung, in der sich die Kriegsangst einer ganzen Nation auszudrücken scheint«[18]. Die Unwirklichkeit der Handlung verdichtet sich in dem Nebel, der die Figuren umfängt und ihre Konturen auflöst, so wie sich die durchgängige Traurigkeit und Depression in den langsamen Bewegungen und der Kraftlosigkeit der Stimmen niederschlägt. Mag vordergründig der Antagonist des stolzen Jean der heuchlerische Zabel sein, so ist der übermächtige Gegner aller Figuren, insbesondere des nach Glück suchenden romantischen Pärchens, die Unwirklichkeit, Tragik und Depression der Atmosphäre. Damit nimmt Carné den Film Noir auf eigentümliche Weise vorweg, eigentümlich, weil der Gangsterplot selbst in diesem Film wie ein Fremdkörper wirkt.

1 Renoir, Jean: Mein Leben, meine Filme. Autobiographie. Zürich 1992, S. 104.
2 Simenon, Georges: Maigrets Nacht an der Kreuzung. Zürich 1983, S. 29.
3 Ebd., 31.
4 Ebd.
5 Ebd., S. 33.
6 Ebd., S. 31.
7 LA NUIT DE CARREFOUR, dieser singuläre Kriminalfilm in Renoirs Oeuvre, ist zugleich Jacques Beckers erste Berührung mit der Filmpraxis. Becker führte seine Begeisterung für Renoirs LA CHIENNE zur Regieassistenz bei LA NUIT DE CARREFOUR. Jean Renoir schreibt in seiner Autobiografie eindringlich über seine »leidenschaftliche Freundschaft« zu Becker: »[A]bgesehen von den Filmen liebten wir dieselben Dinge: Sportwagen, amerikanische Sicherheitsrasierer und vor allem Jazz«. Renoir 1992, a. a. O., S. 80.
8 Durgnat, Raymond: Jean Renoir. London 1975, S. 77.
9 Vgl. Braudy, Leo: Jean Renoir. The World of His Films. New York 1989, S. 51.
10 Bonnefille, Eric: Julien Duvivier. Le mal aimant du cinéma français. Volume 1: 1896–1940. Paris 2002, S. 132.
11 Simenon, Georges: Maigret kämpft um den Kopf eines Mannes. Zürich 2008, S. 166f.
12 Garrigues, Rémy: Jean Gabin. In: Ciné-Mirror v. 19. 2. 1937. Vgl. auch Vincendau, Ginette: PÉPÉ LE MOKO. London 1998, S. 40.
13 Vgl. Vincendau 1998, a. a. O., S. 7f.
14 Ebd.
15 Bazin, André: Le décor est un acteur. In: Ciné-Club, Nr. 1 (1949). S. 4–7. Vgl. auch Sieber, Anja: Vom Hohn zur Angst. Die Sozialkritik Jacques Préverts in den Filmen von Marcel Carné. Rodenbach 1993, S. 67.
16 Nitsch, Wolfram: LE CRIME DE M. LANGE als revolutionäres Lehrstück. In: Institut Français de Munich/CICIM (Hg.): Jean Renoir und die Dreißiger. Soziale Utopie und ästhetische Revolution. München 1995, S. 36–40, hier S. 38.
17 Sieber 1993, a. a. O., S. 74.
18 Ebd., S. 67.

Claudia Mehlinger

Vous aimez Hitchcock?
Thriller von Henri-Georges Clouzot und Claude Chabrol

Henri-Georges Clouzot und Claude Chabrol: zwei Regisseure, die immer wieder in einem Atemzug mit Alfred Hitchcock genannt werden, dem großen »Master of Suspense«. Das ist zweifelsfrei ein Kompliment, angesichts der enormen Wertschätzung, die Hitchcock weltweit – vor allem aber in Frankreich – erfuhr, wo seine Filme ab den 1950er Jahren von den Kritikern der neu gegründeten *Cahiers du Cinéma* mit Begeisterung aufgenommen wurden. Zu diesen jungen Enthusiasten gehörte auch der 1930 geborene Claude Chabrol, der seine Karriere als Filmkritiker begann und 1957 in Zusammenarbeit mit Éric Rohmer eine ausführliche Studie über die Filme Hitchcocks veröffentlichte[1], noch bevor er mit LE BEAU SERGE (1958) seinen ersten Film realisieren sollte. Während Hitchcock für Chabrol zur Vätergeneration gehörte und in vielerlei Hinsicht eine Vorbildfunktion hatte, liegen nur wenige Jahre zwischen Hitchcock und Clouzot. Der eine wurde 1899 in London geboren, der andere 1907 in Niort, einer Kleinstadt im mittleren Osten Frankreichs, doch als Clouzot mit L'ASSASSIN HABITE AU 21 (1942) seinen ersten »eigenen«[2] Film drehte, hatte Hitchcock bereits annähernd 30 Filme in die Kinos gebracht. In seiner ungebrochenen Produktivität stand Chabrol seinem Meister in nichts nach, während Clouzots Werk bedeutend schmaler ausfiel.

Der Polar – eine gemeinsame Leidenschaft

Betrachtet man die Arbeiten der drei Regisseure, so fällt auf, dass nur ganz wenige Filme ohne ein Kriminaldelikt auskommen. Alle drei scheinen fasziniert von den niederen Beweggründen der Menschen: verbotenen Begierden, Misstrauen und Spionage, politischen und persönlichen Intrigen, Mord und Verbrechen. Oft sind diese Vergehen sexuell konnotiert und aus einer abgründigen Figurenpsychologie heraus motiviert.

Die Frage, welche dieser Filme als Polars zu betrachten sind, ist nicht leicht zu beantworten. Orientiert man sich an dem berühmten Autorenduo Pierre Boileau und Thomas Narcejac, die von allen drei Regisseuren für ihre Kriminalromane geschätzt wurden, dann bilden »le mystère et l'enquête«[3], also das Mysteriöse (Verbrechen), und die Untersuchung/Fahndung die Essenz des *roman policier* und im übertragenen Sinne auch die des Polar. Auch der Autor Olivier Philippe transponierte in einer Studie zum zeitgenössischen Polar dieses Grundprinzip der Detektion auf den Film und bemerkt, dass es auf drei Typen von Protagonisten verweist, die in keiner Kriminalerzählung fehlen dürfen: »1. l'agresseur; 2. la victime; 3. le défenseur de l'ordre«[4]. Diese Kategorien sind frei zu interpretieren, der »Aggressor« muss also nicht unbedingt ein Gangster oder ein Outlaw sein. Vor allem Chabrol führt uns immer wieder vor, dass auch normale Bürger, Mütter und Familienväter auf die schiefe Bahn geraten und sich im Affekt, aus Verzweiflung oder aus Rache dazu hinreißen lassen können, Menschen aus ihrem eigenen Umfeld Gewalt anzutun. Die »Opfer« dagegen sind, wie vor allem die Filme Clouzots belegen, selten nur Opfer, sondern oftmals auch Täter. Was die »Verteidigung/Wiederherstellung der sozialen Ordnung« betrifft, so muss diese keinesfalls von einem Detektiv oder einem Polizisten ausgehen, sondern kann, wie des Öfteren bei Hitchcock, durchaus von einer Privatfigur angestrebt werden, die in eine Intrige hineingeraten ist und nun in eigener Sache ermittelt.

Trotz seiner zentralen Topoi ist der Polar nicht leicht zu umreißen, denn er ist, wie Alain Corneau bemerkte, ein »corrupteur fameux«[5]. Oft ist das Genre gerade dann besonders stark, wenn es über sich selbst hinausweist, sich also nicht in seiner Kriminalhandlung erschöpft, sondern beispielsweise auch Elemente des Melodrams oder der Sozialstudie in sich vereinigt. Dies gilt auch für die Filme Clouzots und Chabrols, von denen sich die wenigsten als reine Genrefilme bezeichnen lassen. Selbst die Arbeiten, die der Form nach dem Polar entsprechen, haben in der Regel eine mehrdeutige Lesart. LE CORBEAU (1943) ist in diesem Sinne ein *Whodunit*, in dem sich eine kleine Dorfgemeinschaft auf die Suche nach einem anonymen Denunzianten aus den eigenen Reihen macht, gleichzeitig ist der Film aber auch eine Gesellschaftsstudie und ein düsteres Portrait der Okkupationszeit, der Zeit seiner Entstehung. Clouzot arbeitet zwar mit Spannungsdramaturgien und lässt den Zuschauer ohne Wissensvorsprung Seite an Seite mit den Figuren nach der Identität und den Motiven des »Raben« suchen – mindestens ebenso wichtig wie die Lösung des Täterrätsels ist jedoch der Ermittlungsprozess an sich, mit all dem, was er ›beiläufig‹ zutage fördert. »Thus, the search of the guilty part in the film becomes a search for other truths concerning desire and authority, and the anonymous letters reveal much about a community with secrets to hide«[6], schreibt Judith Mayne. Auch QUAI DES ORFÈVRES (1947), den Marcel Oms als »le portrait le plus implacablement lucide de la France d'après guerre«[7] beschrieb und der als einer der stilbildenden Filme des Genres gelten darf, ist weitaus mehr als ein Kriminalfilm. In der Figur des desillusionierten Kommissars Antoine (Louis Jouvet), einem Veteran, kondensieren die Befindlichkeiten einer ganzen Generation: Schlecht bezahlt, schlecht gekleidet und ohne gesellschaftliche Anerkennung muss er sich mit den »Sauereien« herumschlagen, die andere angerichtet haben, und erfährt immer wieder, dass die Bevölkerung das Vertrauen in staatliche Autoritäten verloren hat. Über diesen gesellschaftspolitischen Aspekt hinaus ist QUAI DES ORFÈVRES aber auch ein Film über das traditionell-französische Variété-Milieu und erinnert beispielsweise in der Eröffnungssequenz, wo divergente Szenen mittels der Montage über ein Chanson miteinander verbunden werden, an populäre Dramaturgien der Tonfilmoperette und des Revuefilms.

Auch Claude Chabrol drehte bis auf wenige Ausnahmen keine reinen Genre-Filme, und selbst die Arbeiten, die eindeutig einem Genre zuzuordnen sind, haben eine ganz eigene Note. Betrachtet man sich beispielsweise die Filme um Inspektor Lavardin (Jean Poiret), so wird sehr schnell deutlich, dass Chabrol nur ein geringes Interesse für die polizeiliche Ermittlungsarbeit aufbringt, dafür aber umso mehr für die Manierismen seiner Charaktere und für die Beziehungsgefüge, in die sie eingebettet sind. Sein Inspektor ist ein zynischer Einzelgänger in der Tradition von Dirty Harry, der nicht vor unkonventionellen Methoden zurückschreckt und auch selbst gerne handgreiflich wird. Das Interessante an dieser Figur ist, dass sie zwar im Dienste der polizeilichen Aufklärung ermittelt, dabei aber durch und durch unmoralisch agiert. In POULET AU VINAIGRE (1985) erhebt Lavardin sich selbst zur richtenden Instanz und deckt einen Schuldigen. Im zweiten Film INSPECTEUR LAVARDIN (1986) ist er noch unverfrorener und hängt das Verbrechen kurzerhand einem dubiosen, dealenden Nachtclubbesitzer an, gegen den er auch persönliche Animositäten hegt. Sicherlich hat dieser Mann aus vielerlei Gründen eine Strafe verdient – fest steht aber, dass er in

LE CORBEAU

QUAI DES ORFÈVRES

diesem konkreten Fall nicht der Mörder ist. Diese Dialektik zwischen tatsächlicher und moralischer, subjektiver und objektiver Schuld, die hier anklingt, ist eines der großen Themen Chabrols, das sich durch nahezu alle bedeutenden Arbeiten zieht.

Dramaturgische Prinzipien

Auch für Hitchcock war dieser Komplex von Schuld/Unschuld/Moral/Gewissen, der naturgemäß mit einem großen Interesse an der Figurenpsychologie einhergeht, zentral. Bezeichnenderweise trägt Chabrols erster Text über den Regisseur den Titel *Hitchcock devant le mal* und handelt davon, dass dessen Arbeiten stets eine ethisch-moralische Konzeption zugrunde liege[8]. In der gemeinsamen Studie mit Rohmer gehen beide noch weiter und erheben die »idée morale de l'échange«[9] zur »Ideé-mère du système hitchcockien«[10]. Vereinfacht gesagt geht diese Theorie davon aus, dass die dramaturgische Konstruktion bei Hitchcock stets so funktioniert, dass eine schuldig gewordene Figur diese Schuld/Verantwortung auf eine andere Figur »überträgt«. Dies gilt für Richard Hannay (Robert Donat), dem sich in THE 39 STEPS (1935) eine Agentin anvertraut, für Charlie (Teresa Wright), die in SHADOW OF A DOUBT (1943) entdeckt, dass ihr Onkel der gesuchte Witwen-Mörder ist, bis hin zu Pater Logan (Montgomery Clift), der in I CONFESS (1953) im Beichtstuhl zum Mitwisser wird. Diese »culpabilité interchangeable«[11] wird zum dramatischen Movens – es sind schuldhafte Verstrickungen, die die Menschen zusammenführen und antreiben, die die Geschichte voranbringen.

Obwohl sich zahlreiche Motive und Konstruktionsprinzipien, die Chabrol und Rohmer bei Hitchcock diagnostizieren, im Werk Chabrols wiederfinden lassen[12], offenbart sich in der dramaturgischen Herangehensweise der vermutlich grundlegendste Unterschied zwischen beiden Regisseuren: Chabrol entwickelt die Handlung immer aus der charakterlichen Disposition seiner Figuren, aus ihrem Umfeld und ihren Lebensumständen. Hitchcock dagegen wirft seine Figuren in eine Situation hinein, und ihr Verhalten ist es, das allmählich Rückschlüsse über ihren Charakter erlaubt. »J'aime bien que les intrigues naissent du personnages et non l'inverse«[13], sagte Chabrol – und in dieser Hinsicht hat er Recht, wenn er anfügt »je suis peu hitchcockien.«[14]

Clouzot und Hitchcock sind sich in dieser Hinsicht ähnlicher. Beide verbindet eine Vorliebe für Suspense und ausgeklügelte Spannungsdramaturgien sowie eine Freude an unerwarteten Plot-Twists und dem Spiel mit

Zuschauererwartungen. Beide haben einen Sinn für Sarkasmen und zeigen ihre Protagonisten oft in existenziellen Ängsten, verstrickt in eine Situation, in die sie hineingeraten sind. Während sich Chabrol dem Verbrechen fast immer mit einer psychologischen Herangehensweise nähert (ihn interessiert nicht so sehr das Delikt, sondern was es über die Figuren verrät und was es mit ihnen anstellt), hat das Verbrechen bei Clouzot und Hitchcock neben der sozial-psychologischen immer auch eine ästhetisch-konstruktivistische Dimension und kommt nicht selten als facettenreiches Rätsel daher, das es zu lösen gilt. Peter W. Jansen schrieb zutreffend, »dass die Hitchcocksche Dramaturgie des Suspense dem Mord das Dekor baut, während bei Chabrol der Mord aus dem Dekor hervorgeht.«[15]

Identifikation und Perspektive

Unmittelbar verbunden mit diesen dramaturgischen Prinzipien sind Erzählgestus und Erzählperspektive, die für die Wirkung von Kriminalfilmen von großem Interesse sind. Hitchcocks Filme haben ein hohes Identifikationspotenzial. Wir erleben die Erzählung meist aus der Perspektive der Opfer, mit denen wir leiden und um deren Sicherheit wir beständig fürchten. Chabrol hingegen zieht es vor, die Täter distanziert zu beobachten, und zeigt, wie ihr soziales Umfeld, die ›verkehrte‹ Welt, in der sie leben, sie zu Verbrechern werden lässt. Clouzot schließlich hat sichtlich Freude daran, immer wieder die Perspektive zu wechseln und in überraschenden Wendungen die Opfer zu Tätern und die Täter zu Opfern werden zu lassen, wie beispielsweise in LE CORBEAU oder in LES DIABOLIQUES (1955). Eine wiederkehrende Strategie Hitchcocks, um die Identifikation mit seinen Protagonisten zu begünstigen, sind subjektive Einstellungen und Point-of-view-Shots, bei denen wir eine Situation aus dem Blickwinkel eines Protagonisten erleben und uns dadurch mit diesem Charakter identifizieren, wie beispielsweise mit Jeff (James Stewart) in REAR WINDOW (1954). Auch bei Clouzot finden sich auffallend viele subjektive Einstellungen, aber sie sind selten nur an eine Figur gebunden, was vor allem daran liegt, dass Clouzot seine Aufmerksamkeit in der Regel auf mehrere Protagonisten verteilt. Seine Figuren belauern, bespitzeln und misstrauen sich gegenseitig, und nicht umsonst finden sich in seinem Werk zahlreiche Schlüssellochblicke. Anders als bei Hitchcock dient die subjektive Kamera bei Clouzot nicht primär der Identifikation, sondern wird vor allem strategisch eingesetzt. Das prägnanteste Beispiel dafür findet sich in der Exposition von L'ASSASSIN HABITE AU 21, wo Clouzot uns in die Perspektive des

Mörders zwingt. Einerseits verhindert diese bewegte Subjektive (lange vor der Erfindung leichter Handkameras noch eine unübliche Einstellung), dass wir den Mörder sehen und identifizieren können, andererseits erleben wir den Mord aber hautnah mit und sehen sogar das Entsetzen in den Augen des Opfers, das in die Kamera bzw. auf den Dolch des Angreifers schaut.[16] Nachdem Clouzot diese Perspektive einmal etabliert hat, nutzt er sie beim nächsten Auftritt des Mörders, um eine Suspense-Situation zu schaffen. Abermals mit dem Blick des Mörders sehen wir einen Lohnbuchhalter über eine Baustelle gehen, hören, dass eine Auszahlung bevorsteht, und ahnen, was passieren wird. Obwohl wir geradezu darauf warten, wirkt die kaltblütige Erschießung dieses Unschuldigen schockierend. Es bestätigt sich, dass *Suspense*-Spannung gerade dann besonders gut funktioniert, wenn ein Schock sie antizipiert hat oder sie durch einen Schock affirmiert wird.

Bei Chabrol stellen subjektive Einstellungen eine Ausnahme dar, was mit seiner Vorliebe zur objektivierten Beobachtung zusammenhängt. Es gibt zwar so etwas wie eine Komplizenschaft mit einzelnen Figuren – sogar mit Negativfiguren –, aber es kommt nie wirklich zur Identifikation. Aus diesem Grund ist es bei Chabrol möglich, im Laufe eines Films von einem Blickwinkel zu einem anderen zu wechseln, wie es Joël Magny beispielsweise für LA FEMME INFIDÈLE (1969) beschrieben hat, wo unser Verständnis für Charles Desvallées (Michel Bouquet), der den Liebhaber seiner Frau im Affekt erschlägt, zunehmend einer Empathie für die sensible und vernachlässigte Hélène (Stéphane Audran) weichen muss. In der ersten Hälfte des Films ist Charles in nahezu jeder Einstellung präsent, in der zweiten Hälfte sehen wir dagegen vornehmlich die trauernde Hélène.[17] Auch in L'OEIL DU MALIN (1962) findet ein solcher Transfer statt, indem sich der Zuschauer zunehmend vom Ich-Erzähler Albin (Jacques Charrier) löst und sich stattdessen in die Perspektive seiner Opfer hineinversetzt. Albin ist eine »Mr.-Ripley«-Figur, ein Eindringling, analog zu Why (Jacqueline Sassard) in LES BICHES (1968) und Germain Desmot (Antoine de Caunes) in AU COEUR DU MENSONGE (1999). Diese Konstellation, in der ein Dritter ein vermeintlich intaktes Beziehungsgefüge durcheinanderbringt und zum »Katalysator bourgeoisen Mißbehagens«[18] wird, ist gewissermaßen die Keimzelle der chabrolschen Dramaturgie. Nicht selten erwächst die Tragödie aus dem bescheidenen Wunsch, die verlorene Harmonie zu restaurieren. Chabrol, in dieser Hinsicht ein Minimalist, entwickelt seine Erzählungen stets aus kleinsten Einheiten, und nicht umsonst verwendet er auch immer wieder die gleichen Namen: Hélène, Paul und Charles, denn viele seiner Arbeiten sind im Grunde Variationen über das gestörte familiäre Beziehungsgefüge und die damit verbundenen krampfhaften Versuche, die bürgerliche Fassade zumindest nach außen hin aufrecht zu erhalten.

Die Kongruenz von Inhalt und Form

In der Schlussbemerkung ihrer berühmten Studie über Hitchcock schreiben Chabrol und Rohmer: »La forme, ici, n'enjolive pas le contenu; elle le crée«[19], und fassen damit noch einmal abschließend zusammen, was sie zuvor an zahlreichen Szenen aus dem Werk des Regisseurs erläutert haben: Bei Hitchcock ist die Form, also die visuelle und dramaturgische Auflösung, kein Schmuckwerk und kein Selbstzweck, sondern sie ist es, die den Inhalt erst ›erschafft‹. Inhalt und Form bedingen einander. Dieses Prinzip gilt natürlich nicht nur für Hitchcock, sondern mehr oder weniger für alle großen Regisseure, einschließlich Clouzot und Chabrol.

Die expressive Noir-Ästhetik, die sich in einigen Clouzot-Filmen finden lässt, dient natürlich nicht nur der Atmosphäre und erschöpft sich nicht in ihrem Schauwert, sondern transportiert ein ganzes Welt- und Menschenbild, das den Arbeiten dieses Regisseurs zugrunde liegt. Besonders deutlich wird dies am Beispiel von LE CORBEAU, zu dem Judith Mayne zutreffend bemerkte: »One of Clouzot's, and LE CORBEAU's, distinct contributions to the cinema is precisely the masterful articulation of film noir as both an aesthetic and a point of view.«[20]

Auch Chabrol wählt für die Inszenierung seiner Konflikte stets adäquate Ausdrucksformen, und so ist es nicht weiter verwunderlich, dass seine Figuren oftmals kühl und unzugänglich erscheinen und einander mit der gleichen skeptischen Distanz begegnen, mit der der Regisseur sie seinerseits betrachtet. In vielen Filmen hat man den Eindruck, dass die Figuren eigentlich nur bei Tisch miteinander reden, nicht weil sie sich etwas zu sagen hätten, sondern weil der Anlass es erfordert. Das gemeinsame Mahl ist ein nur der Form nach gewahrtes Ritual ohne Verbundenheit und Nähe, das der Regisseur deshalb meist in beklemmender Kammerspielästhetik dokumentiert.

Alle drei – Hitchcock, Clouzot und auch Chabrol – sind als ausgesprochen ›visuelle‹ Regisseure zu bezeichnen, weil sie es verstehen, konkrete und abstrakte Sachverhalte rein ›filmsprachlich‹ zu visualisieren. Hitchcock agiert dabei mitunter sehr manipulativ und bedient sich häufig der Montage, um dem Zuschauer bestimmte Schlussfolgerungen nahezulegen. Die

Exposition von MARNIE (1964) beginnt beispielsweise mit der Großaufnahme einer gelben Handtasche, die eine Frau unterm Arm trägt. Die Folgeszene erläutert, dass in einem Büro eine erhebliche Summe aus dem Safe entwendet wurde, und spätestens der erneute Umschnitt auf die gelbe Handtasche lässt keinen Zweifel daran, wo sich dieses Geld jetzt befindet. Clouzot arbeitet mit ganz ähnlichen Strategien. Bereits in seinem ersten Film illustriert er in einer staccatoartigen Montage mit drei Rosen, drei Sternen, drei Mädchen und einem Trio von Beethoven, wie Mila Malou (Suzy Delair) allmählich bewusst wird, dass sie es nicht mit einem Einzeltäter, sondern mit einem mordenden Dreiergespann zu tun hat. Diese kleine Sequenz visualisiert nicht nur Milas Gedankenprozesse, sondern hilft gleichzeitig auch den Zuschauern auf die Sprünge, die diesen Erkenntnisschritt nachvollziehen sollen.

Auch bei Chabrol gibt es vergleichbare Tendenzen zur Abstraktion, wenn in LE BOUCHER (1970) beispielsweise das Erlöschen eines blinkenden Fahrstuhlknopfes das Ableben des darin Transportierten symbolisiert oder in JUSTE AVANT LA NUIT (1971) eine Ratte, die in die Falle geht, zum Sinnbild für den Protagonisten wird, der sich in eine Sackgasse manövriert hat. Die berühmteste visuelle Abstraktion im Werk Chabrols ist jedoch ohne Zweifel die Schlusseinstellung von LA FEMME INFIDÈLE: Eine Rückfahrt der Kamera in Kombination mit gleichzeitigem Zoom veranschaulicht, dass der Protagonist zwar physisch von seiner Familie getrennt wird, währenddessen aber mit seiner Wahrnehmung und seinen Gefühlen ganz dicht bei seiner Frau und seinem kleinen Sohn bleibt und sich diesen emotional sogar mehr und mehr annähert. Das ist, wie Michael Althen schrieb, »schon die ganz hohe Schule der Filmsprache.«[21]

Stationendramaturgie versus Mileustudien
Anders als Hitchcock beobachten sowohl Chabrol als auch Clouzot soziale Mikrokosmen, geschlossene Systeme, die nach ihren eigenen Gesetzen funktionieren. Bei Chabrol sind dies in der Regel Familienverbände oder in Ausnahmefällen Kleingruppen, wie die vier Arbeiterinnen in LES BONNES FEMMES (1960) oder die Terroristen in NADA (1974). Bei Clouzot finden sich keine traditionellen Familienstrukturen, aber auch er konzentriert sich auf überschaubare, geschlossene Figurengruppen wie die Pensionsbewohner in L'ASSASSIN HABITE AU 21, das Internatspersonal in LES DIABOLIQUES oder die jugendlichen Bohemiens in LA VÉRITÉ (1960). Im Unterschied zu Hitchcock, dessen Filme oft einer Stationendramaturgie folgen, legen sich

LE BOUCHER

UNE FEMME MARRIÉE

Thriller von Henri-Georges Clouzot und Claude Chabrol | 85

beide Regisseure in der Regel auf einen zentralen Schauplatz fest und sind sehr an einer Milieucharakterisierung interessiert, die jenseits der Filmhandlung liegt.

In QUAI DES ORFEVRÈS kontrastiert Clouzot beispielsweise das Variété-Milieu mit der sozialen Realität auf der Polizeiwache, und obwohl er kein langsamer Erzähler ist, lässt er sich immer verhältnismäßig viel Zeit, um die Lebenswirklichkeit seiner Charaktere abzubilden. Ein gutes Beispiel dafür ist auch LE SALAIRE DE LA PEUR (1953), in dem der Regisseur über eine halbe Stunde lang die südamerikanische Siedlung Las Piedras etabliert, bevor mit der Nachricht vom Unglück an den Ölquellen die eigentliche Handlung einsetzt. Erst aus der trägen Trostlosigkeit dieses Ortes, der ein Sammelbecken für Verbrecher ist, bekommt man ein Gefühl dafür, warum sich zahlreiche Männer zu diesem Himmelfahrtskommando melden, zu dem die Ölförderungskompanie aufruft.[22]

Auch Chabrol verankert seine Charaktere immer in einer bestimmten Gesellschaftsschicht, meist im Groß- oder Kleinbürgertum, und nicht selten ist es gerade das Verzweifeln an milieutypischen Normen und Restriktionen, das seine Figuren zu Verbrechern werden lässt. Das prägnanteste Beispiel hierfür sind die von Isabelle Huppert gespielten Figuren in VIOLETTE NOZIÈRE (1978) und UNE AFFAIRE DE FEMMES (1988), die bereits ihre Rolle als MADAME BOVARY (1991) vorwegnehmen. Beide wollen den kleinbürgerlichen, ärmlichen Verhältnissen, denen sie entstammen und in denen sie zu ersticken drohen, um jeden Preis entfliehen. Die eine, indem sie ein Doppelleben führt und sich als Prostituierte verkauft, die andere, indem sie illegale Abtreibungen vornimmt, um zu einem bescheidenen Wohlstand zu gelangen.

Ginette Vincendeau ist der Auffassung, dass diese gesellschaftlich-soziale Dimension ein generelles Charakteristikum des französischen Kriminalfilms ist, und vertritt sogar die These, »that spectatorial pleasure in French film noir derives more from social voyeurism than processes of detection.«[23] Ob diese These auf sämtliche Filme Clouzots und Chabrols zutrifft, sei dahingestellt – auf jeden Fall können die meisten Filme beider Regisseure auch als Milieustudien betrachtet werden. Vor allem bei Chabrol fällt auf, dass sich in seinem Werk so gut wie keine Berufsverbrecher finden lassen, mit Ausnahme von LANDRU (1963), einem hoch stilisierten, theatralisch anmutenden Film, und einer Serie von Agentenfilmen, beginnend mit LE TIGRE AIME LA CHAIR FRAICHE (1966), bei denen man sich fragt, ob sie das Genre bedienen oder parodieren wollen. Gangster interessieren Chabrol nicht – bei ihm kommt das Verbrechen stets aus der Mitte der Gesellschaft.

Zuverlässiges und manipulatives Erzählen

Sucht man den zentralen Unterschied zwischen Clouzot und Chabrol, so findet man ihn nicht so sehr in der Wahl der Themen, sondern vor allem im Erzählmodus. Bei Chabrol liegen die Dinge offen zutage: Er zeigt seine Figuren so, wie sie sind, und ihre Taten in der Regel so, wie sie geschehen. JUSTE AVANT LA NUIT beginnt beispielsweise damit, dass Charles Masson aus Ekel vor sich selbst und vor der Situation seine Geliebte erdrosselt. Es gibt kein Mysterium um dieses Verbrechen, stattdessen entwirft Chabrol das Psychogramm eines Affektmörders, der mit dieser Tat auch sich selbst zugrunde gerichtet hat. Mit der Ermordung seiner Geliebten hat Charles nicht nur stellvertretend die eigene Libido abgetötet, sondern sich auch die Lust am Leben genommen, und es hat eine ironisch-tragische Qualität, dass niemand sein Schuldgeständnis hören will. Als er sich schließlich entschieden hat, sich der Polizei zu stellen, vergiftet ihn seine Frau, denn Ruf und Ansehen der Familie müssen um jeden Preis gewahrt bleiben.

Selbst in den Filmen, in denen Chabrol elliptisch erzählt, bleibt er ein zuverlässiger Erzähler. In LE BOUCHER sieht man zwar die Leichen der ermordeten Frauen, nicht aber den Tathergang. Eine Reihe von Indizien verweisen trotzdem auf Popaul als Täter: der Titel des Films, sein Beruf, seine Kriegstraumatisierung, seine Obsession für Blut, das Feuerzeug, das Hélène neben der Leiche findet usw. Auch in diesem Fall ist das Täterrätsel sekundär, der Konflikt ist eher in die Psyche der Figuren verlegt: Wie geht Hélène damit um, dass sie ahnt/weiß, dass ihr Freund ein Triebtäter ist? Ist sie in Gefahr? Wird sie ihn verraten?

Clouzot dagegen ist in seiner Erzählung weniger zuverlässig, und vor allem für seine frühen Filme ist charakteristisch, dass der Zuschauer quasi mittendrin ist und genau wie die Figuren einige Irrwege beschreiten muss, bis er der ›filmischen Wahrheit‹ auf die Schliche kommt. Diese Art der Täuschung gehört zwar zu den erzählerischen Strategien des Genres, aber Clouzot geht in diesem Spiel mit Wahrscheinlichkeiten sehr weit, indem er von L'ASSASSIN HABITE AU 21 bis hin zu LES ESPIONS (1957) immer dann eine überraschende Wendung erfolgen lässt, wenn wir gerade der Meinung sind, eine Situation richtig erfasst zu haben. Bei Clouzot liegen die Dinge nicht offen zutage, für seine dramaturgische Konstruktion ist es entscheidend, was er zeigt und was er dem Zuschauer vorenthält bzw. in welcher Reihenfolge er die Informationen vergibt. L'ASSASSIN HABITE AU 21 und LE CORBEAU beziehen einen großen Teil ihrer Wirkung aus der Tatsache, dass der Regisseur die Täter nicht enttarnt, sondern uns im Gegenteil beständig auf falsche Fährten lockt. QUAI DES ORFÈVRES und LES DIABOLIQUES dagegen leben davon, dass wir glauben, die Täter zu kennen, bevor der Regisseur uns eines besseren belehrt. Der Topos des Sichtbaren und Nicht-Sichtbaren, oder, wie Philippe Pilard es formulierte, »le conflit caché-montré«[24], ist zentral für das Werk Clouzots, sowohl in dramaturgischer als auch in thematischer Hinsicht. Vereinfacht gesagt könnte man zusammenfassen, dass es bei Clouzot fast immer darum geht, etwas ›aufzudecken‹, etwas Verborgenes an die Oberfläche zu bringen. Die Hauptpersonen sind demnach »ceux, qui cherchent à dévoiler le ›caché‹, qui ont eux-mêmes quelque chose à dissimuler, ou les deux à la fois.«[25]

Katastrophe oder Happy End

Eine weitere thematische und dramaturgische Differenz zwischen Hitchcock, Clouzot und Chabrol tut sich auf, wenn man einen Blick darauf wirft, wie unterschiedlich die drei Regisseure die Schlusssequenzen ihrer Filme gestalten. Während man bei Hitchcock davon ausgehen darf, dass den Helden letztendlich Gerechtigkeit widerfährt, dass die Bösen gestellt werden und das Liebespaar zueinander findet, sind solche Schlüsse bei Clouzot selten (L'ASSASSIN HABITE AU 21, LE CORBEAU, QUAI DES ORFÈVRES) und bei Chabrol undenkbar (mit Ausnahme der – in vielerlei Hinsicht untypischen – TIGER-Filme). Die meisten Clouzot-Filme haben ein negatives Ende, wie beispielsweise LES DIABOLIQUES, wo Christina (Véra Clouzot) schließlich einem Herzinfarkt erliegt, oder LA VÉRITÉ, wo Dominique (Brigitte Bardot) sich in ihrer Zelle das Leben nimmt. Nicht selten sind diese Schlüsse tragisch und bitter, wenn etwa die Titelfigur (Cécile Aubry) in MANON (1949) völlig entkräftet in der Wüste stirbt, nachdem sie einen Kapitän mittels ihrer Geschichte davon überzeugen konnte, sie und ihren Mann nicht der Justiz auszuliefern, oder wenn Mario (Yves Montand) in LE SALAIRE DE LA PEUR mit seinem Lastwagen in die Tiefe stürzt, obwohl er und auch wir glauben, dass die Gefahr längst vorüber sei.

Auch bei Chabrol sucht man vergeblich nach einem klassischen Happy End, denn ein Chabrol-Film endet entweder in der Katastrophe oder in der Ambiguität. In LES COUSINS (1959) erschießt Paul (Jean-Claude Brialy) versehentlich seinen Cousin; in LES BICHES ersticht Why ihre Gönnerin Frédérique (Stéphane Audran) mit einem Messer, und in LA CEREMONIE (1995) kommt Jeanne (Isabelle Huppert) bei einem Autounfall ums Leben, nachdem sie mit ihrer Freundin eine ganze Familie erschossen hat. Offene Schlüsse finden sich dagegen in LE SCANDALE (1967), wo sich die Trickkamera in einem Top Shot immer weiter entfernt, so dass die Kämpfenden irgendwann nicht mehr zu erkennen sind, oder in L'ENFER (1994), den Chabrol bezeichnenderweise mit der Texteinblendung »Sans Fin« enden lässt. »Ohne Ende« – damit beschreibt Chabrol ein Prinzip, das er sich in vielen seiner Arbeiten zunutze macht, indem er auf die abrundende Schlusseinstellung verzichtet, die der Zuschauer erwartet: »J'arrête toujours le film avant la scène finale. J'ai toujours préféré que la boucle de l'histoire ne se ferme pas complètement.«[26]

Chabrol adaptiert Clouzot

Als Chabrol sich 1994 daran machte, L'ENFER auf der Basis des Originaldrehbuchs von Clouzot neu zu verfilmen (einen Film, den dieser 1964 nach zahlreichen Komplikationen aus gesundheitlichen Gründen abbrechen musste), überarbeitete er das Buch so gründlich, dass der Film das Vorbild nur noch erahnen lässt. Nach eigener Aussage bestand seine Arbeit vor allem in »de gommer le gras«[27], also alles überflüssige »Fett« zu entfernen. Clouzot hatte eine komplexe Rückblendenstruktur vorgesehen, gekoppelt an die Erinnerungen der männlichen Hauptfigur, die unter krankhafter Eifersucht leidet und immer wieder ihren eigenen Wahnvorstellungen erliegt. Chabrol dagegen vereinfachte die Geschichte und erzählt sie linear[28]. Vereinzelte Aufnahmen Clouzots mit Romy Schneider, die Serge Bromberg 2009 auf den Internationalen Filmfestspielen von Cannes im Rahmen einer Dokumentation über L'ENFER präsentierte, zeigen Licht- und Farbexperimente sowie rückwärtslaufende, avantgardistisch anmutende Bilder, mit denen Clouzot den Halluzinationen seines Protagonisten Ausdruck verleihen wollte. Generell fällt auf, dass Clouzot, dessen frühe Filme sich vor allem durch klassische Spannungsdramaturgien auszeichneten, in seinen späteren Filmen immer experimenteller wird. LE MYSTÈRE PICASSO (1956) ist ein dokumentarischer Essay, der Farb- und Schwarz-weiß-Material vermischt, LES ESPIONS ist eine kafkaeske Parabel und LA PRISONNIÈRE (1968), Clouzots letzte Arbeit, ist ein OP-Art-Film, der ein wenig an BLOW UP (1966) erinnert und die Illusionsmaschine Kino ästhetisch reflektiert. Während Chabrol sich also, wie ihm viele Kritiker vorwarfen, immer weiter von seinen Wurzeln in der Nouvelle Vague entfernte und auch vor rein kommerziellen Projekten nicht zurückschreckte, wurde Clouzot, der vermeintliche Traditionalist, im Alter immer experimenteller.

Conclusio

Man hat Clouzot immer wieder als den »französischen Hitchcock« bezeichnet, zum einen, weil beide Regisseure sich in der Wahl ihrer Themen ähneln, zum anderen, weil sie mit ähnlichen Strategien zu Werke gehen, um Suspense, Schock, Thrill und Anteilnahme zu erzeugen[29]. Es ist schwer zu beurteilen, welchen Einfluss Hitchcock auf Clouzot hatte. Auf der einen Seite kommt natürlich kein Cinéast an einem Regisseur vorbei, der so erfolgreich und so omnipräsent ist wie Hitchcock, auf der anderen Seite steht aber fest, dass Hitchcocks Filme im besetzten Frankreich offiziell nicht verfügbar waren und dass LE CORBEAU trotzdem bereits viele Merkmale aufweist, die man später als Hitchcock-typisch klassifiziert hat. Bei Chabrol ist der Einfluss Hitchcocks viel deutlicher zu sehen, allein schon durch die unzähligen Zitate und Figurationen, die eindeutig an berühmte Vorbilder erinnern sollen, wie beispielsweise in LES FANTÔMES DU CHAPELIER (1982), der in verschiedener Hinsicht auf PSYCHO (1960) verweist. Während Clouzot und Hitchcock sich also thematisch und stilistisch nahe stehen, eifert Chabrol Hitchcock vor allem in der Wahl bestimmter Motive und in psychologisch motivierten Figurenkonzeptionen nach. Chabrol wurde ebenfalls mit dem Etikett »französischer Hitchcock« versehen, doch dieser Vergleich erscheint etwas vordergründig, weil Chabrol, selbst wenn er das Vorbild zitiert, in der Regel andere Absichten verfolgt.

Chabrol geht es nicht darum, Spannung zu erzeugen. Wenn Charles in LA FEMME INFIDÈLE (in Analogie zu PSYCHO) die Spuren seiner Tat beseitigt und Victors eingeschnürte Leiche zu seinem Wagen transportiert, sieht er auf der gegenüberliegenden Straßenseite einen Mann beim Fensterputzen. Hitchcock und auch Clouzot würden an dieser Stelle mittels einer Einstellung aus dieser gegenüberliegenden Wohnung eine Suspense-Situation etablieren oder zumindest mittels wiederholter Blicke nach oben eine Atmosphäre der Bedrohung aufrechterhalten. Nichts davon bei Chabrol. Kontinuierlich beobachtet seine Kamera Michel Bouquet und registriert, wie dieser noch halb unter Schock und doch hochkonzentriert unter großer physischer und psychischer Anspannung seine Aufgabe verrichtet. Selbst als Charles kurze Zeit später mit der Leiche im Kofferraum einen Auffahrunfall verursacht, eine der seltenen Suspense-Situationen bei Chabrol, reizt der Regisseur das Potenzial dieser Szene nicht aus, sondern bleibt ausschließlich bei seinem Protagonisten. Was in diesem Charakter vorgeht, das interessiert Chabrol – nicht, was um ihn herum passiert.

Wenn Chabrol REAR WINDOW gedreht hätte, schreibt Richard Neupert süffisant, dann hätte die Kamera in Thorwalds Appartement gestanden.[30] Wenn Clouzot REAR WINDOW gedreht hätte, möchte man beipflichten, hätte sich vermutlich Grace Kelly als heimliche Mörderin entpuppt.

---

1 Chabrol, Claude / Rohmer, Éric: Hitchcock [1957]. Paris 2006.
2 Clouzot hatte zuvor Drehbücher adaptiert und ab 1932 in Berlin für die UFA gearbeitet, wo er die französischen Fassungen von Filmen betreute, die damals in Neubabelsberg in mehreren Sprachversionen gedreht wurden. Unter anderem arbeitete er dort mit Anatole Litvak, Géza von Bolváry, Karl Hartl und Joe May zusammen und wird für einige dieser Filme als Co-Regisseur geführt.
3 Boileau, Pierre / Narcejac, Thomas: Le roman policier. Paris 1964, S. 14.
4 Philippe, Olivier: Le Polar français contemporain. Paris 1996, S. 16.
5 Alain Corneau, zitiert nach: Guérif, François: Le cinéma policier français. Paris 1986, S. 31.
6 Mayne, Judith: LE CORBEAU. London/New York 2007, S. 34.
7 Oms, Marcel: L'image du policier dans le cinéma français. In: Les Cahiers de la Cinémathèque, 25/1978. S. 67–73, hier S. 70.
8 Vgl. Magny, Joël: Claude Chabrol. Paris 1987, S. 28.
9 Chabrol/Rohmer 1957, a. a. O., S. 79.
10 Ebd.
11 Ebd., S. 151.
12 Siehe dazu beispielsweise Wood, Robin / Walker, Michael: Claude Chabrol. London 1970, S. 8ff.
13 Claude Chabrol, zitiert nach: Guérif, François: Un Jardin bien à moi. Conversations avec Claude Chabrol. Paris 1999, S. 54.
14 Ebd.
15 Jansen, Peter W.: Der Zuschauer als Komplice. In: Jansen, Peter W. / Schütte, Wolfram: Claude Chabrol. München/Wien 1986. S. 17–62, hier S. 49.
16 Diese Art der Mordinszenierung aus der Subjektiven des Täters wurde viele Jahre später zu einem visuellen Standard des Horrorfilms. Vgl. bspw. PEEPING TOM (1960; R: Michael Powell) oder HALLOWEEN (1978; R: John Carpenter).
17 Vgl. Magny 1987, a. a. O., S. 38f.
18 Gerhold, Hans: Kino der Blicke. Der französische Kriminalfilm. Frankfurt am Main 1989, S. 149.
19 Chabrol/Romer 1957, a. a. O., S. 154.
20 Mayne 2007, a. a. O., S. 39f.
21 Althen, Michael: Warte, bis es dunkel ist. Eine Liebeserklärung ans Kino. München 2002, S. 75.
22 Leider wurde die Exposition für den deutschen Kino-Verleih erheblich gekürzt. Nicht anders erging es William Friedkins Remake SORCERER (1977).
23 Vincendeau, Ginette: French film noir. In: Spicer, Andrew (Hg.): European Film Noir. Manchester 2007, S. 23–54, hier S. 25f.
24 Pilard, Philippe: Henri-Georges Clouzot. Paris 1969, S. 68.
25 Ebd.
26 Magny 1987, a. a. O., S. 204.
27 Claude Chabrol, zitiert nach: Jousse, Thierry / Toubiana, Serge: Claude Chabrol de A à Z. In: Chabrol, Claude: cinquantième, moteur! Paris 1997, S. 7–31, hier S. 11.
28 Vgl. Lloyd, Christopher: Henri-Georges Clouzot. Manchester/New York 2007, S. 23.
29 Der erste, der diesen Vergleich 1949 schriftlich fixierte, war vermutlich der Filmjournalist und Autor Georges Sadoul. Vgl. Gauteur, Claude: Variations critiques autour de Henri-Georges Clouzot. In: L'Avant-Scène Cinéma, 463/1997. S. 1–13, hier S. 8f.
30 Neupert, Richard: Red Blood on White Bread. Hitchcock, Chabrol, and French Cinema. In: Boyd, David / Palmer, R. Barton: After Hitchcock. Influence, Imitation, and Intertextuality. Austin 2006, S. 127–143, hier S. 135.

Karlheinz Oplustil

Mit vollem Risiko
José Giovanni

Man kann keine Filme machen, wenn man nicht weiß, wovon man spricht. Man kann keinen Western machen, wenn man nicht weiß, wie man auf ein Pferd steigt: Walsh, Ford, Hawks, Huston sind Leute, die ihre Filme gelebt haben.
(José Giovanni)

Von 1958 an hatte José Giovanni erst als Romanautor, später als Szenarist und schließlich auch als Regisseur enorme Erfolge. Aber davor hatte er ein anderes Leben, das ihm als Schriftsteller und Regisseur immer wieder Stoff geboten hat.

Zwei Jahre vor seinem Tod veröffentlichte Giovanni im Jahre 2002 seine Autobiografie. In Anlehnung an den Titel des von Robert Enrico nach einem seiner Romane inszenierten Films nannte er sie *Mes grandes gueules*. Das Buch beginnt mit der Schilderung seiner Entlassung aus dem Gefängnis nach 11 Jahren Haft. Es ist ein Tag im Dezember 1956, Giovanni ist 33 Jahre alt. Im Frühjahr 1945, mit 22 Jahren, war er durch die Beteiligung an einer üblen Affäre, die mit mehreren Toten geendet hatte, in Haft gekommen. Elf Jahre Gefängnis sind eine lange Zeit, die einen Zwanzigjährigen besonders empfindlich trifft. Für Giovanni war die Entlassung dann ein noch viel größerer Einschnitt, als ihn irgendjemand hätte ahnen können. Denn nun begann der zweite Atem des José Giovanni.

Sein Anwalt Stephen Hecquet, selbst auch Schriftsteller, hatte ihm geraten, einige seiner Erlebnisse niederzuschreiben. Das Schreiben fiel Giovanni leicht. »Es war ganz einfach, so ähnlich, als würde ich Briefe an einen Freund schreiben«[1]. In kurzer Zeit hatte er *Le trou* (1957) zu Papier gebracht, die Geschichte eines versuchten Ausbruchs aus dem Pariser Santé-

Gefängnis. Giovanni hatte selbst im Jahr 1947 diesen Versuch unternommen. Auch andere Personen des Buches haben reale Vorbilder, aber es handelt sich um einen Roman, denn wie in seinen späteren Werken hatte Giovanni tatsächliche Ereignisse mit Erfindungen kombiniert. Das Buch will kein Tatsachenbericht sein, aus dem tatsächlichen Geschehen hatte Giovanni eine packende Erzählung destilliert. Giovanni über den autobiographischen Gehalt von *Le Trou*: »In Wirklichkeit spielte sich die Geschichte viel weniger dramatisch ab, war hässlicher und kürzer. Aber ich mag die Idee der Freundschaft, ich mag reine mythische Helden. Und weil meine Figuren nicht von dieser Welt sind, lasse ich sie immer wieder scheitern und sterben. Denn das Konzept reiner Freundschaft muss notwendig an der Wirklichkeit zerbrechen«[2].

Über den mit Hecquet befreundeten Literaten Roger Nimier kommt das Manuskript zum Verlag Gallimard, der es alsbald zur Veröffentlichung akzeptiert. Giovannis Leben wird zu einer ungewöhnlichen Erfolgsgeschichte. Bei Gallimard interessiert sich Marcel Duhamel, Herausgeber der im Verlag erscheinenden Krimi-Reihe *Série Noire*, für den neuen Autor und bestellt weitere Bücher für die *Série Noire* (*Le trou* war im normalen Verlagsprogramm außerhalb dieser Reihe erschienen). In schneller Folge schreibt Giovanni, der anfangs sogar noch als Vertreter für Kosmetik gearbeitet hatte, drei weitere Bücher, die alle 1958 erscheinen: *Un règlement de comptes* (späterer Titel: *Le deuxième souffle*), *Classe tous risques*, *L'Excommunié* (auch: *La Scoumoune*)[3].

Die Bücher haben bei Publikum und Kritik großen Erfolg. Keine zwei Jahre nach seiner Entlassung ist Giovanni ein berühmter Autor, der in einem Atemzug mit den damals schon etablierten französischen Meistern der *Série Noire* wie Albert Simonin und Auguste Le Breton genannt wird, die gezeigt hatten, dass sie den Vergleich mit amerikanischen Autoren der hard-boiled-Schule nicht zu scheuen brauchten.

Giovannis Erstlingswerk *Le Trou* beschrieb den Versuch, über einen mit primitiven Mitteln gegrabenen Tunnel aus dem Gefängnis auszubrechen und handelte dabei von dem Zusammenhalt der fünf Zellengenossen und ihrer Bedrohung durch einen möglichen Verrat. In *Le deuxième souffle* will der gealterte Gangster Gu Minda noch einen letzten, gewagten Überfall begehen und muss seine Ehre wiederherstellen, nachdem er von der Polizei hereingelegt wurde und unabsichtlich Freunde verraten hat; in *Classe tous risques* kehrt der von der Polizei verfolgte Gangster Abel Davos auf abenteuerliche Weise mit seinen zwei kleinen Kindern nach Frankreich zurück und rechnet mit Leuten ab, die ihn fallengelassen haben; *L'Excommunié* erzählt die Geschichte zweier Unterweltler aus Marseille, deren Freundschaft sich über Jahre im Gefängnis bis zum Tod des einen bewährt.

Die Romane Giovannis spielen in der Unterwelt, im *milieu*, und im Gefängnis, es sind Nachrichten vom gefährlichen Leben. Ihre Helden sind *truands* oder *durs*, harte Männer, die vom Verbrechen leben. In ihren Beziehungen ist der Einsatz immer hoch, auf dem Spiel stehen Freiheit und Leben. Sie leben intensiv, mit vollem Risiko: Classe tous risques. Giovannis melancholische, düstere Balladen handeln von Einsamkeit und Freundschaft, Ehre und Verrat, Niederlagen und dem Tod. Die Geschichten haben die Einfachheit großer Tragödien. Sie lesen sich wie kühle, scheinbar teilnahmslose Berichte, ohne psychologische Erklärungen, beinahe skizzenhaft in einem knappen Stil, der sich weitgehend auf Dialoge und kurze Beschreibungen von Aktionen beschränkt. Dabei lässt Giovannis Sprache doch komplexe Figuren entstehen und gibt eine genaue Schilderung ihrer Welt. Unverkennbar bewundert er amerikanische Autoren wie James M. Cain (*The Postman Always Rings Twice* [1934], *Double Indemnity* [1936]) und W. R. Burnett (*Little Caesar* [1929], *Asphalt Jungle* [1950]). Eines der wesentlichen Handlungsmotive von *Le deuxième souffle*, der unfreiwillige Verrat eines anderen durch den Helden, wird etwa so beschrieben: »Der Gedanke, dass Venture ihn für einen Verräter hielt, machte Gu verrückt. Als sie ihn am nächsten Tag holen kamen, stand er auf, blieb aber in gebeugter Haltung. Er war alt. Ein gebrochener Mann«[4].

José Giovanni, beim Erscheinen seiner ersten Romane 35 Jahre alt, wusste, wovon er schrieb. Er kannte die Pariser Unterwelt und die Welt der Gefängnisse. Er ist am 22. Juni 1923 in Paris geboren, von korsischer Abstammung, sein wirklicher Name ist Joseph Damiani. Als Kind kommt er mit seinen Eltern – Hoteliers, der Vater auch professioneller Pokerspieler – nach Chamonix in der Schweiz. Dort, im Schatten des Mont Blanc, wächst er auf, und es beginnt eine Leidenschaft, die ihn nicht mehr loslässt: die Faszination durch die Berge und den Alpinismus. Schon als Junge betätigt er sich als Bergführer. Nach dem Ausbruch des Krieges und dem Angriff der Deutschen schließt sich der Siebzehnjährige mit Freunden dem Widerstand an. Als der Krieg vorbei ist, gerät er im Frühjahr 1945 über einen Onkel, den unseligen Santos, mit dem älteren Bruder Paul ins kriminelle Milieu, wird bei einem Coup am Bein verletzt, bald darauf verhaftet und später verurteilt. Sein Bruder wird gefangen, kann dann fliehen und wird ein Jahr später bei einer Schießerei im Milieu von Nizza erschossen.

Giovanni hat es lange Zeit abgelehnt, Genaueres über die Zeit vor dem Erscheinen seiner Bücher mitzuteilen, er beschränkte sich darauf, von »Höhen und Tiefen« zu sprechen. »Während der Okkupation lebte ich als Außenseiter, als Dieb, und ich konnte mich dann nicht mehr an ein normales Leben gewöhnen. Diese Art Leben hat mich dazu gebracht, ins Gefängnis zu kommen und von dort auszubrechen. Als wir Mitte dreißig waren, merkten meine Freunde und ich, dass wir den Preis dafür zahlen mussten. Ich hatte das Glück, mich durch das Schreiben verändern zu können. Es hat mich gerettet: es half mir, die Verbindung zu meiner Vergangenheit zu bewahren, aber auch, sie zu überwinden. Früher war ich ein Nachtmensch, der in der Stadt lebte, heute lebe ich an einem abgelegenen Ort in der Schweiz, in der frischen Luft«[5].

Der Authentizitätseffekt seiner Bücher wäre freilich ohne eigene Erfahrungen und die Vertrautheit mit den Gestalten des *milieu* nicht denkbar. Den Ausbruchsversuch aus dem Santé-Gefängnis, der in *Le Trou* geschildert wird, hat Giovanni selbst mitgemacht, er ist der Manu Borelli des Buches. Für die Hauptpersonen der anderen Romane – Gu Minda in *Un règlement de comptes / Le Deuxième Souffle*, Abel Davos in *Classe tous risques*, Roberto La Rocca in *L'Excommunié* – gab es reale Vorbilder. Giovanni kannte sie entweder selbst oder schrieb ihre Geschichten nach den Erzählungen von Mithäftlingen. Den realen Gu Minda kannte er, denn im Gegensatz zum Buch hatte dieser das Geschehen überlebt und verbüßte eine lebenslängliche Strafe[6]. Bei *Le Deuxième Souffle* benutzte Giovanni frei einige Motive aus Gus Leben und fügte Personen hinzu, etwa bei der – erfundenen – Liebesgeschichte mit Manouche, die es ansonsten in der Pariser Unterwelt tatsächlich gab[7]. »Alle diese realen Personen, die sich nie begegnet sind und die ich in den Hochofen der Tragödie gestürzt habe ...«[8] Abel Davos aus *Classe tous risques* hieß in Wirklichkeit Abel Danos, unterschied sich jedoch deutlich von der Romanfigur. Er war ein berüchtigter Auftragskiller und hatte wie viele andere Unterweltler während der Okkupation von 1941 bis 1944 für die ›französische Gestapo‹ gearbeitet, die kriminelle Hilfstruppe der Deutschen. Auch ihn kannte Giovanni, denn er war Zellennachbar, als Giovanni auf die Todesstrafe wartete. Dabei hatte ihm Danos von seiner schwierigen Flucht aus Italien nach Frankreich erzählt[9]. Bei der Realisierung der Verfilmung war Claude Sautet das tatsächliche Vorbild für die Hauptfigur nicht bewusst, sonst hätte er den Film möglicherweise nicht gemacht[10].

Die Herkunft aus eigenen Erlebnissen äußert sich in Giovannis Romanen in der episodischen Struktur und in einem merkwürdigen Fehlen von

Dramatik trotz des äußeren Aktionsreichtums. Giovanni organisiert seine Stoffe nicht nach einer auf Effekte angelegten Thriller-Dramaturgie. Die Spannung ergibt sich aus Beobachtung und präziser Schilderung, die auf keine Moral hinauswollen. Giovannis knappe Sprache ist dabei gleichermaßen offen für den auf Tatsachen basierenden Gehalt der Erzählung und deren mythische Überhöhung. Die eigenartige Mischung beobachtender und mythischer Qualitäten, die Giovannis Romane kennzeichnet, ist in den Verfilmungen seiner frühen Bücher erhalten geblieben. José Giovanni, der immer an den Drehbüchern mitarbeitete, wurde dadurch einer der wichtigsten Anreger für den französischen Polar. Bertrand Tavernier meint sogar, dass Giovanni das Genre aus seinem damaligen Dämmerzustand erlöst habe[11].

Waren die *Série-Noire*-Autoren Albert Simonin (*Touchez pas au grisbi*, 1953) und Auguste Le Breton (*Du rififi chez les hommes*, 1953) durch die klassischen Filme nach ihren Romanen von Jacques Becker (1954) und Jules Dassin (1955) zu größter Popularität gekommen, so hatte Giovanni das Glück, dass innerhalb kurzer Zeit nach Erscheinen seiner ersten Romane ebenfalls zwei überragende Filme nach seinen Büchern entstanden. LE TROU, 1959 von Jacques Becker gedreht, wurde dessen letzter Film: zugleich streng komponierte, detailbesessene Schilderung des Gefängnislebens wie poetische Reflexion über den Einzelnen und die Gruppe, das Eingesperrtsein und den Drang zur Freiheit. Becker setzte nur kaum bekannte Schauspieler ein, der Darsteller des fingerfertigen Roland war selbst mit Giovanni an dem tatsächlichen Ausbruchsversuch beteiligt. CLASSE TOUS RISQUES (1960) wiederum war der erste Film von Claude Sautet. Die Geschichte des zum Untergang verurteilten Gangsters Abel Davos, der von dem jungen Eric Stark Unterstützung und Freundschaft erfährt, war atmosphärisch äußerst dicht inszeniert und mit Lino Ventura und Jean-Paul Belmondo hervorragend besetzt. Jean-Pierre Melville erklärte seinerzeit: »Ich habe die Freundschaft zwischen Abel Davos und Stark absolut geglaubt. Sie spielt sich im Inneren ab und wird nicht in den Dialogen behandelt. Das Verhalten der beiden Männer erklärt ihre Gefühle, ohne dass es nötig wäre, dass die beiden miteinander über ihre Freundschaft sprechen«[12]. Beide Filme sind Meisterwerke, die allerdings zunächst nicht erfolgreich waren und erst bei Wiederaufführungen ihren Status als Klassiker erlangten.

1966 machte Jean-Pierre Melville mit LE DEUXIÈME SOUFFLE nach Giovannis zweitem Roman einen seiner großen Filme. Der Film beginnt mit einem dramatischen Ausbruch aus dem Gefängnis und entwickelt dann

CLASSE TOUS RISQUES

eine klassische Unterweltgeschichte, in der Giovannis bekannte Themen wie Freundschaft, Gefahr und Verrat meisterlich orchestriert werden. Nicht zuletzt geht es in einer »Topographie der Auswegslosigkeit«[13] um ein Katz-und-Maus-Spiel zwischen dem Gangster Gu (Lino Ventura) und dem ihn verfolgenden Kommissar Blot (Paul Meurisse).

Mit Jacques Becker und Claude Sautet, für die er jeweils an den Drehbüchern mitgearbeitet hatte, hatte sich José Giovanni durchweg gut verstanden. Im Gegensatz dazu war das Verhältnis zwischen ihm und Jean-Pierre Melville von Anfang an denkbar schlecht. Bald überzogen beide sich gegenseitig mit Schmähungen. Giovanni konnte Melvilles Selbststilisierung mit Sonnenbrille und Cowboyhut nicht ernst nehmen, hielt ihn für egozentrisch und fand, dass er andere nur ausnutzte. In seiner Autobiografie bezeichnet er ihn gerne unverblümt als »Hyäne«.[14] Melville attestierte Giovanni umgekehrt ein Fehlen von Talent als Autor: »Es gibt in dem Buch viele überflüssige Dinge, die nur Staffage sind. Dem Autor des Romans mangelte es an Phantasie. Er hat sich darauf beschränkt, den Ablauf einiger wahrer Geschichten aufzuschreiben, die ihm im Zuchthaus von seinen Mitgefangenen erzählt worden waren (…). Von dem Roman habe ich nur die melvilleschen Momente bewahrt, alles andere habe ich rausgeschmissen«[15]. Der Streit ging schließlich um den Credit für das Drehbuch von LE DEUXIÈME SOUFFLE, den Melville allein für sich in Anspruch nahm. Das löste den vehementen Widerspruch Giovannis aus, der meinte, Melville habe fast alle Dialoge aus dem Roman übernommen. Tatsächlich findet sich etwa der äußerst kunstfertige Monolog des Kommissar Blot, der nach der Schießerei in der Bar einfühlsam vorwegnimmt, mit welchen fadenscheinigen Begründungen die Zeugen erklären werden, dass sie nichts gesehen haben, praktisch wörtlich schon in Giovannis Buch[16]. Die pragmatische Lösung bestand darin, dass im Vorspann des Films Giovanni als Autor der Dialoge genannt wurde, mit einem nachgestellten »und Jean-Pierre Melville«.[17] Bei aller Abneigung gegen Melville persönlich hat Giovanni übrigens die Qualitäten von Melvilles Film immer anerkannt[18].

Nachdem er als Romanautor und Drehbuchschreiber erfolgreich war, beginnt José Giovanni ab 1966 selbst Regie zu führen. Die Ästhetik von Giovannis Filmen ist der seiner Romane ähnlich: Er versucht, Figuren durch ihre Handlungsweise zu beschreiben, ihr Verhalten zu beobachten. Er filmt menschliche Beziehungen einfach und effektiv, Vorbild sind ihm die Arbeiten von Raoul Walsh. Nach einer nicht in Robert Enricos Film enthaltenen Episode seines Romans *Les Aventuriers* (1960) dreht er auf Korsika mit Michel Constantin und Alexandra Stewart LA LOI DU SURVIVANT (1967). In Mexiko entsteht gleich darauf LE RAPACE (1967) nach einem Roman von John Garrick. Lino Ventura als der namenlose Fremde, der in ein südamerikanisches Land kommt, um für Geld den despotischen Präsidenten zu ermorden, damit sich die Revolutionäre mit dieser Tat schmücken können, ist eine typische Giovanni-Figur: ein schweigsamer Söldner, der seine Erfahrungen gemacht hat und jedem System misstraut. Eine vorsichtige Freundschaft entwickelt sich zu dem »Chico«, der ihn begleitet und dazu ausersehen ist, der Nachfolger des Präsidenten zu werden, wobei der Söldner aber gegenüber dessen naivem Idealismus skeptisch bleibt. Als der meint, ihn würde Geld nicht interessieren, sagt er: »Noch nicht. Aber wir werden sehen, wenn du an der Macht bist«. José Giovannis Held ist desillusionierter Einzelgänger und nobler Außenseiter, Abenteurer und *homme solitaire*, der gefährlich lebt und bis ans Ende geht.

Seinen nächsten und wahrscheinlich besten Film DERNIER DOMICILE CONNU (1969) dreht Giovanni nach einem Roman des Ex-Polizisten Joseph Harrington, den er aus den USA nach Paris transponiert hatte. Wenn er sich auf die zermürbende Polizeiarbeit konzentriert, wechselt er sozusagen die Seiten, wovon der Film durchaus profitiert. Mit Lino Ventura in der Hauptrolle zeigt Giovanni einen harten Polizisten als Einzelgänger, der am Schluss hilflos dem System gegenüber bleibt, dessen Teil er auch ist. In den labyrinthischen Stadtlandschaften wenig beliebter Viertel geht es um die mühsame Suche nach einem verschwundenen Zeugen, der einen Mafiaboss überführen soll. Den Kommissar Leonetti begleitet dabei eine idealistische Berufsanfängerin (Marlène Jobert). Als der Zeuge gefunden ist und seine Aussage gemacht hat, wird er von der Polizei im Stich gelassen. Leonetti kann nicht verhindern, dass er umgebracht wird. Am Schluss bleibt tiefe Skepsis: Anders als seine Kollegin sieht Leonetti nicht den Ausweg, seinen Dienst aufzugeben. Wieder ist Lino Ventura eine ideale Verkörperung von Giovannis mythischem *homme solitaire*.

Giovannis frühe Jahre haben ein Trauma hinterlassen: Das Gefängnis ist ein auffallend häufiger Handlungsort, zu dem Giovanni auch in seinen Filmen immer wieder zurückkehrt. Im Gefängnis spielen wesentliche Teile von DEUX HOMMES DANS LA VILLE (1973), COMME UN BOOMERANG (1976), LES ÉGOUTS DU PARADIS (1978) und UNE ROBE NOIRE POUR UN TUEUR (1979). Der lange Mittelteil von LA SCOUMOUNE (1972) – einem der erfolgreichsten Filme Giovannis, der im kriminellen Milieu des Marseille der 1930er Jahre beginnt und dann mit der Geschichte einer Freundschaft zwischen zwei Gangstern einen großen Bogen bis in die Nachkriegszeit spannt – zeigt die jahrelange Haft der beiden Hauptpersonen, während Frankreich in den Krieg eintritt, von den Deutschen besetzt und wieder befreit wird, ohne dass sich für die Gefangenen etwas verändert.

Der Vorliebe Giovannis für Einzelgänger entspricht ein Misstrauen gegenüber Institutionen, das sich immer wieder in Kritik an Justiz und Polizei äußert und seinen schärfsten Ausdruck in wiederholten Plädoyers gegen die Todesstrafe findet. »Mit der Justiz kann man sich nicht verständigen«, sagt die Anwältin (Annie Girardot) in UNE ROBE NOIRE POUR UN TUEUR. In diesem Film bewirkt ein korrupter Polizist, dass ein Unschuldiger zum Tode verurteilt wird. Die Tendenz ›antiflic‹ im französischen Film der 1970er Jahre hat in Giovanni einen unermüdlichen Verfechter. Die Polizei arbeitet mit üblen Tricks, um ein Geständnis zu erreichen (LE DEUXIÈME SOUFFLE, LES ÉGOUTS DU PARADIS), sie foltert (LE DEUXIÈME SOUFFLE, UN ALLER SIMPLE) und schikaniert (DEUX HOMMES DANS LA VILLE, COMME UN BOOMERANG). »Ich mag die Polizei nicht …«, sagt die junge Polizistin in DERNIER DOMICILE CONNU. Die Foltermethode des Inspektors Fardiano in LE DEUXIÈME SOUFFLE mit einem Wassertrichter erinnert an die berüchtigten

Foltern der Franzosen während des Algerienkrieges. Melville hat diese Szene, um einen Eingriff der Zensur zu vermeiden, im Film entschärft, sie ist aber schon in Giovannis Roman enthalten[18]. Auch Giovannis kurioser Ausflug ins deutsche Fernsehen mit einer im Mai 1977 gesendeten Folge der Serie *Der Alte* (DER ALTE SCHLÄGT ZWEIMAL ZU) löste einen Skandal aus. Der Kommissar (Siegfried Lowitz) benutzte ein gefälschtes Tonbandgeständnis und verstieß damit grob gegen zulässige Vernehmungsmethoden. Das führte zu heftigen Protesten der Gewerkschaft der Polizei und des Deutschen Richterbundes, die Folge wurde als »trauriges Zeitzeichen geistiger Armut« bezeichnet[20].

Den Preis zahlen – davon wird in Giovanni Filmen viel gesprochen. Wer im Gefängnis war, hat den Preis gezahlt. Aber damit lassen es Polizei und Gesellschaft nicht bewenden, das merken bei Giovanni alle, die aus der Haft kommen. Giovannis besonderer Zorn gilt einem in Frankreich seinerzeit offenbar willkürlich und repressiv gehandhabtem System von Aufenthaltsverboten für Strafentlassene. In COMME UN BOOMERANG bemerkt jemand: »Was das Bezahlen von Schulden betrifft, da werden immer Zinsen von einem verlangt«. Giovanni selbst hat sich in seinen späteren Jahren regelmäßig in Integrationsprojekten für Strafgefangene engagiert.

Mit dem nicht zuletzt dank der Stars Jean Gabin und Alain Delon wiederum sehr erfolgreichen DEUX HOMMES DANS LA VILLE beginnt Giovanni eine Reihe justizkritischer Filme. Er plädiert explizit gegen die Todesstrafe, die damals noch in Frankreich praktiziert wurde. Sie wurde erst 1981 unter der sozialistischen Regierung mit dem Justizminister Robert Badinter abgeschafft. Giovanni griff auch bei diesem Thema auf eigenes Erleben zurück. Er war selbst 1948 für seine 1945 begangene Tat zum Tod durch die Guillotine verurteilt worden und hatte – als jüngster Todeskandidat – zehn qualvolle Monate in der Todeszelle verbracht, bis er, besonders durch die Bemühungen seines Vaters, vom Präsidenten Vincent Auriol begnadigt und ihm langjährige Zwangsarbeit auferlegt wurde.

Der Todesstrafe gilt Giovannis tiefster Abscheu. Sie wird am Ende von DEUX HOMMES DANS LA VILLE an Alain Delon vollzogen, und die Handlung ist ganz darauf angelegt, die Ungerechtigkeit und Unmenschlichkeit dieser Strafe vor Augen zu führen. Durch die Intervention des Bewährungshelfers Jean Gabin wird Delon anfangs auf Bewährung entlassen und kann allen Anfechtungen widerstehen, bis er von einem schurkischen Polizisten (Michel Bouquet) so sehr provoziert wird, dass er ihn im Affekt tötet und dafür hingerichtet wird.

Giovanni mobilisiert für sein Anliegen die Zugkraft der Stars Jean Gabin und Alain Delon und eine zugespitzte Handlungskonstruktion. Der Film wird allerdings darin auch exemplarisch für die Schwächen vieler seiner späteren Filme. Sein Engagement verführt ihn zu unhaltbaren Konstruktionen und simplifizierten Übertreibungen, mit denen er seine Glaubwürdigkeit verliert. Wenn auch nie ganz ohne Interesse, so sind etwa COMME UN BOOMERANG und UNE ROBE NOIRE POUR UN TUEUR kaum mehr als Thesenfilme.

Spät in seinem Leben hat José Giovanni zwei sehr unterschiedliche Erinnerungsbücher veröffentlicht. *Il avait dans le cœur des jardins introuvables* (1995) ist ganz seinem Vater gewidmet, zu dem er in der Jugend ein äußerst schwieriges Verhältnis hatte. *Mes grandes gueules* (2002) überschneidet sich nur zum Teil mit dem anderen Buch und geht auf über 500 Seiten in einem mitunter atemlosen Stil hauptsächlich auf die Zeit nach Giovannis Entlassung aus dem Gefängnis und die Entstehung seiner Bücher und Filme ein. Erst im letzten Teil von *Il avait dans le cœur des jardins introuvables* berichtet Giovanni ausführlich über die Anstrengungen seines Vaters, ihm während seiner Gefängniszeit zu helfen. Vieles davon hat er selbst auch erst nachträglich erfahren. Sein Vater hat ihm über viele Jahre hin jeden Tag zumindest eine kurze Nachricht zukommen lassen. Lange Zeit besuchte er regelmäßig ein Bistro gegenüber dem Gefängnis, um seinem Sohn nahe zu sein und Neuigkeiten von den dort verkehrenden Wachbeamten zu erfahren. Sein Vater spielte schließlich eine wesentliche Rolle dabei, dass Giovanni von der Todesstrafe begnadigt wurde. Auch in diesem Buch wird allerdings nie so ganz klar, worin die zu Grunde liegende Tat genau bestand. Angedeutet wird eine Schutzgelderpressung gegenüber Leuten, die »keine Anzeige erstatten konnten«, vermutlich Schwarzmarkthändlern[21]. Giovanni wird nicht müde, auf die unheilvolle Rolle des Onkels Paul Santos hinzuweisen, eines Bruders seiner Mutter, der in anderem Zusammenhang auch von Joseph Kessel in dessen Buch *Belle de Jour* (1928) beschrieben worden war[22]. Durch ihn kamen Giovanni und sein Bruder Paul zur Beteiligung an der Aktion, die bei der anschließenden Schießerei fünf Menschen das Leben gekostet hat. Für Giovanni war allerdings immer wichtig, dass er selbst niemanden erschossen hat. Durch einen Schuss, der sich beim Handgemenge um einen Revolver gelöst hatte, wurde er am Bein verletzt und verwundet zu seinen Eltern gebracht. Bald darauf wurde er verhaftet.

Die nur knapp gezeigte Tat ist Ausgangspunkt auch für Giovannis letzten Film MON PÈRE (2000), einer Art Verfilmung des letzten Fünftels des

Buches über seinen Vater. Bertrand Tavernier hatte den Vorschlag gemacht, sich auf diesen Teil zu konzentrieren, er half auch beim Drehbuch und der Realisierung des Films[23]. Mit Bruno Cremer konnte Giovanni die ideale Besetzung für die Rolle des Vaters finden. Der aufopferungsvolle Kampf um das Leben des verurteilten Sohnes wird im Film zu einem packenden Drama. Für Giovanni enttäuschend allerdings war das geringe Interesse an dem Film, der vom Verleih lieblos und ungeschickt gestartet wurde[24]. Ein Versuch, ihn bei den Berliner Filmfestspielen anzubieten, scheiterte nach der Darstellung Giovannis an der Ablehnung des Kritikers Michel Ciment[25].

Ohne Frage ist José Giovanni auf Grund seiner Bücher und Filme einer der wichtigsten Autoren für das Genre des französischen Krimis. Nach der langen Zeit im Gefängnis hatte er noch eine Befriedigung durch eine vom Gericht ausgesprochene förmliche Rehabilitation, die besagte, dass seine spätere Lebensleistung die gegen ihn verhängte Strafe aufgewogen habe: »Die Waage der Justitia am Gerichtsgebäude zeigte die beiden Hälften meines Lebens. Ich hatte sie ausgeglichen. Sie sind beide auf gleicher Höhe«[26].

1 José Giovanni, zitiert nach: Compart, Martin: Der zweite Atem des José Giovanni. Nachwort. In: Giovanni, José: Der zweite Atem. Berlin 1992, S. 237.
2 Blumenberg, Hans C.: Der zweite Atem des José Giovanni. In: Zeit-Magazin v. 26.4.1974.
3 Giovanni, José: Mes grandes gueules. Paris 2002, S. 32.
4 Giovanni 1992, a. a. O., S. 169.
5 Blumenberg 1974, a. a. O.
6 Giovanni 2002, a. a. O., S. 24–26.
7 Ebd., S. 203.
8 Ebd., S. 26.
9 Ebd., S. 30ff. – Giovanni berichtet davon auch im Interview auf der US-DVD CLASSE TOUS RISQUES (Criterion).
10 Interview mit Claude Sautet im Booklet der DVD CLASSE TOUS RISQUES (Criterion), S. 21.
11 Bertrand Tavernier, zitiert nach dem Booklet der DVD CLASSE TOUS RISQUES (Criterion), S. 8.
12 Jean-Pierre Melville, zitiert nach dem Booklet der DVD CLASSE TOUS RISQUES (Criterion), S. 25.
13 Kiefer, Bernd: Der zweite Atem. In: Koebner, Thomas (Hg.): Reclams Filmklassiker. Band 3. Stuttgart 1995, S. 76–79, hier S. 77.
14 Giovanni 2002, a. a. O., S. 173ff.
15 Nogueira, Rui: Kino der Nacht. Gespräche mit Jean-Pierre Melville. Berlin 2002, S. 146f. – Für einen detaillierten Vergleich des Films mit dem Roman siehe Vincendeau, Ginette: Jean-Pierre Melville. An American in Paris. London 2003, S. 155ff.
16 Giovanni 1992, a. a. O., S. 25.
17 Melvilles früher Assistent Volker Schlöndorff berichtet, wie Melville eine Romanadaption vornahm: »Er folgte einfach der Vorlage, ließ mich zwei Exemplare des Romans kaufen, strich Stellen an, die er übernehmen wollte. Ich wiederum schnitt sie aus […] und klebte sie auf DIN-A4-Blätter. Diese Seiten korrigierte er dann …« Schlöndorff, Volker: Licht, Schatten und Bewegung. Mein Leben und meine Filme. München 2008, S. 114.
18 Giovanni 2002, a. a. O., S. 261 und 307f.
19 Giovanni 1992, a. a. O., S. 166f.
20 Giovanni 2002, a. a. O., S. 390.
21 Giovanni, José: Il avait dans le cœur des jardins introuvables. Paris 1995, S. 240.
22 Giovanni 2002, a. a. O., S. 113f.
23 Ebd., S. 389f.
24 Ebd., S. 514ff.
25 Ebd., S. 516f.
26 Ebd., S. 394.

Hinzuweisen ist auch auf die sehr informative Website www.jose-giovanni.net.

Bernd Kiefer

Der Polar auf Eis
Anmerkungen zu Jean-Pierre Melville

»wozu Hoffnung der nebel
macht das glück allen gleich
und unsichtbar«[1]
(Albert Ostermaier)

Ambiguität

»In den hyperboreischen Regionen, wohin des Enthusiasten Wahrheit, Ernst und Unabhängigkeit noch jeden Geist, dem es von der Natur gegeben ist, gründlich und furchtlos nachzudenken, unweigerlich führen, erscheint alles in einem zweifelhaften, ungewissen, sich brechenden Lichte. [...] Der Mensch wird von seiner eigenen Unentschiedenheit und seinen Zweifeln an Armen und Beinen ergriffen und krampfhaft nach beiden Richtungen gezerrt. Die Schwärze breitet ihr Banner über diesen grausamen Widerstreit, und unter den Falten des Banners sinkt er nieder und vergeht«[2]. Diese Sätze stammen aus dem 1852 publizierten Roman *Pierre or The Ambiguities* von Herman Melville. Aus Bewunderung für den amerikanischen Schriftsteller nahm Jean-Pierre Grumbach dessen Namen an. Er wurde ein französischer, ein Pariser Melville. Seine Dramen und Tragödien ereignen sich auf den Straßen der Städte, und immer, wenn er über seinen bevorzugten Literaten sprach, vergaß er nie, diesen Roman zu erwähnen, den vollständigen Titel selbstredend, denn auf die Ambiguitäten kam es ihm an. »Philosophisch gesprochen ist meine Position im Leben komplett anarchistisch. Ich bin extrem individualistisch. Um die Wahrheit zu sagen, möchte ich weder rechts noch links sein. Ich bin ein rechter Anarchist – auch wenn ich glaube, daß das, was ich da gerade gesagt habe, ein Schnitzer war, denn so etwas kann es gar nicht geben. Sagen wir, ich bin ein Feudalanarchist«[3].

Die Ambiguität, die Zweideutigkeit und Doppelsinnigkeit, die sich in dieser Selbstcharakteristik von Jean-Pierre Melville findet, das Ineinanderfallen von Gegensätzen, ja das Absurde in ihr, gibt auch seinem filmischen Oeuvre seine einzigartige Signatur: die eines Individualismus, der auf nichts mehr basiert, weder auf metaphysisch-religiösen noch auf politischen Gewissheiten, auch nicht auf dem Existentialismus Sartres oder Camus', der als ein neuer Humanismus nach dem Nihilismus in den Jahren nach dem Zweiten Weltkrieg en vogue war, in denen Melville seine ersten Filme drehte. Es ist ein Individualismus, der seine Sache auf nichts mehr stellen kann, wobei das einzige Eigentum der meisten Charaktere in Melvilles Werk ihre absolute Professionalität ist.

Melvilles Name ist vor allem mit Gangsterfilmen verbunden, mit der französischen Variante des Film Noir, dem Polar, die für ihn ihre Wurzeln in der amerikanischen Literatur- und Filmgeschichte hat, bei Dashiell Hammett und Raymond Chandler, bei John Huston und Howard Hawkes, deren Schwärze Melville bewunderte, aber auch im Fatalismus des poetischen Realismus von Marcel Carné, etwa in LE JOUR SE LÈVE (1939). Diese Elemente greift Melville auf und verdichtet sie zu einem ganz eigenständigen Kosmos. Melville ist »der Ästhet und Chronist der Unterwelt, des Gangsterfilms«, und in »seiner Personalunion als Produzent, Regisseur und Drehbuchautor filmhistorisch der erste ›auteur complet‹ der französischen Filmgeschichte«[4], ein Autor mit einer ganz spezifischen und unverwechselbaren Sicht der Welt. Das machte ihn zu einem Vorbild für die jungen Kritiker und Regisseure der Nouvelle Vague. In allen Filmen, von seinem ersten LE SILENCE DE LA MER (1949) bis zu seinem letzten UN FLIC (1972), entwirft Melville Welten der Ambiguität, der Gefahr, die daraus entsteht, dass nichts gewiss ist: nicht die saubere Trennung von Gut und Böse, keine Emotion, kein vermeintlich sicherer Plan des Handelns. Aber Melvilles Filme sind keine Alpträume, keine surrealen Infragestellungen der Realität durch die Kräfte des Unbewussten. Das Absurde in Melvilles Oeuvre ist, dass es die Realität als instabile derart voraussetzt, dass darauf keine Psychologie und keine Handlungsmotivation mehr aufbauen kann. In dem dem Theater und der Literatur geradezu traditionell verbundenen französischen Kino ist zudem Melvilles fortschreitender Gestus der Abstraktion und der Verweigerung von Sprache ein Affront, ein fast Wittgensteinscher Gestus, wonach davon zu schweigen ist, worüber nicht geredet werden kann: über eine Psyche, die keine mehr ist. Über dieser Leere des Menschen ist Melvilles filmisches Universum errichtet: als ein Kino leerer Aktion und ungeheurer formaler Perfektion. Wäre es nicht paradox, so müsste man dieses Oeuvre eine filmische Mythologie der Leere nennen.

Pessimistische Unterwelt-Western

»Alle meine Originaldrehbücher sind ohne Ausnahme transponierte Western«[5]. Das ist, nach dem Film-Noir-Einfluss, die zweite Dimension des Werkes von Melville: der Western, gesehen durch die Perspektive eines europäischen Großstädters. Aus dem Western extrahiert Melville den Ehrenkodex seiner lakonischen Antihelden, formt ihn jedoch radikal pessimistisch um: Ein Mann, und alle Protagonisten Melvilles sind Männer, hat sich zu entscheiden, bei ihm allerdings zwischen dem Nichts, einer nichtigen Existenz, und dem Tod.

Man kann nicht einmal sagen, dass sie, die Protagonisten, sich entscheiden, denn Melville hat bereits für sie entschieden; es ist fast immer der Tod. Melville wurde häufig von der Kritik der Misogynie bezichtigt. In der Tat werden in vielen seiner Filme Frauenkörper/Frauenfiguren dramaturgisch und inszenatorisch funktionalisiert, stärker noch als im Polar ohnehin, bei Jacques Becker oder Julien Duvivier etwa. Bei Melville sind Liebe, Eros und Sexus nie ›natürlich‹, sondern stets Elemente, deren sich die Männer zur Durchsetzung ihrer Ziele bedienen. Das ›Natürliche‹ ist immer Teil der ›Intrige‹, eines Spiels um Macht, und das ist bei Melville das meist tödlich verlaufende Spiel der Männer. In der Auftragsarbeit QUAND TU LIRAS CETTE LETTRE (1953), einer Kolportage-Story, ist Sexualität an Gewalt, an Kriminalität gebunden. Fast hat es den Eindruck, als wäre der Film für Melville eine Art Exorzismus auch eigener Obsessionen gewesen, denn seine männlichen Protagonisten in den Filmen danach, vor allem die Charaktere, die Alain Delon in LE SAMOURAÏ (1967), LE CERCLE ROUGE (1970) und zuletzt, in völliger Vereisung der Mimik und der Emotionen, in UN FLIC verkörpert, sind keine sexuellen Wesen mehr. Sie leben aus dem Selbstbezug; sie sind Narziss-Figuren, die in totaler Einsamkeit auf nichts anderes verweisen als auf sich. Was Melvilles Gangsterfilme von den amerikanischen unterscheidet, ist die Entdramatisierung des Genres, der Lakonismus als Stil. Man kann geradezu von einer Dramaturgie des Abgeklärt-Seins sprechen. Melville gab stets zu, die wenigen Standardsituationen des Genres zu benutzen und sie dem »under play«[6], dem Unter-Spielen und Unterkühlen als Prinzip auszusetzen. Seine Art der Beobachtung des Agierens der Protagonisten hat allerdings einen fetischisierenden Zug. Wo keine Psyche mehr sichtbar zu machen ist, bleiben die Kleidung, auf die Melvilles Gangster größten Wert legen, Gesten, die ritualisiert werden, und die Coups, die die Gangster ausführen und die Melville schließlich in bis zu 20-minütigen Sequenzen in ›Echtzeit‹ inszeniert: als Etüden absoluter Professionalität.

Es ist eine maskuline Welt, die Melville entwirft, schon in LE DOULOS (1963), seinem ersten Polar-Meisterwerk. Serge Reggiani und Jean-Paul Belmondo umkreisen sich, zwei Gangster, die ihr Spiel spielen, in Annäherung und Entfernung, in Lüge und Wahrheit, im Widerspruch und in Freundschaft. Es ist, wie meist, das Spiel um Leben und Tod, das keiner gewinnen kann. Das reduzierte Grundmodell des Gangsterfilms wird für Melville immer deutlicher zum Modell des Lebens, so wie seine Inszenierung immer unerbittlicher wird im Konstruieren von Plansequenzen, in denen die Bewegungen der Kamera die Figuren umzingeln. L'AINE DES FERCHEAUX (1963), nach einem Roman von Georges Simenon, ist Melvilles erster Film in Farbe und in CinemaScope, ein Roadmovie durch den Süden der USA mit Belmondo und Charles Vanel auf der Jagd nach dem Glück, von dem sie selbst nicht glauben, dass es die Millionen von Dollars ihnen bringen wird. Geld ist ohnehin nie das wahre Ziel des Agierens der Gangster bei Melville; es erbeutet zu haben, ist in diesem Film am Ende für Belmondo sogar völlig uninteressant. Wesentlich ist das Agieren selbst.

Kalter Atem

Mit LE DEUXIÈME SOUFFLE (1966) beginnt Melvilles Hauptwerk mit einer ästhetischen Zuspitzung der erstmals in LE DOULOS entworfenen mythischen Gangsterwelt. Mythisch, weil Melville sich für Realismus so wenig begeistern konnte wie für die realen Kriminellen. »Die echten Gangster interessieren mich nicht. Im wirklichen Leben ist die Unterwelt genauso korrupt wie die bürgerliche Welt. Warum sollte sie auch besser sein?«[7] Man könnte LE DEUXIÈME SOUFFLE als Studie über den Körper von Lino Ventura beschreiben, eine Studie in Nah- und Halbnah-Einstellungen, die die Effizienz ritualisierter Bewegungen und Gesten zeigen, die einem ganz eigenen Code folgen: als physische Entsprechung zum Argot, der Gossen- und Ganovensprache. Ventura ist der alternde Gangster Gu Minda, der, nach einem langen Gefängnisaufenthalt, wie ein moderner urbaner Graf von Monte Christo seine Welt von damals noch einmal richten will, allerdings in einem Paris, das keine Mysterien mehr kennt. Melvilles erstes Endspiel

LE DEUXIÈME SOUFFLE

des Gangstertums gerät in seinem Fatalismus auch deshalb so bezwingend, weil er sich jeder moralischen Differenzierung enthält. Die Welt der Gangster und die Welt der Polizei entsprechen sich, sind zwei Seiten einer Medaille. Gangster und Polizisten tun einzig das, was sie tun müssen; je besser sie es tun, umso größer ist der gegenseitige Respekt. Der Film entwirft einen großstädtischen Kosmos aus Nachtclubs mit elegischer Jazzmusik, amerikanischen Straßenkreuzern, einsamen Männern in Trenchcoat und Hut zwischen Licht und Schatten. All diese Orte, Dinge und Situationen erzeugen jedoch nicht den Eindruck, das Geschehen ereigne sich in einer Form von Realität. Das Versatzstückhafte enthebt in der Kombination den Film Raum und Zeit zugleich. Er spielt im Dazwischen der Ausweglosigkeit, überschattet von der Präsenz des Todes in jedem Moment.

Die Härte des amerikanischen Film Noir verbindet Melville mit der unsentimentalen Fatalität des französischen Films der 1930er Jahre zu einem eigenständigen Werk, in dem Verbrecher und Polizisten sich in einem System ritueller Abhängigkeiten bewegen. Melvilles existentiell einsame Helden haben ihre Sache auf nichts gestellt. Die Überfälle, die meist das Zentrum dieser Filme ausmachen, sind Abfolgen eleganter Bewegungen und Gesten, in denen es weniger um das Beutemachen und weit mehr um die Demonstration professioneller Fertigkeiten geht. Melvilles Polizisten folgen nicht dem Gesetz oder einer Idee der Gerechtigkeit, wenn sie ihre Antagonisten jagen und zur Strecke bringen, sondern allein dem individuellen Ethos des Handeln-Müssens.

Zum Handeln gezwungen sind alle Helden Melvilles, auch wenn sie ahnen oder gar wissen, dass ihr Agieren in den Tod führt. Orte, Objekte und Situationen entziehen die Figuren den Blicken, sie schaffen nicht die Illusion, das Geschehen ereigne sich in einem sozialen Raum. Gleichwohl sind sie mehr als genrespezifische Versatzstücke. Das immer Gleiche, fast Standardisierte wird zu einer filmischen Topografie der Ausweglosigkeit. Wer in LE DEUXIÈME SOUFFLE einen Raum betritt, beherrscht ihn nie. In langen Plansequenzen fährt, schwenkt und zoomt die Kamera, folgt den Figuren, nähert sich ihnen und entfernt sich wieder, doch wirkt jede Bewegung vorgezeichnet. So kokettiert der Polizist Blot (Paul Meurisse) bei einer Vernehmung in einem Nachtclub, in dem die Gangster unbewegt und schweigend im Raum stehen, sogar mit diesem Schweigen: weil sie wissen, dass er weiß, dass sie nichts sagen werden. Wenn Melville Gu und die anderen Männer auf die Ankunft eines Platin-Transporters warten lässt, sind sie weit voneinander entfernt platziert. Die kreisförmigen Schwenks, die sie verbinden, zirkeln sie zugleich ein, stecken den engen Aktionsradius ihres Handelns ab. Solche Kreisbewegungen machen die Struktur von Melvilles Topografie aus. Den Kreis zu durchschreiten, ist Gu unmöglich, wie jedem Helden Melvilles. Seine große Zeit ist vergangen. Er wird alt. Auf den fahrenden Zug kann er nach dem Ausbruch zu Beginn des Films nur noch aufspringen, weil ihm geholfen wird. Beim Überfall hat er Angst und muss sich ständig die schweißnassen Hände wischen. Wenn er ohne zu zögern tötet, stößt ihn jeder Schuss zurück in den ihm zugewiesenen Kreis, gegen den er mit jeder Bewegung neu anrennt. Doch sein ›zweiter Atem‹ reicht nicht aus. Zu dieser Bewegung in den Tod gibt es keine Alternative, weil sich für Gu kein Ort des Rückzugs findet. So bleibt ihm letztlich nur, vor dem Tod seine Ehre wiederherzustellen. Wenn er sich von seiner Geliebten Manouche (Christine Fabréga) verabschiedet, weiß sie, dass es ein endgültiger Abschied ist.

LE DEUXIÈME SOUFFLE hat in Gu den letzten Helden eines Melville-Films, der noch davon träumt, ihm könne jenseits des Verbrechens ein bürgerliches Leben winken. Wenn er in seinem Versteck erstmals seit Jahren wieder eine Nacht mit Manouche verbringen kann, rasiert er sich vor ihrer

Ankunft und zieht einen Anzug an. An den Weihnachtstagen stellt er einen Christbaum für sie und sich in seinen kargen Unterschlupf. Lino Ventura spielt Gu, der nie in einer Großaufnahme, sondern nur in nahen und halbnahen Einstellungen individualisiert wird, mit zurückgenommener Gestik und Mimik. Nur einmal greift eine Geste aus, wenn er kurz vor dem Überfall das Fenster des Wagens abrupt herunterkurbelt, seine Pistole zieht und aus dem Fenster ins Leere zielt. Gus Scheitern zeigt Melville ganz lakonisch und nie moralisierend. Der zweieinhalbstündige Film ignoriert auch die Dramaturgie des Genres, die auf einen klaren Spannungsbogen und gesteigerte Aktion setzt. Bis zum Überfall lässt Melville sich neunzig Minuten Zeit, in der er die Figuren präzise konturiert und ihr Verhältnis zueinander entwirft: Es besteht aus Loyalität und Gewalt, aus Respekt und Verrat. Sieger kann es hier nicht geben, nur Überlebende. Der Polizist Blot, der nach Gus Tod zu Manouche kommt, hat ihr nur eine Botschaft zu überbringen: »C'est fini«, es ist vorbei.

Homme melvillien

LE SAMOURAÏ, Melvilles vielleicht geschlossenster und wichtigster Film, verdichtet diese Welt noch einmal. Jef Costello (Alain Delon) ist Profikiller, der einsame, wortkarge »Samurai« des Titels. Aber der Profi Costello macht einen Fehler: Nach einem Mord sieht die Barpianistin Valérie (Cathy Rosier) sein Gesicht. Von nun an ist jede seiner Bewegungen eine auf den Tod zu. Am Ende lässt Costello sich von der Polizei erschießen.

Costello/Delon ist die perfekte Inkarnation des »homme melvillien«[8]. Sein schönes, bleiches Gesicht bleibt vollkommen ausdruckslos, als sei es tatsächlich vereist, eine Maske, hinter der sich kein Charakter mehr verbirgt. Costellos letzte Lebenszeichen sind die eleganten Gesten, mit denen er den Sitz seines Hutes richtet oder zum Töten die weißen Handschuhe überstreift, doch mehr noch als das Töten ist das Sterben die Kunst, auf die er sich versteht. »Es gibt keine größere Einsamkeit als die des Samurai, es sei denn, die des Tigers im Dschungel«. Diesen Satz stellt Melville dem Film als Motto voran, und am Ende, wenn Costello tot ist, nennt ihn auch der Kommissar, der ihn jagte, »einsam wie einen Tiger«. Der Satz stammt nicht, wie Melville angibt, aus dem »Bushido«, einer Ethik der japanischen Krieger. Melville hat ihn erfunden. Der Moralkodex der Samurai, der einer streng kodifizierten und reglementierten Feudalgesellschaft entstammt, in der eine Kriegerelite den eigenen Körper zur Waffe zu bilden hatte, hat im modernen Paris denn auch jeden Inhalt verloren. Was bleibt, sind zu Riten erstarrte Gesten existentieller Einsamkeit in einer Welt, in der alles trügerisch, alles unverlässlich ist. Costellos Blicke in den Spiegel, wenn er seinen Hut aufsetzt und die Krempe akribisch richtet, die weißen Handschuhe haben keinen anderen Sinn als den, sich der eigenen Existenz noch einmal zu versichern; sich zu sehen, zu spüren, obwohl er sich längst selbst abhanden kam. Schon 1957 bemerkte Roland Barthes in den französischen Kriminalfilmen die »Winzigkeit der entscheidenden Geste«, die nur betone, dass »einzig das Schweigen effizient ist«[9]. In den ersten acht Minuten von Melvilles Film fällt kein einziges Wort; das erste ist Costellos Name. »Jef?«, fragt seine Geliebte Jane (Nathalie Delon), als es nachts an ihre Tür klopft. Diese Frage nach Costellos Existenz, die Frage, wer er ist, durchzieht den Film. Selbst die Ermittlungsarbeit der Polizei hat keinen anderen Zweck, als eine Antwort darauf zu finden. Die einzige Überblendung im Film verbindet den Kommissar (François Périer), der namenlos bleibt, mit Costello. Der Polizist glaubt nur noch zynisch an Gesetz und Gerechtigkeit, wenn überhaupt. Costello weiß nicht einmal, warum er tötet. Dass beide ihre Sache so auf Nichts gestellt haben, macht sie zu Komplementärfiguren. Dieses Verhältnis zwischen zwei Männern inszeniert Melville denkbar lakonisch. Die Kamera schwenkt und fährt, doch nie erfasst sie Räume ganz; nie stellt sie identifikatorische Nähe zu den Figuren her. Melvilles Blick auf seine Welt, in der das Schweigen beredter ist als die Worte, will nichts preisgeben an Emotionen.

In LE SAMOURAÏ ist alles Oberfläche, nichts Tiefe. Das Licht und die Farben sind fahl, ohne scharfe Kontur, wie die Figuren. Deshalb verschwinden sie auch oft in reiner Flächigkeit: der Kommissar vor dem Fenster, durch dessen Jalousie er in das Grau des Lichts und des fallenden Regens blickt, Costello tritt ganz einfach in den Schatten zurück. Das unbewegte Gesicht Costellos/Delons, das zu einer vielzitierten Ikone der Filmgeschichte wurde, ist eine enigmatische Maske. Wenn Costello auf Valérie starrt, kurz bevor er den Revolver zieht, gleicht sein Gesicht schon dem eines Toten. In LE SAMOURAÏ werden die reine Oberfläche und das Artifizielle zur Kunstform. Musikalisch dominiert eine elektronische Orgel, deren Rhythmus wie ein sich beschleunigender Herzschlag pulsiert, sich dann wieder verlangsamt und kurz zur fast atonalen Tonfolge wird. Gegen Ende des Films, wenn Costellos Situation gänzlich ausweglos ist, legt der Komponist Roubaix über die Orgel eine unterkühlt klagende Trompete. In diesem musikalischen Verweiszusammenhang, der die europäische Tradition mit amerikanischen Elementen verknüpft, im filmischen Zitat der Schwarzen

Serie, ist Costellos Satz: »Ich verliere niemals, niemals wirklich«, zu verstehen. Der Satz ist weniger eine Wortfolge als ein Klang, cool, aber klagend, denn Costello hat, von den ersten Bildern des Films an, nichts zu gewinnen, weil er sein Leben schon verloren hat. Der Vogel im Käfig, den er sich in seinem dunklen, höhlenartigen Unterschlupf hält, ist nicht – wie es häufig in Interpretationen des Films zu lesen ist – ein Symbol seiner eigenen Existenz, sondern das einzige Lebewesen des Films: Der Vogel zeigt Angst. In LE SAMOURAÏ ist die Angst den Menschen verlorengegangen; sie sind alle Tote auf Urlaub.

Melvilles Held ist definitiv nicht mehr der Mensch des Existentialismus', sondern der des Posthistoire, des kristallisierten, erstarrten Lebens. Die lapidaren Zeitangaben wie »Sonnabend, 4. April, 6 Uhr abends« oder »Donnerstag, 10 Uhr abends« strukturieren als Chronologie nicht mehr die Geschichte in einer auf eine Klimax zusteuernden und spannungserzeugenden Weise, sondern heben jeden Zeitablauf auf, da nie erkennbar ist, wie viel Zeit wirklich vergeht. So tendiert LE SAMOURAÏ zu einem absoluten filmischen Universum jenseits aller Erfahrungswirklichkeit. Der Gangsterfilm wird von Melville aller Psychologie, aller Soziologie – und zugleich jeder psychologisierenden oder soziologisierenden Interpretation – enthoben. Zwar endet der Film mit Costellos Tod, doch das letzte, was Melville zeigt und hören lässt, ist der Schlagzeuger der Club-Combo, der, wenn alle gehen, noch einen Takt schlägt: So, als sei nichts geschehen; es ist einfach nur vorbei.

Eiszeit

Mit LE SAMOURAÏ nehmen das Werk von Melville und die Karriere von Alain Delon eine neue Wendung. »Ich habe einen Mitautor, und dieser Mitautor, das ist absolut sicher, wenn ich mit Delon drehe, ist der Schauspieler. [...] Alain hilft mir mehr, als ich sagen kann. Er ist, für einen Autor, inspirierend«[10]. In die Figur des Jef Costello brachte Delon seine gesamte Rollengeschichte ein, vom kalt kalkulierenden Ripley in René Cléments Highsmith-Adaption PLEIN SOLEIL (1960) und vom mysteriösen Rocco in Viscontis ROCCO E I SUOI FRATELLI (1960) bis zum indolenten Piero in Antonionis L'ECLISSE (1962). Mit der Rolle des »dandy«[11] Jef Costello schuf Delon sich den Typus des zeitlos und emotionslos schönen Mannes, der es aufs Töten und aufs Sterben anlegt. So ließ er sich von Melville in ihrem zweiten gemeinsamen Film inszenieren, in LE CERCLE ROUGE, einer geometrisch-abstrakten Meditation (fast dreißig Minuten des Films, die Sequenz eines Überfalles auf eine Juwelenhandlung, kommen ohne Sprache aus) über das Scheitern; so spielt Delon bei Melville in dessen letztem Film UN FLIC den Kommissar Coleman statuarisch, wie einen »Roboter«[12], der in einem Wagen im nächtlich-unwirklichen Paris seine Runden fährt. LE CERCLE ROUGE und UN FLIC, entstanden nach Originaldrehbüchern von Melville, wirken so nach LE SAMOURAÏ dennoch nicht als Reprisen. War in der Welt des »Samurai« Sprache, überhaupt Ausdruck im Absterben begriffen, so tritt in Melvilles beiden letzten Filmen ein Zustand völliger Ausdruckslosigkeit ein, ein Grad des nicht mehr Bedeutenwollens der filmischen Zeichen und der Narration, der singulär ist im Erzählkino der frühen siebziger Jahre. Das Ereignis in diesen Filmen ist, dass überhaupt noch etwas geschieht, geschehen kann. Die verwaschenen Farben und das fahle Licht lassen Dinge und Figuren so wirken, als seien sie in einem Eisblock eingeschlossen. Jede Einstellung zeigt die Personen als Vergehende, als wären sie fast schon nicht mehr da. Die letzte Einstellung in UN FLIC zeigt das Gesicht Colemans/Delons, der gerade den einzigen Menschen getötet hat, den er nicht verachtete, einen Gangster. Er fährt in die Nacht. Wenn dieses Gesicht noch etwas ausdrückt, dann dass Trauer kein warmes, sondern ein kaltes Gefühl ist. Das Kino von Melville/Delon ist eines der Minimalisierung, eines der Vereisung des Lebens.

1 Ostermaier, Albert: pas d'espoir, in: ders.: Polar. Gedichte. Frankfurt am Main 2006. S. 17–18, hier S. 18.
2 Melville, Herman: Pierre oder Die Doppeldeutigkeiten. München/Wien 2002, S. 289/293.
3 Jean-Pierre Melville, zitiert nach: Nogueira, Rui: Kino der Nacht. Gespräche mit Jean-Pierre Melville. Berlin 2002, S. 205.
4 Gerhold, Hans: Kino der Blicke. Der französische Kriminalfilm. Frankfurt am Main 1989, S. 162.
5 Jean-Pierre Melville, zitiert nach: Nogueira 2002, a. a. O., S. 128.
6 Jean-Pierre Melville: »Ich schaffte es, weil ich nicht wusste, dass es unmöglich war«. Melville über Melville und das Kino. In: Jansen, Peter W./ Schütte, Wolfram (Hg.): Jean-Pierre Melville.

München/Wien 1982, München, S. 73–108, hier S. 95.
7 Jean-Pierre Melville, zitiert nach: Nogueira 2002, a. a. O., S. 149.
8 Gerhold, Hans: Kommentierte Filmografie. In: Jansen, Peter W./Schütte, Wolfram (Hg.): Jean-Pierre Melville. München/Wien 1982, S. 109–220, hier S. 175.
9 Barthes, Roland: Gewalt und Lässigkeit. In: ders.: Mythen des Alltags. Berlin 2010, S. 92–94, hier S. 92f.
10 Zondergeld: Alain Delon. Seine Filme – sein Leben. München 1984, S. 82f.
11 Vincendeau, Ginette: Jean-Pierre Melville. An American in Paris. London 2003, S. 184.
12 Zondergeld 1984, a. a. O., S. 125.

Norbert Grob

So verborgen die Schuld, so verschoben die Sühne
Alain Corneaus visionäre Films Noirs

> Es war, als habe ihn jemand bei der Hand genommen
> und zöge ihn hinter sich her;
> unwiderstehlich, blindlings, mit übernatürlicher Kraft,
> die jeden Widerstand ausschloß. Es war,
> als habe das Rad einer Maschine seinen Rockzipfel erfaßt,
> und er würde nun hineingezogen und mit fortgerissen.
> (Fedor M. Dostoevskij)

Ein Polizist in den besten Jahren, eifrig, penibel, einsam, trifft eines Nachts eine junge Fotografin, die mit ihm lacht und flirtet, ihn nach und nach sogar zu lieben beginnt. Aber dann wird sie ermordet. Und er steht vor der Qual, gegen sich selbst ermitteln zu müssen (in POLICE PYTHON 357, 1976).

Ein Fuhrunternehmer, ehrgeizig und fleißig, dazu taktisch versiert, will mit einer neuen Frau ein anderes Leben beginnen. Aber dann nimmt sich seine alte Freundin das Leben, und die neue gerät unter Mordverdacht. So muss er einen Plan entwerfen, um ihr aus der Patsche zu helfen. Er schlägt Volte auf Volte. Was ihn jedoch am Ende in Zusammenhänge geraten lässt, mit denen er eigentlich nur spielen wollte. Dafür muss er die Folgen tragen, ohne jedes Erbarmen (in LA MENACE, 1978).

Ein kleiner Handelsvertreter, hübsch, aber wenig erfolgreich, trifft eines Tages ein junges, fragiles Gör, das ihn anstiftet zu Raub und Mord. Alles geht gut, zunächst. Aber dann entdecken andere, was passiert ist, und wollen ihren Nutzen daraus ziehen. So muss er weiter töten und gleichzeitig

Geld dafür bezahlen, dass sein Tun verschwiegen wird – bis ihm am Ende nichts bleibt, nur sein altes Leben und das Mädchen (in SÉRIE NOIRE, 1979).

Ein alternder Gangster im Ruhestand, gelassen und souverän, will nichts anderes mehr als glücklich zu sein mit seiner schönen Frau und seinem luxuriösen Besitz, dem Haus, den Möbeln, den Fotos, den Pferden. Aber dann bringt ein alter Freund einen jungen Hitzkopf auf sein Landgut, und er muss zurück in ein Leben voller Kabale und Gewalt, das er eigentlich längst hinter sich gelassen hat (in LE CHOIX DES ARMES, 1981).

Ein einzelgängerischer Polizist, jung, kühn, übermütig, mit einer Vorliebe für amerikanischen Blues, ist hinter einem größeren Drogendeal her. Aber dann verliebt er sich in eine junge schwarze Hure, die ständig mit ihm spielt, mal verrät sie ihn, mal geht sie mit ihm ins Bett. Er kann dennoch nicht von ihr lassen. So verliert er nach und nach den Boden unter den Füßen. Am Ende setzt er alles aufs Spiel und beginnt einen Krieg gegen ihre Zuhälter, die er schließlich mit einem Granatwerfer in die Luft jagt (in LE MÔME, 1986).

Ein Drogenfahnder, engagiert, aber stur, verstrickt sich nach dem Selbstmord eines Kollegen immer tiefer in Absprachen mit Leuten aus dem Milieu, um Erfolg zu haben: Mal kann er so auf der Stelle einen Raubüberfall klären, mal erwischt er Dealer bei einer heißen Drogen-Orgie, mal Diebe auf frischer Tat. Schließlich erhält er einen Tipp, der ihn auf die Spur größerer Dealer bringt. Aber dann übersieht er, dass seine Verdächtigen Diplomaten sind – und der Informant: der »*cousin*«, ihn für eigene Zwecke missbraucht, so muss er am Ende trotz seines Erfolgs den Dienst quittieren (in LE COUSIN, 1997).

Schließlich ein betagter Gangster auf seiner letzten Flucht, müde und schwerfällig. Er bekommt überraschend noch eine Chance für einen Coup, einen Überfall auf einen Laster, der eine Tonne Gold in Kilo-Barren transportiert. Mit drei Kumpanen zieht er den Coup erfolgreich durch. Aber dann stellt ein Polizist ihm eine Falle, die er nicht durchschaut, und er nennt einen Namen. So muss er gegen den Vorwurf, ein Verräter zu sein, alles tun, um seine ›Ehre‹ wieder herzustellen (in LE DEUXIÈME SOUFFLE, 2007).

Sieben Filme: sieben düstere Visionen über das Aber-Dann, über die Unmöglichkeit, ein richtiges Leben zu finden im falschen – und über die vergebliche Hoffnung, dem eigenen Schicksal entrinnen und dem einen eigenen Weg einen neuen Traum, einen individuellen Widersinn entgegenstellen zu können. Corneaus Helden wollen häufig noch einmal etwas

LE CHOIX DES ARMES

SÉRIE NOIRE

Neues wagen – mit einer anderen Frau, in einem anderen Land, mit einer anderen Identität. Aber dann kommt ihnen etwas dazwischen, und sie müssen sich neu arrangieren: ungewohnte Entscheidungen treffen, sich mehrfach absichern, hypersensibel taktieren und – immer – über die eigenen Grenzen gehen.

Für die Protagonisten bei Corneau gilt uneingeschränkt: Sie sind allesamt Beschädigte, die auf der Suche sind nach einem Ausweg. Sie akzeptieren, dass die Welt ist, wie sie ist, sind aber überzeugt davon, dem Schicksal die Stirn bieten zu können. Sie beharren darauf, ihre eigenen Schneisen zu schlagen im Dschungel der unterschiedlichsten Interessen. So ignorieren sie für einige Augenblicke zu lange die Widernisse um sich herum. Bei den einen führt dies zu Leid und Tod, bei den anderen zur Existenz in Resignation.

Figuren der Phantasie

Alles beginnt mit Jean-Pierre Melville: zunächst 1955 mit BOB LE FLAMBEUR, dann 1962 noch einmal mit LE DOULOS. Der erste Film zeigt die entspannte Aura einer Männerclique, für die Gefahr und illegales Tun Wagnis und Herausforderung zugleich sind. Der zweite etabliert die Phantasiewelt um mythische Gangster, die ihrem eigenen Kodex folgen und dabei gewohnt sind, sich mit Blicken und Gesten zu verständigen. Es ist ein Universum, das, gesponnen aus Traum und Kino, ganz eigene Regeln und Verhaltensnormen entwickelt. Melville selbst stellte dazu fest, er habe Gangster und Polizisten erfunden, die nirgends auf der Welt existierten, »auch in den USA nicht«. Der Typ seiner Gangster und Polizisten entspringe nur seiner Phantasie. »Er erlaubt es mir, eine Geschichte zu erzählen. Er ist in allem ein Vehikel für ein Abenteuer, für ein […] geträumtes Abenteuer«[1].

Für Alain Corneau war und blieb Melvilles Universum das Zentrum seines Interesses am Kino – und Ausgangspunkt für die eigenen Geschichten, die eigenen geträumten Abenteuer. Sein Marc Ferrot (Yves Montand) in POLICE PYTHON 357 ist eine wundersame Variation von Melvilles Edouard Coleman (Alain Delon) in UN FLIC (1972) und sein Noël Durieux (Yves Montand) in LE CHOIX DES ARMES eine liebevolle Variation von Melvilles Vogel in LE CERCLE ROUGE (1970). Und als es ihm 2007 schließlich gelang, ein innovatives Remake von Melvilles LE DEUXIÈME SOUFFLE (1966) zu inszenieren, hatte er eigentlich alles gesagt, was er im Kino zu sagen hatte.

Auch bei Corneau ist der Polizist stark dem Gangster und der Gangster stark dem Polizisten angeglichen. Beide haben eine gewisse Sympathie füreinander, beide wissen allerdings auch um die Grenzen, die sie trennen. In LE COUSIN sind Gangster und Polizist geradezu austauschbar, beide stacheln sich gegenseitig an für das, was sie wollen und tun. Auch Gustave »Gu« Mina (Daniel Auteuil) in LE DEUXIÈME SOUFFLE ist sich bewusst über seine Ähnlichkeit mit Commissaire Blot (Michel Blanc). Und Noël Durieux weiß in LE CHOIX DES ARMES um seine Sympathie für den alternden Commissaire Bonnardot, von dem er sich verstanden und respektiert fühlt. Aber es ist keine Frage, dass er dem jungen Flic Sarlat, der seine Frau leichtsinnig erschossen hat, sein Verschulden vorhalten muss; am Ende drückt er ihm deshalb einen Revolver an Mund und Nase und schießt fünfmal zur Seite. Sein Kommentar dazu: »Diese fünf Schüsse werden für immer in Deinem Kopf klingeln!«

Corneau zeichnet seine Figuren der Phantasie mit großem Verständnis, gleichgültig ob Gangster oder Polizist, besonders, wenn sie mit Konsequenz ihren Weg gehen. Marc Ferrot in POLICE PYTHON 357 etwa, das ewige Waisenkind, der Isolierte, der Ausgestoßene: Zu oft enttäuscht und hintergangen, ist er eher zufällig Flic geworden, hat sich dann aber als engagierter Ermittler arrangiert. Dem Grad dieses Arrangements entspricht das Ausmaß seiner Vereinsamung. Die einzige Leidenschaft, die er empfindet, gilt seiner Waffe, einem Colt »Python 357«, für die er sogar die Kugeln selbst herstellt. Ferrot ist ein ewig Verfluchter, der sich nur seinem Job hingibt und alles dafür opfert. Ein Sisyphos, der müde, aber voller Lust seinen Stein wieder und wieder den Berg hochwälzt.

Kein Verständnis allerdings gibt es – auf beiden Seiten – für die Lügner, die Verächter des Ehrenkodex, die Verräter; kein Verständnis also für den eigensüchtigen Polizeichef in POLICE PYTHON 357, den Corneau als Opfer falscher Gefühle zeigt. Zunächst ist er unentschlossen. Er denkt daran, sich zu stellen und auf seine bürgerliche Existenz zu verzichten, auf sein Geld, sein schönes Haus, das Leben mit seiner gelähmten Frau. Die bestärkt ihn schließlich darin, das nicht zu tun, es sei »töricht« und »sinnlos«, er solle lieber die Hohlräume stärken, zwischen sich und dem Verdächtigen. »Hohlräume sind nötig, denn ohne sie würde das Schiff untergehen«. So lässt er den Dingen ihren Lauf, d.h. er setzt alles daran, die Tat einem anderen in die Schuhe zu schieben. So deprimiert und verzweifelt die einen, so hohl und verlogen die anderen. Und alle in einer Welt, die ein schwarzes Chaos bleibt: verborgen die Schuld, verschoben die Sühne.

Kein Verständnis auch für den intriganten Jo Ricci in LE DEUXIÈME SOUFFLE oder für den verräterischen Raymond Constantini in LE CHOIX DES

ARMES, der den weisen Serge Olivier in die Falle lockte. Noël Durieux dagegen, der sein Leben als Gangster eigentlich hinter sich hat, genügt ein kurzer Anruf, und seine früheren Freunde sind wieder da, arbeiten und funktionieren für ihn, wie in alten Zeiten. Auch Gu in LE DEUXIÈME SOUFFLE bleibt – trotz der zehn Jahre im Gefängnis – eingebunden in seine alte Welt. Alban (Eric Cantona) in Paris, Théo und Orloff (Jacques Dutronc) in Marseille, auch Manouche (Monica Belluci) sind bereit, alles für ihn zu tun, auch für ihn zu bürgen, was sie ihr Leben kosten könnte, während sie gleichzeitig akzeptieren, was er für sich und seine Zukunft entscheidet. Sie stehen auch noch zu ihm, als er von vielen als Verräter denunziert wird. Corneau beschwört hier das Ideal der Gemeinschaft, deren Zusammenschluss definitiv ist – ohne »einen Sprung oder Riß«, wie Deleuze dies ansonsten für das Genre feststellte[2]. Als Gu das Angebot für den Coup erhält und erfährt, dass Venture Ricci der Boss ist, warnt Manouche schnell und laut: »Ricci. Auf keinen Fall!« Gus Reaktion darauf: »Nur Jo ist Abschaum! Venture ist einer von uns!« Einer von uns! Das ist die Beschwörung, die alles klarstellt. Gehört man dazu, sind Zweifel nicht mehr erlaubt; da zählen nur Sinn für die Gemeinschaft – und Vertrauen.

Faszination für die Welt der Gangster im Kino hat Robert Warshow einmal konstatiert – bei gleichzeitiger Furcht davor, selbst einer von ihnen zu werden[3]. Das trifft mehr noch als für die amerikanischen Zuschauer, über die es gesagt ist, für die Zuschauer von Melville und Corneau, von Enrico und Giovanni zu. Die amerikanischen Gangster loten ja ihre ganze Welt aus, bevor sie scheitern, sie sind die Abenteurer eines erträumten Aufstiegs. Die Gangster im Polar dagegen folgen ihren kühnen Plänen vor allem, um der Sinnlosigkeit der Welt zu trotzen, und ziehen sie mit obsessivem Eifer durch, wenn auch mit kühlem Kopf, sie sind die Rebellen gegen das Wirrwarr ihrer Existenz.

Spürbare Kamera

Corneaus Films Noirs sind Filme der nachhaltigen Auflösung, der enigmatischen Verwicklungen, auch der existentialistischen Klage.

Häufig nutzt er seine Kamera, um sichtbar werden zu lassen, was und wie sie erzählt bzw. was und wie sie akzentuiert. Schon in POLICE PYTHON 357 wird die Mordtat reduziert auf Bilder eines Armes, der mehrfach von oben nach unten schwingt, mit einem schweren Marmor-Aschenbecher als Tatwaffe an dessen Ende. Es ist ein fast abstraktes Arrangement, unterlegt mit schrillen, atonalen Klängen.

In LA MENACE (1977) dann der eine Moment, an dem für Henri Savin (Yves Montand) alles zusammenfällt: die alte Freundin tot, die neue unter Verdacht, er selbst im Zwielicht. Corneau zeigt den Moment seines Nachsinnens, indem er ihn kinematografisch dehnt: zu sehen ist, wie er alleine auf einer Bank sitzt, nach einem Ausweg suchend, eine langsame Rückfahrt mit einem gleichzeitigen Ran-Zoom akzentuiert dabei seine innerste Verwirrung. Danach folgt ein Zoom auf das Gesicht – als Hinweis darauf, dass seine Entscheidung gefallen ist: eine Entscheidung für eine radikale Abkehr von seinem bisherigen Leben und für die Intrige, die seiner neuen Freundin ihre Freiheit zurückbringen soll. Gleichzeitig ist damit ein Perspektivwechsel verbunden. Von nun an ist alles aus seiner (strategischen) Sicht gestaltet – bis zum bitteren Ende.

In LE COUSIN kommt zu Beginn ein Polizist nach Hause, streitet mit seiner Frau, steht dann – nach einem Rücksprung der Kamera – allein in einem zu großen Raum, isoliert und gedemütigt, blickt noch einmal auf das Foto seiner Familie, greift dann zur Waffe und schießt sich in den Kopf. Schnitt zum Top Shot auf seinen Sarg. Dies dient als Vorspiel für alles weitere: so radikal diese ersten Bilder, so rüde die Strategien der Kamera insgesamt.

Corneau isoliert gerne seine Protagonisten, indem er andere Personen aus dem Bildkader ausspart. Der Rahmen, den der Kamera-Ausschnitt bildet, wirkt doppelt: wie eine Linie, die sie mal gefangen hält, mal sichert vor allzu großer Nähe. Kinematografisch wird so etwas Unterschwelliges etabliert, eine zweite Schicht des Visuellen, die zum einen das Atmosphärische um das Geschehen stärkt und zum anderen auf die Vision hinter dem Sichtbaren verweist – auf die Vision des Düsteren, Ausweglosen, Unausweichlichen.

»Geträumte Abenteuer«

Nicht die großen Erzählungen sind es, die das Abenteuer bei Corneau ausmachen, sondern die kleinen Episoden um die Figuren, die knappen Verweise auf die ambiguen Konflikte, die rätselhaften Verquickungen zwischen den Handlungslinien. Dazu, selbstverständlich, die sorgsame Mise en forme: die Platzierung der Personen zueinander (im Raum); die akzentuierenden Blicke der Kamera; die Stärkung der Atmosphäre durch Dekor, Kostüm, Requisit; das Spiel zwischen Hell und Dunkel.

Schon die ersten Bilder von POLICE PYTHON 357 (unter den Daten des Vorspanns) führen die einsame Welt des Protagonisten vor: die Leere der

Zimmer, die Rigidität der Ordnung, der Zwang zur Sauberkeit. Kein Durcheinander der Dinge, selbst die Bettdecke wirkt wie frisch gebügelt, kein Staubkorn auf dem Schrank. Bevor er hinausgeht in die Nacht von Orléans, um ein paar Diebe in einer Kirche aufzuspüren, ist sein Haus so clean wie ein Krankenzimmer vor der Operation. So öde der Zustand im Äußeren, so schal und trist die Verfassung im Inneren. In seinem Job aber ist er ein Profi. Er erwischt die Diebe auf frischer Tat. Auch wenn es kein Licht gibt weit und breit und das Dunkel dominiert. Dieser Vorgang wird, ohne dass es einer bemerkt, fotografiert. Einen Tag später entdeckt der Polizist ein Foto seines Einsatzes in einem Schaufenster. Er stellt die Dekorateurin zur Rede, fordert die Negative, trifft sie erneut und beginnt, ihr voller Sehnsucht nachzuschauen. Plötzlich keimt Hoffnung auf in ihm. Hoffnung aber entpuppt sich bei Corneau stets als Trugbild.

In LA MENACE, einem über weite Passagen stummen Film, ist die Perspektive bösartiger: auf der einen Seite der Alptraum vom Immer-Weiter des Bisherigen (als Hoffnung der alten Freundin) und auf der anderen Seite der Traum vom Ganz-Anderen (als Erwartung der neuen Freundin). Ausweglos wird das Ganze aber erst durch das Selbstopfer der ersten Frau, das ein Inferno in Gang setzt, das nicht mehr zu bändigen ist. Einfache Indizien führen zu falschen Schlussfolgerungen, die ihrerseits zu falschen Verdächtigungen führen. Die Gegenmaßnahmen des Mannes: sich selbst verdächtig machen, um mit falschen Beweisen den falschen Verdacht zu neutralisieren (als zweite Inszenierung hinter der Erzählung). Das Abenteuer, das Corneau dabei entwirft, als Blick auf die Welt, ist das der Verquickung. Eigentlich geht es um etwas ganz Einfaches. Ein Mann will eine andere Frau. Das aber nimmt die bisherige Freundin nicht hin. So minimal der Vorgang, so weitreichend die Konsequenz. Corneau erweitert das Spiel um Intrige und Gegen-Intrige zu einer großen Wehklage über den absonderlichen Lauf der Welt, in dem das Faktum nicht als solches erkannt, sondern, um seine Wirkung zu erzielen, stets zu inszenieren ist.

LE COUSIN dagegen betont noch einmal die Obsessionen eines Flics, der alle Mittel einsetzt, um Erfolg zu haben, ohne Rücksicht zu nehmen auf Frau und Sohn, ohne Rücksicht auch auf Gesetz und Tradition. Und in SÉRIE NOIRE werden ein Mann und ein Mädchen – nach bösem Tun – zu Konsequenzen gezwungen, die sie eigentlich nicht wollen, aber doch durchziehen. So stehen sie am Ende nackt da, dem Tode nahe und doch ungebrochen. »Die Tragödie« im Kino, das wusste schon Melville, »ist der ständig lauernde Tod, dem man in der Welt der Gangster [...] begegnet«[4].

LE CHOIX DES ARMES wirft einen neuen Blick auf das Gangster-/Polizei-Universum, indem die alten mythischen Figuren kontrapunktiert werden durch die nervösen, ungeduldigen, leicht erregbaren Jungen. Wohnungen, Autos, Musik, Kleidung, auch Gestik, Mimik, Verhalten: Alles ist auf Gegensätze zugespitzt. Die Alten sind einander vertraut, durch Erinnerung und Werte, die Hektik der lauten, respektlosen Jungen ist ihnen ein Gräuel. Wie Noël Durieux durch den wilden, unzuverlässigen Mickey (Gérard Depardieu) sich gestört fühlt, so genervt reagiert Commissaire Bonnardot (Michel Galabru) auf die aufgeregten, überreizten Eskapaden seines Inspektors Sarlat (Gérard Lanvin). So gelassen und verhalten die Alten, so unstet und ruhelos die Jungen. Das erinnert an Renoirs Idee in LA GRANDE ILLUSION (1937), nach der nicht (vertikale) nationale Merkmale, sondern (horizontale) Fragen der Ehre, der Gesinnung, der Kultur wichtig sind für die Zugehörigkeit der Menschen. Auch bei Corneau sind nicht die (vertikalen) beruflichen Bindungen von Bedeutung, sondern die (horizontalen) Eigenschaften, wie Geschmack, Takt, Lebensart. Es sind die Jungen, die unentwegt töten, auf der einen wie auf der anderen Seite, und es sind die alten Gangster, die dem Tod ins Auge sehen und schließlich für ein bisschen Ordnung sorgen.

Alain Corneau mochte es, die Handlungslinien seiner Filme zu besonderen geometrischen Figuren zu fügen. Mal kreuzen sie sich unentwegt und schaffen so Raum für gewaltsames Kräftemessen oder intrigantes Doppelspiel, wie in LE CHOIX DES ARMES, SÉRIE NOIRE und LE COUSIN. Mal drehen sie sich zu einer Spirale wie in POLICE PYTHON 357, LE MÔME und LE DEUXIÈME SOUFFLE oder zu einem Reigen wie in LA MENACE, in dem Dominique (Marie Dubois) nicht lassen kann von Henri, der seinerseits Julie (Carole Laure) liebt, die dann aber ins Gefängnis muss, da sie Dominique getötet haben soll, die ihrerseits zuvor Henri angefleht hatte, sie nicht zu verlassen, der wiederum eine Intrige beginnt, die ihn schuldig machen soll, ohne dafür zu sühnen, wobei er aber die Gefahr übersieht, in der er schwebt, und so für etwas sühnt, an dem er keinerlei Schuld trägt. Das eigentlich harmlose Hin und Her eines Reigens, das immer tiefer in die Verstrickung führt, bis am Ende alle ins Verderben gestürzt sind.

Was bei diesen Abenteuern so fasziniert, ist die Selbstverständlichkeit der Differenzen im Ausdruck: das Erhabene neben dem Alltäglichen, das Realistische neben dem Nihilistischen, das Romantische neben dem Tragischen (nur das Komische bleibt außen vor). Bringt man diese Abenteuer auf einen Nenner, ihre unterschiedlichen Entwürfe also auf einen Punkt, dann ist vor allem die düstere, ›schwarze‹ Sicht auf die Welt zu konstatieren, die noch im Absonderlichen das Ausweglose und im Unbedeutenden das Unerträgliche akzentuiert.

Die Schwärze des Schwarz

Schwarz an den Filmen von Corneau ist vor allem die radikale Konsequenz aus dem, was geschieht, das Endgültige, Hoffnungslose, Unumstößliche. Schwarz sind die konkreten Auswirkungen an Körper und Seele der Figuren im Zentrum, die nur in Andeutungen zu sehen sind. Schwarz ist das definitive Aber-Dann, das der anfänglichen Hoffnung – als Widersinn – entgegentritt, wieder und wieder. Und schwarz ist das Ausmaß dieses Widersinns. Wobei dieses Schwarz eine Kategorie des Abgründigen ist und bleibt, also ein Triumph zugespitzter Phantasien über die Realität des Faktischen.

Die Bilder zielen stets aufs Atmosphärische, nicht aufs Drama. Die Ereignisse sind dabei oft wie ein Flickenteppich angelegt. Wobei die Flicken in mehreren Schichten übereinander genäht sind, so dass alles unausweichlich in Gefahr ist, auseinanderzureißen. Die einzelnen Teile zueinander halten nicht mehr – und Corneau inszeniert dies als konstitutives Moment seiner Sicht auf die Welt: Nichts zählt mehr – keine Grundsätze, keine Überzeugung, keine Moral. So ist zugespitzt (was Deleuze als einen Aspekt nennt, den das moderne Kino entwickelt habe): die »Auslöschung der Einheit des Menschen mit der Welt zugunsten eines Bruchs«[5], der – zum Leidwesen der Moralisten unter den Menschen – nicht mehr zu kitten ist.

In POLICE PYTHON 357 wirft die junge Fotografin (Stefania Sandrelli), die forsch ist, selbstbewusst und vital, Marc Ferrot einmal vor, als sie in Paris den Louvre besuchen, er mache es sich zu einfach, indem er überhaupt niemandem traue. »Einer lügt – und wird verurteilt, der andere stiehlt – und wird eingesperrt«. Seine Antwort: Ja, da habe sie recht. Bei ihr aber sei es anders. Kurz darauf bittet sie ihn um etwas Geduld: »Gib' mir acht Tage Zeit!« Das lässt ihn traurig und bitter reagieren – und misstrauisch. Das Ende vom neuen Anfang. Er folgt ihr, beobachtet und belauscht sie. Kurz darauf ist sie tot, von ihrem Liebhaber in blinder Wut erschlagen, nachdem sie dem eröffnet hatte, sie habe sich in einen anderen verliebt. Die Folge davon ist, dass der Polizist plötzlich selbst als Verdächtiger gilt. Seine Observierung war nämlich nicht ohne Spuren und Zeugen geblieben. So gibt es für ihn nur wenig Spielraum: Er muss einerseits mit seinen Assistenten gegen sich selbst ermitteln und andererseits eigene Spuren verwischen und den wirklichen Täter suchen. Von einem Augenblick zum anderen gerät er

POLICE PHYTHON 357

LA MENACE

zwischen alle Stühle. Was für Alain Corneau die Situation unterstreicht, die hilft, seine schwarze Perspektive auf die Welt zu akzentuieren.

Danach intrigiert Ferrot, täuscht, trickst – und überlebt, obwohl er sich immer tiefer verstrickt, je weiter er abzulenken versucht von sich selbst, obwohl er sich immer tiefer verkriecht, je weiter er vordringt in die Geheimnisse des Falls. Vom eigenen Assistenten verdächtigt, vom eigentlichen Täter gefordert und herumkommandiert, zerstört er alles um sich herum: Schließlich verunstaltet er sogar sein Gesicht mit Säure, um einer Gegenüberstellung auszuweichen. Am Ende wirkt er wie ein Zombie, der nur noch mechanisch tut, was er immer getan hat. Noch einmal arbeitet er mit seinem Colt, seiner »Python 357«, kämpft und schießt. Der Einsatz: gelungen. Aber keine Zukunft mehr. Nirgends.

Die Schwärze des Schwarz ist bei Corneau als Vision beschworen. Deshalb neigt er auch dazu, das Erzählen im Erzählten sichtbar zu machen, um das Künstliche seiner Bilder zu verdeutlichen. Manchmal sieht man die Konstruktion hinter den Ereignissen, manchmal – wie oben bereits erwähnt – die Pinselführung der Kamera im Bild selbst. Dazu betont er das Milieu als Dschungel (nicht nur unter den Gangstern, sondern auch unter den Polizisten) und zeigt, wie sehr gerade durch den Einsatz der Genre-Formeln das gesamte Umfeld synthetisiert ist.

Geschichten, die nicht ›echt‹ sind und schon gar nicht authentisch, aber in sich plausibel durch die Mise en forme – und deshalb auf ein Kino zielen, das Leben sein will, das sah Corneau als Konstitutivum des Film Noir. Die Strategie dafür: Stärkung der kleinen Konturen (gegen die Allmacht des Dramas); Betonung der ›Risse‹ zwischen Erzählung der Story und Charakterisierung der Figuren; Eigenständigkeit der Kamera; und Dominanz der Atmosphäre (des Mythischen durch auratisches Verhalten in LE CHOIX DES ARMES bzw. des Schicksalhaften durch spiralförmige Dramaturgie in SÉRIE NOIRE bzw. des Irrealen durch malerische Licht- und Farbgebung in LE DEUXIÈME SOUFFLE).

Im Genre-Kino gilt seit jeher, dass äußere Dinge am Rande zugleich von inneren Befindlichkeiten im Zentrum erzählen: Welche Apartments oder Müllhalden einer bewohnt, welche Restaurants oder Kaschemmen er besucht, welche Kleidung er trägt, welches Auto er fährt, das zeugt zugleich davon, wer und was er ist. Beispielsweise ein Mann und wie er anfangs liebevoll seinen Revolver pflegt, dafür sogar die Kugel feilt und in die Patrone einfügt zu Beginn von POLICE PYTHON 357): Ein Soldat? Ein Krieger? In jedem Fall ein gefährlicher Mann! Die Bedeutsamkeit dieser kleinen

Dinge (und der eher nebensächlichen Szenen), das hat Corneau von Melville gelernt. Der verwies schon früh darauf, dass ein Mann im Kino, »der mit einem Hut auf dem Kopf einen Schuß abfeuert, [...] eindrucksvoller [ist] als ein barhäuptiger Mann. Der Hut auf dem Kopf balanciert ein wenig den Revolver in der Hand aus«. Ein bewaffneter Mann, so sein Credo, sei »beinahe schon ein Soldat, wie in Uniform«[6].

Corneau hat seine bewaffneten Männer in unterschiedlichster Tendenz charakterisiert: den besessenen Marc Ferrot als kaputten Fetischisten (in POLICE PYTHON 357), den jungen Mickey als gefährlichen Chaoten (in LE CHOIX DES ARMES), den hilflos verliebten Willie als eifersüchtigen Rächer (in LE MÔME). In LE DEUXIÈME SOUFFLE dann die *hommes melvilliennes* mit schwerem Mantel (nicht mit Trenchcoat) und Hut, die Kostüm und Panzer zugleich sind: Verkleidung für ein besonderes Ambiente und gleichzeitig Schutz vor allzu schneller Verwundung. In diesem Film wird geschossen ohne Gnade. Gu etwa tötet am liebsten im Auto – in dem Moment, in dem er heulend Gas geben kann, auf dass der Klang seiner Schüsse vom Lärm des Motors überdeckt wird.

Von LA MENACE, SÉRIE NOIRE und LE MÔME abgesehen, gibt es bei Corneau eine Reihe von Männern, die bloß stur weitermachen wie eh und je, sie schwanken zwischen trainiertem Verhalten und geflickter Existenz. »The only thing (they) knew how to do / Was to keep on keepin' on like a bird that flew« (Bob Dylan). Sie suchen damit zu kaschieren, wie sehr sie beschädigt sind durch das Einerlei ihres Alltags, durch Gewohnheit und Routine. Und durch ihr Gefühl, sich keinerlei Gefühle gestatten zu dürfen.

Fritz Göttler über Alain Corneau, den er (leider) nicht mag, und dessen Weben hinter dem Drama: »Etwas geht endgültig zu Ende, aber ohne Pathos, etwas Schreckliches: eine Zerstörung vollzieht sich, aber die Oberfläche wird sich (nur) leicht kräuseln und wieder still werden«[7]. Etwas Buddhistisches ist da beschrieben, das Corneau wirken lässt, ohne es besonders zu betonen. Etwas geschieht, es gibt Höhen und Tiefen, dann geht es weiter, es gibt Wind und Sturm, und dann wird alles wieder ruhig, und Stille kehrt ein. Das Ende ist wieder der Anfang.

Marc Ferrot greift noch einmal zu seiner »Python 357«, rettet seinen Kollegen – und wird danach wieder die Geduld haben, am Rande eines Sees zu stehen, allein, in sich versunken, auf den nächsten Fisch wartend, der an seiner selbstgebastelten Angel anbeißen wird, die Sonne wird scheinen, aber nicht wärmen. Noël Durieux hat dem schießwütigen Polizisten eine Lektion erteilt, seine Rache ist nicht gestillt, aber seine Lust daran ist verflogen – so hat er am Ende die Energie dafür, mit einem kleinen Mädchen im Auto zu sitzen und davonzufahren, draußen ist es neblig und kalt. Gérard Delvaux (Alain Chabat) schließlich hat seinen Feldzug gegen die Drogendealer durchgezogen, dennoch steht er am Ende mit leeren Händen da, schließt aber Frieden mit seiner Frau, sie gehen Arm in Arm davon. Und Gu Minda muss, auch wenn er eigentlich ganz anderes will, spät in der Nacht losziehen, um sich seinen Widersachern zu stellen. Am Ende sind alle tot. So fährt Manouche mit Orloff zurück nach Paris. Kurz danach graut der Morgen. Die ersten Männer gehen zur Arbeit, zu Fuß. Dann kommen die Fahrradfahrer, danach die Frauen, schließlich die Kinder, die voller Inbrunst Fußball spielen. Wind und Sturm. Aber dann nach und nach wieder Ruhe. Und Schweigen. Und das Ende ist wieder der Anfang. Manchmal denke sie an Gott, sagt in POLICE PYTHON 357 die gelähmte Frau des Polizeichefs. »Aber Gott bleibt immer still. Wohl mit vollem Recht!«

LE DEUXIÈME SOUFFLE (2007)

Die Wege eines verlorenen Mannes: Flucht aus dem Gefängnis. Krieg zwischen zwei Gangs in Paris. Wechsel nach Marseille. Liebestage mit Manouche. Wiedersehen mit einem alten Freund. Überfall auf den Goldtransport, bei dem er einen Polizisten erschießt. Warten auf die Möglichkeit zur Flucht nach Italien. Gefangennahme durch Unbekannte, die ihn des Verrats bezichtigen, dabei redet er zu viel und übersieht, dass er Polizisten vor sich hat. Verhaftung. Ächtung als Verräter. Ausbruch aus der Haft. Überfall auf den Polizisten, der ihm die Falle gestellt hat, dabei zwingt er ihn dazu, die Wahrheit zu gestehen und aufzuschreiben, danach tötet er ihn. Letzte Nacht mit Manouche. Showdown um seine Clique. Blots Übergabe des »Schriftstücks« an einen Journalisten. Die Stationen, die Gu Minda durchwandert, fügen sich zu einer späten Reise in die Finsternis. Mit zweitem Atem wiederholt er die alten Abenteuer, nur dass sie dieses Mal endgültig zum Ende führen. Wie in keinem anderen Film erfüllt Corneaus LE DEUXIÈME SOUFFLE das Gebot von Robert Warshow, wonach es »in Wahrheit nur eine Möglichkeit« für den Gangster im Kino gebe: »das Scheitern«[8].

Corneau bleibt eng an José Giovannis Roman, der dem Film zugrunde liegt, aber er missachtet nicht die Akzente, die Melville in seiner frühen Version gesetzt hat: Er folgt vor allem dessen extremer Mythifizierung der Gangster-/Polizei-Welt – mit nachdrücklichen Blicken in die oft unbewegten Gesichter, auf die oft so steifen Körper und die äußerst sparsame Gestik. Auch bei Corneau ist die Welt zweigeteilt: zwischen den Amateu-

LE DEUXIÈME SOUFFLE

ren, die bloß ihre Jobs erledigen, und den Professionals, die um die Werte wissen, die sich durch die Jobs herstellen – Hochachtung und Loyalität, Freundschaft und Solidarität.

Diese Werte schließen allerdings Härte nicht aus. Gu sei »ein Einzelgänger«, sagt sein Freund Alban einmal zu Commissaire Blot, »wie ein alter Keiler«. Nachdem ihm die Flucht aus dem Gefängnis gelungen ist, dankt Gu seinem jungen Helfer, weil der einige Augenblicke wegen seines Zögerns hatte warten müssen. Er selbst, so gesteht er, hätte nicht gewartet, wenn ihm ein Zögern aufgefallen wäre. Die jungen Gangster von heute, fügt er dann noch hinzu, seien einfach nicht »tough« genug. Den Beweis dafür, dass er selbst anders, dass er »tough« genug ist, erbringt sein Entschluss, beim Überfall den Polizisten mit derselben Waffe zu erschießen, die er anfangs auch für den Mord an den Männern benutzt hatte, die Manouche bedrohten. Warum nur, fragt Commissaire Blot seine Mitarbeiter, begehe Gu so einen grundlegenden Fehler? Seine Antwort: »Weil Gu uns damit eine Botschaft sendet. Er scheißt auf uns! In dieser kaputten Welt hat er den Schneid, dazu zu stehen, was er tut. Das ist die höchste Eleganz eines verlorenen Mannes. Gu hat den Mord signiert! Aber zugleich ist es auch

Alain Corneaus visionäre Films Noirs | 127

eine Warnung. Treibt mich nicht in die Enge, sonst wird es ein Blutbaden geben!« Blot sieht, was alle anderen übersehen haben, weil er Denken und Gesinnung des alten Gangsters versteht – und dessen Ehrenkodex. Deshalb sorgt er am Ende auch dafür, dass die Presse von der Polizei-Intrige um Gu erfährt. So bleibt dessen Ehre, das suggerieren die letzten Bilder, letztlich doch unangetastet.

Geradezu heilig ist das Verhältnis zwischen Gu und Manouche inszeniert. Er hilft ihr, als sie anfangs bedroht wird. Er begehrt und liebt sie, auch wenn er weiß, dass sie in den letzten zehn Jahren viele andere Männer hatte. Und er schickt sie am Ende mit Orloff weg, als ihm klar wird, dass er den Konflikt, in den er verstrickt ist, nicht überleben kann, um ihr eine neue Zukunft zu eröffnen. Einmal, als die beiden im Bett liegen, gesteht er ihr, er habe alles gewagt für sie, aber verloren. Als er dann seine zweite Chance bekommt, ist klar, dass er noch einmal alles für sie wagen wird. Aber dann unterläuft ihm ein Fehler und er kann, obwohl er nun eine Million in Gold besitzt, nichts mehr tun – weder für sie noch mit ihr.

In weiten Passagen ist LE DEUXIÈME SOUFFLE ein Film der Innenräume: Bars, Apartments, Büros, Autos, selbst der Ausbruch aus dem Gefängnis oder die Straßen vor Jo Riccis Bar sind inszeniert, als seien sie Teile einer hyperrealen Innenwelt. Auch bei Gus Reise von Paris nach Marseille, die er, um nicht aufzufallen, auf Nebenstrecken realisiert, also in Bussen und Regio-Bahnen, konzentriert sich Corneau auf das Innere – kaum ein Blick für Landschaften und Städte, dafür immer die gleichen Haltestellen, die gleichen Kabinen, die gleichen Sitze (irgendwie auch immer die gleichen Mitreisenden). Es ist, als scheue Corneau den Einbruch des Realen in das Artifizielle seiner Bilder. Später gibt es immerhin ein paar Szenen auf einem Marktplatz, ein paar Szenen von alten Männern, die Boule spielen, und zweimal einen Blick aufs Meer, der deutlich die Grenze zwischen Land und Wasser sichtbar macht. Am nachdrücklichsten, als Gu von Théo bei einem Spaziergang eingefangen und zu Venture gebracht wird, um seinen Anteil zu kassieren. Wie eine Verheißung wirken diese Bilder, das Meer deutet auf den (möglichen) Weg in ein anderes Leben – jenseits des Wassers, gleichzeitig aber wird in diesen Bildern klar, Gu ist und bleibt, er agiert ja diesseits der Grenze, ein Mann der Stadt. Nur dort ist er in der Lage, sein innerstes Wesen zu radikalisieren. Denn »der letzte Sinn der Stadt« ist, wir haben es von Warshow gelernt: »Anonymität und Tod«[9].

Die Außenwelt ist letztlich zu einem künstlichen Ambiente verkürzt: Die Straßen bleiben ohne Weite, die Häuser im Hintergrund eher verschwommen (im Gegensatz zu den Villen in LE CHOIX DES ARMES, die in ihrer Architektur geradezu gefeiert werden), dazu erhellen die Lichter nicht, sie werfen bloß Flecken ums Geschehen, hin und wieder ziemlich bunt[10], die Schatten dominieren, und die Piers und die Fabriken sind zu vertikalen und diagonalen Gebilden verbaut (was in seiner Expressivität an Beineix' LA LUNE DANS LE CANIVEAU, 1983, erinnert). Manchmal scheint es, als gerate Gu nach seiner Flucht aus dem Gefängnis nur in ein anderes Gefängnis.

In seinem Kern ist das Schwarze des Films thematisches Kennzeichen und signifikanter Ausdruck zugleich: ein Verweis auf das Tragische des Schicksals wie auf das Künstliche des Entwurfs. In seinem Kern geht es, daran lässt Corneau keinerlei Zweifel, um eine existentialistische Tragödie. Oder, mit den Worten von Corneau selbst: um »ein Identitätsspiel«[11]. Wie ein Leben, das schon verloren ist, für einen Moment wieder gewonnen wird – und danach für immer verloren geht. Eine Helden-Erzählung als zutiefst pessimistische Vision.

Entwurf, Reflexion, Stil

Alain Corneau – Genre-Maler und Expressionist, Märchen-Erzähler und Phantast. Noir-Visionär und Existenzialist. Ein Bild der Welt ist in seinem Werk entworfen: als Paradies und Hölle gleichermaßen. Das Paradies, das sind die Hoffnungen und Träume, die Wunder des Unmöglichen. Die Hölle, das sind die konkreten Desaster und Enttäuschungen, die selbstverständlichen Irrtümer und Fehlgriffe, die Hölle, das ist der tagtägliche Makel, mit dem Corneaus Helden leben müssen, ohne zurechtzukommen damit. Der Ausweg ist das Ziel, aber es gibt keinerlei Pläne dafür.

Immer wieder reflektiert Corneau in seinen Filmen die Frage von Schuld und Sühne. In POLICE PYTHON 357 etwa muss Marc Ferrot für etwas sühnen, das er nicht getan hat; Schuld lädt er danach dennoch auf sich, er tötet und hilft beim Töten. LA MENACE spielt damit, dass alle ohne Schuld sind, die Umstände aber dazu führen, dennoch sühnen zu müssen. In SÉRIE NOIRE ist die Schuld des raubenden und tötenden Pärchens offenkundig, die Sühne, die sie dafür leisten müssen, ist (ganz im Sinne von Jim Thompson, nach dessen Roman *A Hell of a Woman* der Film gedreht wurde) eher unbedeutend, sie verlieren bloß ihr Geld. In LE CHOIX DES ARMES macht sich ein ungestümer Krimineller schuldig an vielen, die mit ihm zu tun kriegen, an Gangstern wie Polizisten, an Männern wie Frauen, sühnen jedoch müssen zunächst die anderen für ihn; sein Tod am Ende ist keine Frage der Sühne, sondern der Rache. Und LE COUSIN fragt nach dem Sinn von Sühne, wenn die Frage der Schuld eigentlich keinerlei Rolle spielt. LE DEUXIÈME SOUFFLE schließlich zeigt einen Mann, der Mord auf Mord begeht, also Schuld auf Schuld auf sich lädt, aber keinen Gedanken an Sühne zulässt. Das Allerschlimmste ist zudem nicht ein Mord, sondern ein falsches Wort: Er lässt einen Namen fallen, den er hätte verschweigen müssen. Danach ist ihm klar, dass er dies zu büßen hat. Am Ende zieht er los, um die letzten Dinge zu regeln und seine Feinde zu töten, anschließend lehnt er jedes Friedensangebot ab. Er stirbt im Kugelhagel der Polizei – schießend, wütend, tötend.

Zwischen Schuld und Sühne liegen bei Corneau ganze Welten: das Lavieren zwischen Verdacht und Nachweis – vor dem Hintergrund der Arrangements anderer (in POLICE PYTHON 357). Das Taktieren zwischen Anklage und Flucht – vor dem Hintergrund einer borniérten Untersuchung (in LA MENACE). Das Hin und Her zwischen den Generationen, zwischen dem Gleichmut der Alten und der Gereiztheit der Jungen (in LE CHOIX DES ARMES). Schließlich das Opponieren: im Sinne eines unentwegten Anrennens gegen den Lauf der Welt (in LE DEUXIÈME SOUFFLE). Lavieren, taktieren, hin- und herschwanken, opponieren – Corneau gestattet sich bei seiner Rede über die Welt das Amoralische als Teil des Alltäglichen vorzuführen.

Wagen wir ein letztes großes Wort, ein Hinweis zum Stil, der das Persönliche mit dem Allgemeinen verbindet: Alain Corneau ist der späte William Faulkner des Kinos, der eigentlich davon geträumt hat, der erste Albert Camus des Films zu sein. Er will das Absurde feiern – dabei gelingt ihm doch Phantastischeres: das Eigenartig-Entlegene um eigenwillige Einzelgänger, in seinen besten Arbeiten sogar das Absonderlich-Aberwitzige um abenteuerliche Außenseiter.

1 Jean-Pierre Melville, zitiert nach: Schmidt, Eckhart: Die Einsamkeit des Samurai in der Großstadt. In: medium, Nr. 9 (1973). S. 4–9, hier S. 5.
2 Deleuze, Gilles: Das Bewegungs-Bild. Kino 1. Frankfurt am Main 1989, S. 198.
3 Vgl. Robert Warshow: Der Gangster als tragischer Held. In: Filmkritik, Nr. 4 (1969). S. 261–264.
4 Jean-Pierre Melville: »Ich schaffte es, weil ich wußte, daß es unmöglich war« – Melville, Jean-Pierre: Melville über Melville und das Kino. In: Jansen, Peter W. / Schütte, Wolfram (Hg.): Jean-Pierre Melville. München/Wien 1982, S. 73–108, hier S. 85.
5 Deleuze, Gilles: Das Zeit-Bild. Kino 2. Frankfurt am Main 1991, S. 243.

6 Melville 1982, a. a. O., S. 87f.
7 Göttler, Fritz: Das gläserne Auge. WAHL DER WAFFEN. In: Filme (Berlin), Nr. 12 (1981). S. 46–47, hier S. 46.
8 Warshow 1969, a. a. O., S. 263.
9 Ebd.
10 Corneau selbst hat in einem Gespräch mit Stefan Grissemann darauf hingewiesen, dass er sich bei seiner Farbgebung an der »Avantgarde des Cinéma noir« orientiert habe, an Filmen von Tsui Hark, Johnnie To und Seijun Suzuki (zitiert nach: Stefan Grissemann: Nur nicht zweifeln. Kolik Sonderheft, Nr. 14 (2010). S. 144–150, hier S. 147.
11 Ebd., S. 149.

Oliver Keutzer

Die Welt als Phantom und Labyrinth
Paranoia im Polar

»Subjektivität ist nichts anderes als die reine, paranoide, aber zugleich auch unvermeidliche Unterstellung, dass sich hinter dem Sichtbaren etwas Unsichtbares verbergen muss.«[1]

I.

Paranoia leitet sich aus den griechischen Worten »para« (neben, über) bzw. »nous« (Verstand, Geist) her und meint soviel wie »Torheit«, »Wahnsinn«. Psychologen bezeichnen Paranoia als eine psychische Störung, die durch ein ausgeprägtes und komplexes, aber meist in sich stimmiges Wahnsystem gekennzeichnet ist. Zu den Symptomen dieser verabsolutierten Innenperspektive zählen Größen- oder Verfolgungswahn. Diese Störungen äußern sich im Denken, in Gefühlen, Motorik und zwischenmenschlichen Beziehungen.

Im Genre des Thrillers steht Paranoia deshalb so hoch im Kurs, weil beide Angstszenarien im Verhältnis zwischen Individuum und Gesellschaft behandeln: Es geht im Thriller um zivilisatorische oder psychische Ängste, die nicht schicksalhaft sind, sondern aus dem sozialen Alltag erwachsen, wo Identität nicht nur vom eigenen Vermögen und der Bereitschaft zur Akzeptanz und Vervollkommnung der eigenen Person abhängen, sondern in starkem Maße vom Umgang mit dem Anderen, der – gemäß den Genre-Konventionen – meist als Bedrohung gefürchtet werden muss. Der Paranoia-Thriller als Subgenre des Thrillers beschäftigt sich inhaltlich-thematisch mit der Bedrohung durch politisch motivierte Anschläge, unerwartet und scheinbar motivlos attackierende, mysteriöse Machtgruppen, Korruption innerhalb der Regierung sowie mit der daraus resultierenden »conditio humana« des modernen Individuums: Verfolgungswahn und andere Formen gesellschaftlicher Ängste, Ohnmacht und Fragmentierung in bürokratischen, anonymisierten und transnational verflochtenen Marktwirtschaften.

II.

Um Bedeutungsebenen von Paranoia im französischen Kriminalfilm nachzuvollziehen, lohnt zunächst ein Blick auf die politische Situation in Frankreich zwischen 1968 und 1981: Hans Gerholds symptomatische Bestimmung von Paranoia im Polar als »Verfolgungswahn einer Gesellschaft auf dem Weg zum Überwachungsstaat«[2] kann gleichzeitig als Diagnose einer Nation angesehen werden, die durch den Verlust politischer Utopien und eine Atmosphäre der Verunsicherung nach 1968 gekennzeichnet ist, ein Jahr, das nicht nur in Deutschland, den USA oder Japan, sondern auch in Frankreich eine wichtige politische Zäsur bezeichnet. Neben den Studentenunruhen, der Besetzung der Sorbonne oder den Straßenschlachten im Quartier Latin markiert das Datum eine schwere Krise der Fünften Republik und das bevorstehende Ende der Ära de Gaulle, der nur ein Jahr später, nach dem Scheitern seines Referendums zur Stärkung der Regionen gegenüber dem Zentralstaat, zurücktrat. Noch 1958 hatte de Gaulle eine neue Verfassung durchgesetzt, die dem seit 1962 direkt gewählten Präsidenten weite Machtbefugnisse einräumte und dafür die Gesetzgebungskompetenzen des Parlaments limitierte. Die politische Linke sah in dieser Verschiebung die Gefahr eines unkontrollierbaren exekutiven Machtmissbrauchs. Auf der internationalen Bühne hatte sich Frankreich durch die Aufstellung einer eigenen Atomstreitmacht (»Force de frappe«, 1964) sowie seinen NATO-Austritt (1966) mehr und mehr isoliert. Psychologisch entscheidender für das Krisenbewusstsein im Frankreich der 1960er und 70er Jahre dürfte jedoch die Zunahme von Arbeitslosigkeit und Inflation gewesen sein. Im konservativ-nationalistischen Lager mag noch immer der Schock über die Unabhängigkeit Algeriens 1962 nachgehallt haben, mit der die »Grande Nation« ihre letzte Kolonie und damit endgültig den Status eines Imperiums verloren hatte. Das Jahr 1981 schließlich bezeichnet nicht nur filmhistorisch ein vorläufiges Ende des »Paranoia-Blues«[3] (durch Jean-Jacques Beineix' DIVA und das Cinéma du Look), sondern auch politisch: durch die Ablösung des bürgerlich-liberalen Valéry Giscard d'Estaing durch den Sozialisten François Mitterand.

In den Filmen von Yves Boisset und Henri Verneuil erscheinen politische Systeme nur oberflächlich als stabile Demokratien[4], ihre Herrschaftsgefüge jedoch haben sich bis zur Unkenntlichkeit verschoben: eine mit umfangreichen Machtmitteln aufgerüstete und dafür jeglicher moralischer Skrupel entkleidete Polizei wird gedeckt von undurchsichtigen Mächten innerhalb der politischen Klasse; eine in ihren Befugnissen beschnittene, zum Teil sogar paralysierte Justiz sowie eine desinteressierte oder nur auf Verkaufszahlen schielende Presse können oder wollen ihre Kontrollfunktion nicht mehr ausüben; Einzelne sind nicht mehr in der Lage, den Umfang der sie umgebenden Machtstrukturen zu überblicken und werden trotz – beziehungsweise aufgrund – bester Absichten zu Marionetten und Opfern des ›Systems‹: filmische Paradiese paranoider Phantasien.

Ausgehend von der Hypothese, dass Paranoia im Polar zwischen 1968 und 1981 nicht nur als ein Thema unter vielen, sondern als einflussreiches Erzählmuster erscheint, scheint es für die Analyse einzelner Werke geboten, Konventionen des Conspiracy- und des Paranoia-Thrillers ineinander zu verschränken: Auf der Ebene der Story können sich beide Subgenres durchaus überschneiden. Sie beinhalten: Verschwörung und Machtusurpation in staatlichen Institutionen; Protagonisten, die Korruption, Filz oder politischen Intrigen auf die Spur kommen und (mehr oder weniger erfolgreich) versuchen, die Akteure zu identifizieren und deren Motive zu enthüllen. Sowohl im Conspiracy- als auch im Paranoia-Thriller werden Figurenpersonal und Handlungsgerüst zu Chiffren für untergründige Zusammenhänge in der Welt. Wenn Paranoia auf der Ebene der Story thematisiert wird, dann meist als Krisenerfahrung: als Angst vor Verfolgung, Infiltration oder Korruption, andererseits als Erfahrung des Scheiterns, der Ohnmacht gegenüber anonymen Machtstrukturen. Was den Paranoia-Thriller vom Conspiracy-Thriller unterscheidet, sind extreme Subjektivierungen auf der Ebene der Erzählperspektive, des Point of View, die den Wissens- und Wahrnehmungshorizont des Publikums überwiegend an den der Protagonisten koppeln: an die Erfahrung, vor mysteriösen Zusammenhängen zu stehen und den eigenen Wahrnehmungen nicht mehr trauen zu können. Die Protagonisten des Paranoia-Kinos sind nicht ohne Grund Einzelgänger, Fremde bzw. Entfremdete, getrieben, isoliert, oft auf dramatische Weise dysfunktional. Da sich die perzipierte Bedrohung (zunächst) ihrem Blick entzieht und so Zweifel an der Verlässlichkeit ihrer Wahrnehmung nährt, erfüllen sie oft selbst das Profil des Paranoikers. Da sie meist weder den inneren Zweifel zerstreuen noch den äußeren Verdacht bestätigen können, werden sie immer wieder auf sich selbst zurückgeworfen und müssen sich der Brüchigkeit ihrer Welt- und Wirklichkeitsentwürfe stellen.

III.

Jean-Pierre Mocky nimmt in SOLO (1969/70) direkten Bezug auf die politischen Erdbeben des Jahres 1968. Sein Held, von Mocky selbst verkörpert, personifiziert die Anklage der Arbeiterklasse gegen eine überalterte, großbürgerlich-patriarchale Machtclique, seine Gewalt wird als legitimer moralischer Aufschrei gegen ein dekadentes Establishment inszeniert. Sorgfältiger und weniger plakativ geht Yves Boisset in L'ATTENTAT (1972) vor, einem Conspiracy-Thriller, der die Entführung, Folterung und Ermordung des marokkanischen Oppositionsführers und afrikanischen Hoffnungsträgers Ben Barka (im Film: Sadiel) aus dem Jahr 1965 als Vorlage wählt. Das damalige Komplott wurde dem CIA sowie den Geheimdiensten Marokkos und Frankreichs zugeschrieben, im Film wird daraus das düstere, beunruhigende Porträt einer transnationalen Allianz aus Polizei, Medien und Geheimdiensten, die längst als ›Staat im Staat‹ funktionieren.

Der gescheiterte Journalist Darien (Jean-Louis Trintignant), ein politischer Idealist und Freund Sadiels (Gian Maria Volonté), wird als Lockvogel instrumentalisiert, um ihn für ein Fernsehinterview nach Paris zu locken, wo er von Handlangern des marokkanischen Innenministers Kassar (Michel Piccoli) entführt wird. Von Beginn an weist Boisset das Geschehen als Verschwörung, als Inszenierung aus, macht somit dramaturgisch den Zuschauer zum Mitwisser der Intrige, benennt alle wesentlichen Akteure sowie deren Motive. Lediglich Darien ahnt vorerst nichts vom wahren Spiel seiner »Partner«: des Maitre Lempereur (Michel Bouquet), der ihn nach einer inszenierten Verhaftung bei einer Demonstration herauspaukt; des angeblichen Journalisten Michael Howard (Roy Scheider), der ihn mit linken Plattitüden beeindruckt; des Fernsehproduzenten Pierre Garcin (Philippe Noiret), der die Entführung organisiert. Nach dem geglückten Attentat wird Darien für die Maschinerie aus Falschinformation und Manipulation wertlos, konsequent nimmt ihn Boisset aus dem Fokus der Erzählung. Erst als Darien die Wahrheit erfährt und droht, das Komplott publik zu machen, erhält er wieder mehr erzählerischen Raum. Jedoch nur, um ermordet und als Sündenbock präsentiert zu werden. Das einzig paranoide Moment des Films ist ein Storydetail: die Warnung Sadiels an seinen Gegenspieler Kassar, auch er werde eines Tages durch eine Verschwörung stürzen – also

L'ATTENTAT

die Unterstellung, dass ein System aus Überwachung, Bestechung, Korruption, Kidnapping und Mord prinzipiell jederzeit und überall zu installieren sei. Wie berechtigt Sadiels Orakelspruch ist, beweist nicht der Film, sondern die Geschichte: Kassars historisches Vorbild, Oberst Oufkir, fiel 1972 tatsächlich selbst einem Komplott zum Opfer.

IV.

Auch Yves Boissets LE JUGE FAYARD DIT LE SHÉRIFF (1977) basiert auf einem realen zeitgeschichtlichen Fall, jedoch vermied Boisset jegliche Namensähnlichkeit mit dem 1975 ermordeten Richter Renaud und verlegte den Schauplatz des Geschehens von Lyon nach Saint-Etienne. Sein Conspiracy-Thriller, der den Kampf eines einzelnen, aufrechten Juristen (Patrick Dewaere) gegen einen Apparat aus Machtverfilzung, Bestechung und Korruption als ermüdende und erfolglose Sisyphusarbeit zeigt, nennt und zeigt ebenfalls wichtige Mitglieder des politischen Komplotts aus Politik, Wirtschaft und ehemaligen Mitgliedern der rechtsnationalistischen OAS (»Organisation de l'armée sécrète«). Es geht um Raub, Geldwäsche und Bestechung. Dramaturgisch präsentiert sich der Film als Wechselspiel aus

LE JUGE FAYARD DIT LE SHÉRIFF

Verbrechen und Aufklärung und folgt streng den Ermittlungen Fayards. Der muss immer wieder die eigene Machtlosigkeit erleben, als ihm ein Fall entzogen und ein wichtiger Zeuge ermordet wird. Da dieser zuvor jedoch noch wichtige Hinweise geben kann, gelingt es Fayard, zumindest die »kleinen Fische« aus dem Verkehr zu ziehen. Als er jedoch die Hintermänner, die politischen Strippenzieher belangen will, wird er vor seiner Wohnung ermordet. Die Täter bleiben – im wahrsten Sinn des Wortes – im Dunkeln.

Boisset, der gerne »crime narratives in socio-political contexts«[5] verpackt, orientiert sich hier stärker an Fayards Point of View, an seinen Ermittlungen und Verdachtsmomenten, rückt dessen Zweifel und Skepsis in den Mittelpunkt. Er kreiert das Bild eines obsessiven, die Grenze zwischen Recht und Unrecht mehrfach überschreitenden Justizbeamten, dem eine unübersichtlich gewordene Welt wenig Alternativen in der Wahl seiner Methoden läßt und der am Ende dennoch das Opfer ist – und das in mehrfacher Hinsicht. Einerseits triumphieren in der Schlusssequenz die Verschwörer, denn die wahren Ausmaße der Korruption innerhalb von Polizei und Justiz bleiben ungeklärt. Zum anderen erpresst Richter Steiner

(Jacques Spiesser), ein Mitglied aus Fayards politisch progressiver Richtergewerkschaft, den Generalstaatsanwalt Arnould (Jean Bouise), ihm die Ermittlungen im Mordfall Fayard zu überlassen. Hinter der Fassade des ermittelnden Fayard enthüllt sich somit eine weitere Wahrheitsebene, auf der Steiner Fayards Ermittlungen mit geheimen Informationen, Akten und Dokumenten stützt. Deren Herkunft ist jedoch ebenso unbekannt wie die Identität der Mörder Fayards. Die Parallelisierung von Polizisten und Kriminellen, die beinahe metaphysische Assimilation von Recht und Unrecht gehört im französischen Kriminalfilm spätestens seit Jean-Pierre Melvilles ambiguen Protagonisten zum erzählerischen Inventar, doch Boissets Abscheu gegenüber einem Justizsystem, das scheinbar ebenso viel Energie in die Ergreifung von Tätern wie in eigene dunkle Machenschaften investiert, wirft Licht auf eine Welt, der scheinbar nur noch mit Paranoia beizukommen ist.

V.

Henri Verneuils I ... COMME IKARE aus dem Jahr 1979 zitiert in Inhalt, Konflikt und Auflösung Alan J. Pakulas THE PARALLAX VIEW (1974), einen Klassiker des amerikanischen Paranoia-Kinos und das zentrale Werk der »Paranoia-Trilogie« Pakulas. Wo Pakula jedoch direkt und unmissverständlich innenpolitische Verhältnisse in den USA anvisiert, verlegt Verneuil die Handlung in einen Phantasiestaat, der nur mittelbar mit Frankreich parallelisiert wird. Verneuils und Pakulas Werke zeichnen sich durch eine fiktionale Kreisstruktur aus – Anfang und Ende markieren politische Morde: Bei Pakula wird gleich zu Beginn ein populärer Anwärter auf die Präsidentschaft bei einer öffentlichen Veranstaltung erschossen, bei Verneuil ist es der liberale Präsident Marc Jary (Gabriel Cattand). Beide Opfer werden als visionäre Hoffnungsträger eingeführt, ihre Ermordungen sind als filmische Echos des Kennedy-Attentats 1963 zu werten. In beiden Filmen präsentieren Untersuchungskommissionen ihre Berichte, in denen neurotische Einzeltäter für die Tat verantwortlich gemacht und mögliche Verschwörungen ausgeschlossen werden. Generalstaatsanwalt Henri Volney (Yves Montand) weigert sich jedoch, diesen Bericht zu unterschreiben und wird daraufhin mit eigenen Ermittlungen betraut. Wo Pakula in dem gebrochenen Lokaljournalisten und ehemaligen Alkoholiker Joe Frady (Warren Beatty) eine für das New Hollywood typische Antihelden-Figur einführt, ist Verneuils Protagonist ein über jeden Zweifel erhabener Ermittler, der sich jedoch über die obsessive Hingabe an seine Arbeit und seine spektakulären

Ermittlungsergebnisse ebenso isoliert wie Frady – und am Ende ebenso tödlich scheitert. Der Film orientiert sich an Volneys Perspektive und Wissensstand, lediglich einmal kommt es zu einer Parallelmontage, in der einerseits ein Zeuge den tatsächlichen Attentäter identifizieren soll und andererseits genau dieser Killer von seinem Auftraggeber eliminiert wird. Dagegen ist der offiziell beschuldigte (und noch am Tatort ermordete) Karl Eric Daslow (Didier Sauvegrain) nicht der gewaltbereite Paranoiker, als den ihn der Untersuchungsbericht diffamiert, sondern in höchstem Maß ›gewöhnlich‹: Wie bei Pakula steht auch im Zentrum dieses Films eine Art Experiment, in dem sich das Thema Paranoia emblematisch in die Spielhandlung einschreibt. Eine universitäre Versuchsreihe, an der auch Daslow teilnahm, soll das Phänomen des Gehorsams gegenüber einer Autorität[6] darüber erklären, dass eine Testperson vom wissenschaftlichen Personal die Anordnung erhält, einer anderen Person Schmerzen zuzufügen. Mittels einer komplizierten Apparatur wird dem Probanden glaubhaft vermittelt, er habe seinem Opfer Stromstöße zu verabreichen, wenn dieses auf bestimmte Fragen nicht die richtige Antwort gebe. Die Stromstöße steigern sich bis zu einer tödlichen Dosis. Was die Testperson jedoch nicht weiß: Ihr Gegenüber ist ein Schauspieler, der trotz Kabel und Fixierung überhaupt nicht ans Stromnetz angeschlossen ist. Das (niederschmetternde) Ergebnis der Forscher: Selbst in einem zivilisierten, demokratischen und liberalen Land würden zwei Drittel der Bevölkerung jeden Befehl ausführen, den ihnen eine übergeordnete Autorität gibt, selbst wenn dies in letzter Konsequenz zum Tod Unschuldiger führen würde.

Volneys Kampf um Aufklärung ist ein dreifacher: Erstens muss er eine unübersichtliche und komplizierte Faktenlage entwirren; zweitens steht er in seinen Ermittlungen jener angeblichen menschlichen Tendenz zur Unterordnung gegenüber; drittens sind seine Recherchen auf die Rekonstruktion unzuverlässiger medialer Spuren angewiesen: Fotos, 8mm- und 16mm-Filme, Dias, Tonbänder, Okulare, Zielfernrohre, Kameras und Fernsehbildschirme offenbaren eine filmische Realität, die nur noch über Medien zugänglich ist und weisen auch den filmischen Blick selbst als artifiziell und mediatisiert aus. Dass sich der Weltvermittlungs- und Welterklärungsanspruch von Medien auf traumatische Weise in sein Gegenteil verkehrt hat, ist nicht nur ein Befund des französischen Polars der 1970er Jahre, sondern findet sich auch in Rainer Werner Fassbinders WELT AM DRAHT (1973), Francis Ford Coppolas THE CONVERSATION (1974) oder Sydney Lumets NETWORK (1978).

Durch ein gestohlenes Tonband erfährt Volney zumindest den Namen jener verschwörerischen Organisation: »Minos«, ein Verweis auf die griechische Mythologie und auf ein ebenso undurchsichtiges, labyrinthisches System wie jenes, das sich der antike kretische König Minos von Dädalus bauen ließ. Umfang und Akteure, Ziele und Motive des Komplotts bleiben ungeklärt, Zentrum und Profiteur der Verschwörung scheint der Geheimdienst in Person des enigmatischen Richard Mallory (Jacques Serey) zu sein. Er ist es wohl auch, der schließlich den Mord an Volney in Auftrag gibt, doch der Täter bleibt außerhalb des Bildkaders: Ein Zoom auf Volneys Bürofenster, ein Schuss durch die Glasscheibe, ein harter Schnitt auf die Innenseite der Scheibe mitsamt Schärfenverlagerung auf das Einschussloch, dann erneut ein Sprung nach draußen, während Volney in extremer Zeitlupe zu Boden fällt. Ein hochstilisierter, irrealer Moment einer zu späten Erkenntnis, denn Volney stand im Gespräch mit seiner Freundin Hélène Moréa kurz vor der Entschlüsselung des Geheimnisses, wer das Ziel der jüngsten Minos-Operation »I wie Ikarus« sei: er selbst.

Der Sage nach entkam Ikarus, der Sohn jenes Dädalus, mit künstlichen Flügeln, die sein Vater konstruiert hatte, aus dem Labyrinth des Minos. Die Warnungen des Vaters missachtend, weder zu hoch noch zu tief zu fliegen, kam er der Sonne zu nahe, die Hitze schmolz das Wachs, das die Federn zusammenhielt, und Ikarus stürzte in den Tod. Wo der Mythos gemeinhin als Warnung an den Menschen verstanden wird, den Mittelweg zu suchen und Extreme zu meiden, deutet Moréa Ikarus' Annäherung an die Sonne in ihrem Buch »Une petite histoire d'une grande Nation«, das auf Volneys Schreibtisch liegt, als Weg zur absoluten Wahrheit. Ikarus/Volney muss also sterben, weil er der Wahrheit über das Ausmaß der Verschwörung zu nahe gekommen ist. Dem Zuschauer jedoch zeigt Verneuil jene Dimensionen des Komplotts, indem er den Inhalt des ominösen Tonbandes und die politische Berichterstattung mehrerer Tageszeitungen zusammenfügt: Ein Spektrum politischer Einflussnahmen und manipulierter gesellschaftlicher Prozesse offenbaren eine zu Bildern geronnene Geschichte, die ihrerseits zur Verschwörung wird und in der dem Einzelnen keine Wahl bleibt, als sich der Autorität der Bilder zu unterwerfen. Das wissenschaftliche Gehorsamsexperiment ist so – ebenso wie der Eignungstest der Parallax Corporation bei Pakula – als *Mise en abyme* zu lesen, das der erzählten Welt den Akt ihrer eigenen Erzählung hinzufügt, als rhetorisches Mittel der Selbstreferenz, in dem sich das auf sich selbst verweisende System der Paranoia spiegelt.[7] Seltsamerweise liegt der Schlüssel zur Decodierung der Struktur des

Komplotts die ganze Zeit vor Volneys Augen – Moréas Buch führt die in I … COMME IKARE entworfene Wirklichkeit auf eine Welt der Mythen zurück – was den Gedanken nahelegt, alle Komplexitäten und Widersprüche der Moderne seien lediglich Fassade(n) über einer tieferen, mythologischen Wahrheit, die dem Individuum deshalb unzugänglich ist, weil es ihr – bereits oder immer noch – zu nahe ist.

VI.

Die dramaturgische Kreisstruktur verbindet I … COMME IKARE mit Robert Enricos LE SECRET (1974). Sein Film beginnt und endet im psychiatrischen Trakt eines Geheimgefängnisses in der Nähe von Paris, dessen Insassen scheinbar regel- und planmäßig gefoltert werden – ein rechtsfreier Raum, ein Guantanamo lange vor dem »War on Terrorism«. David (Jean-Louis Trintignant) gelingt die Flucht, weil er seinen Wächter ermordet. Auf der Flucht verbringt er zunächst eine Nacht bei einer flüchtigen Bekanntschaft, deren besorgte Fragen er nur mit dem vagen Hinweis abtut, er wisse etwas, was niemand wissen dürfe. Was das ist, bleibt den gesamten Film über offen.

Genau dieses MacGuffin-Prinzip trägt wesentlich zur paranoiden Grundstimmung des Films bei, der ein »immer dichter werdendes Netz von Zweifeln und Ängsten«[8] webt. David ist paranoid, er hat Angst, fühlt sich von den Behörden verfolgt, sieht überall verkleidete Polizisten, ist argwöhnisch gegenüber jedermann und integriert jedes Detail, jedes noch so harmlose Geschehnis in sein hermetisch geschlossenes Wahrnehmungssystem, das er jedoch niemandem beweisen kann.

Auch Thomas (Philippe Noiret) und Julie (Marlène Jacob) nicht, einem Pärchen, das den verstörten David auf seiner Flucht aufnimmt. Die beiden leben zurückgezogen in einem abgeschiedenen Gehöft in den Cevennen und sind zunächst dankbar für die Gesellschaft eines Nichttouristen, auch wenn sie seine Schilderungen anfangs skeptisch aufnehmen. Doch Thomas freundet sich mit David an und legt großen Wert darauf, ihm immer wieder sein Vertrauen zu beweisen, selbst als David später offensichtliches Interesse an Julie zeigt. Diese wiederum verhält sich zwiespältig: Einerseits will sie David glauben und Thomas' Vertrauen rechtfertigen, andererseits kann sie ihre eigenen Zweifel nicht besiegen und wendet sich deshalb an ihren Bruder, der Kontakte zu den Behörden besitzt, um etwas über David herauszufinden. Damit, so wird sich später herausstellen, besiegelt sie nicht nur ihr eigenes Schicksal.

Anhand der Figuren Julie und Thomas kann man verfolgen, wie paranoides Denken entstehen kann. Enricos Film zeigt die Erschütterungen, die Zweifel und die Unsicherheit derjenigen, deren Welt zunehmend aus den Fugen gerät. Am Morgen nach Davids Auftauchen finden sich die drei plötzlich von schwerbewaffnetem Militär umstellt. Die Soldaten eröffnen das Feuer. Zwar stellt sich heraus, dass es sich lediglich um ein Manöver handelt, doch das Paar ist nach diesem Schock zunächst bereit, David zu glauben. Warnmeldungen im Radio, Straßensperren und ein scheinbarer Verfolger auf der Autobahn – all diese Realitätsfragmente scheinen den paranoiden Verdacht des Fremden zu bestätigen. Auf dem Weg zur spanischen Grenze eskaliert die Situation: Julie zerschneidet die Reifen des Wagens, um die Gruppe zumindest solange am Strand von Minimar festzuhalten, bis sie Nachricht von ihrem Bruder erhält – für David nur ein weiteres Zeichen, dass sie beschattet werden. In seiner Angst erschießt er einen Waldarbeiter, den er und Thomas in der Nähe ihres Unterschlupfes entdecken. Julie ist schockiert über den Mord und empört, weil David die Tat achselzuckend rechtfertigt. Während hinter der nächsten Düne Hubschrauber landen, entreißt sie David die Waffe und erschießt ihn.

In Enricos Thriller sind die Story-Elemente, die auf eine konkrete Verschwörung mit Akteuren, Interessen und Zielen hinweisen, auf ein Minimum reduziert, politische oder zeitgeschichtliche Bezüge sind getilgt: Der Point of View ist bis zur Auflösung derart stark subjektiviert, dass der paranoide Verdacht existenzielle Dimensionen erreicht: Nichts ist, wie es scheint, alles ist Fassade, Trug, Blendung, wohingegen unterhalb dieser Oberfläche eine andere Ordnung der Dinge herrscht, die sich David und seinen Begleitern bis zuletzt verschließt. Die Auflösung hingegen zäunt diese uferlose paranoide Angstvorstellung dahingehend ein, dass Davids Verdacht bestätigt wird. Ein paramilitärisches Spezialkommando richtet Thomas und Julie schweigend hin, die letzte Einstellung zeigt Julies Bruder, der nun wie David in jenem ominösen Gefängnis inhaftiert ist. Um die Eindeutigkeit noch zu erhöhen, setzt Enrico eine Voice-over ein, die die Einlieferung des Unschuldigen damit erklärt, dass dieser nichts, aber damit bereits zuviel gewusst habe – ein Bruch innerhalb der Logik der geschlossenen Erzählung aus Wahn- und Verfolgungsphantasien. Gleichzeitig jedoch liefert sie eine posthume Rehabilitierung des Protagonisten und eine Verstärkung des Bedrohungsgefühls gegenüber einer Welt, in der alles miteinander verknüpft und verbunden scheint: Der Brief Julies an ihren Bruder, dessen Gespräch mit Beamten des Innenministeriums, die Beschattung

Julies, das Auftreten der Spezialkommandos, schließlich die Einlieferung des Bruders. Alles greift ineinander, jedes kleine Rädchen des Systems arbeitet perfekt – doch die Arbeitsweise jener Maschinerie, das Funktionsprinzip dieses Systems bleibt Protagonisten wie Zuschauern gleichermaßen verborgen, spielt sich jenseits der Kadrierung, zwischen den Bildern ab.

VII.

Das Paranoia-Kino innerhalb des französischen Polar ist eng mit einer Gruppe männlicher Schauspieler verbunden: Jean-Louis Trintignant, dessen Figuren in L'ATTENTAT und LE SECRET unter starkem inneren Druck stehen, gehetzt wirken, angespannt, zum Teil sogar nervös und neurotisch. Häufig spielt er die tragische Figur, die aber auch in Constantin Costa-Gavras' Polit-Thriller Z (1969) die Funktion erfüllt, »to unmask the truth concerning the fate of the assasinated political ›hero‹«[9]. Beinahe noch wichtiger für die bedrohliche Darstellung einer sich von Recht und Gesetz entledigten Staatsmacht ist Jean Bouise, der sowohl in L'ATTENTAT als auch in LE JUGE FAYARD DIT LE SHÉRIFF undurchsichtige Justizbeamte verkörpert, die Korruption und Machtmissbrauch aktiv betreiben oder zumindest schweigend hinnehmen. Stets im schwarzen Anzug, die Haare streng gescheitelt, urplötzlich von geistreicher Plauderei in tödlichen Ernst umschwenkend, reflektiert er in Sprache und Habitus die Unberechenbarkeit des politischen Systems, dessen Funktionär er ist. Bemerkenswert sind in diesem Zusammenhang auch seine Darstellungen in Costa-Gavras' L'AVEU (1970) und Boissets FOLLE À TUER (1975). Philippe Noiret, der sowohl die Rolle des Verschwörers in L'ATTENTAT als auch die des Komplottopfers in LE SECRET mit einem Repertoire zurückgenommener, gezielt eingesetzter Gestik und Mimik ausfüllt. Stets arbeitet etwas in seinem Gesicht, stets erscheint etwas Unausgesprochenes in seiner Mimik, etwas Nichtgesagtes (oder: Unaussprechliches) in seinen Worten, was die Doppelbödigkeit und Ambiguität seiner Charaktere effizient verstärkt. In L'ATTENTAT wird seine Figur Pierre Garcin inmitten von Requisiten und Fernsehbildschirmen eingeführt, auf seinem Schreibtisch steht ein Mobile, das aus vier gegeneinander verschiebbaren farbigen Quadraten besteht. Jeder Blick durch diese Konstruktion wird mehrfach gebrochen, hinter jeder Schicht befindet sich noch eine weitere – eine potente Synekdoche für die Verschwörung, deren Protagonist er ist.

Die Frauenfiguren – Jean Seberg in L'ATTENTAT, Aurore Clément in LE JUGE FAYARD DIT LE SHÉRIFF – erhalten dagegen weit weniger Bedeutung, die Freundin Volneys in I ... COMME IKARE erscheint sogar nur als Stimme und Photografie. Allein Marlène Jobert beansprucht eine wichtigere filmhistorische Position: Neben LE SECRET tritt sie auch in FOLLE À TUER auf, wo sie eine aus der Psychiatrie entlassene Paranoikerin spielt, die zum Spielball einer tödlichen Intrige wird. Die Frauenfiguren der Polars scheinen zwar weniger komplex und eher als Opfer in einer skrupellosen und gewalttätigen Männerwelt konzipiert, dafür können ihre Schicksale und Leiden als Sinnbild jener »politics of paranoia« gelten, die David Nicholls dem französischen Kriminalfilm der 1970er Jahre attestiert: »Literally anyone can fall victim to manipulation, and state and society create madness to brand and lock up those who stumble on uncomfortable truths or to create scapegoats for particular crimes and disorders.«[10] So enthüllt der französische Kriminalfilm der 1970er Jahre seine ganz eigene Dialektik der Aufklärung: Die Hyperrealität moderner (Medien-)Gesellschaften scheint selbst nur noch in mythischen Dimensionen beschreibbar – als Labyrinth, aus dem kein Ariadnefaden mehr ins Freie führt.

---

1 Groys, Boris: Unter Verdacht. Eine Phänomenologie der Medien. München/Wien 2000, S. 29.
2 Gerhold, Hans: Kino der Blicke. Der französische Kriminalfilm. Frankfurt 1989, S.190.
3 Ebd., S. 186.
4 Vgl. Geoffrey Nowell-Smith: Neue Entwicklungen im französischen Kino. In: ders. (Hg.): Geschichte des internationalen Films. Stuttgart/Weimar 1998, S. 530–540, hier S. 537.
5 Austin, Guy: Contemporary French Cinema. Manchester 1996, S. 112.
6 Verneuil bezieht sich auf ein gleichnamiges Experiment, das Prof. Stanley Milgram zwischen 1960 und 1963 an der Universität Yale durchführte.
7 N.N.: Das Netz der tausend Augen. In: filmdienst, Nr. 24 (1975), S. 7.
8 Für Anregungen zu diesen Überlegungen danke ich Johannes Geng, der in meinem Hauptseminar zum amerikanischen Paranoia-Kino im Wintersemester 2008/2009 zu Pakulas THE PARALLAX VIEW referiert hat.
9 Smith, Alison: French Cinema in the 70s. The Echoes of May. Manchester 2005, S. 40.
10 Nicholls, David: From Nostalgia to Paranoia. In: Sight and Sound, Nr. 2 (1982), S. 101.

Josef Rauscher

Polar du look – Kerkerwände der Imagination
Zur Detektion auf den Spuren der Bilder des Cinéma du look

Das Cinéma du look kann – und wird oft – als hollywoodfixiertes französisches Kino der 1980er Jahre gegen das junge französische Kino der 90er Jahre abgegrenzt, wenngleich eher Überschneidungen und Fortschreibungen einer bildtrunkenen Phantastik ins Auge fallen. Die Regisseure Jean-Jacques Beineix, Léos Carax und Luc Besson werden durchwegs als das Dreigestirn des Cinéma du look benannt, zum einen gefeiert, zum anderen geschmäht. Sind sie das Cinéma du look? Man könnte das durchaus so sehen, aber der entscheidende Punkt, der den Grund erst liefert, das Dreigestirn als Cinéma du look in den Blick zu nehmen, bliebe so unbeleuchtet. Eine besonders aparte Note gewinnt die Betrachtung des Cinéma du look im Rahmen des Polar. Ich will mich im Folgenden auf die Blicknahme einiger Filme der genannten Regisseure beschränken und im Seitenblick auf einige andere, dem ›look‹ in anderer Weise verfallene Kriminalfilme dieser Zeit, einsichtig zu machen suchen, dass der unspezifische Vorbehalt der engagierten Kritik gegen die Filme eines Cinéma du look zwar kaum berechtigt ist, doch dass er sich in seiner Grundintuition einer tiefen Unterscheidung, einer bedeutsamen Tiefendifferenz in der Konstitution von Filmwelten verdankt. Das Cinéma du look verdient ein filmisches Interesse als die Möglichkeit einer radikalisierten Postmoderne und steht in dieser Form den unmittelbaren Fragen sowohl nach Genreerfüllung wie nach Wirklichkeitsadäquatheit entgegen. Deutlich werden soll, wie und dass sich andere bildverliebte Feiern der Schönheit von Verbrechen tatsächlich von diesem Cinéma du look benamten Kino der Oberflächenprojektion unterscheiden, einem Kino, in dem Form über Inhalt geht, der Schein und Leuchtfarben – sowohl figurativ wie buchstäblich als Lichtschein – vor Körperwelten und Wirklichkeit zählen und Bildeffekte gegenüber jeder Handlungslogik triumphieren. Doch man kann an den idealtypischen Filmen DIVA (1981; R: Jean-Jacques Beineix), NIKITA (1990; R: Luc Besson), MAUVAIS SANG (1986; R: Leos Carax) und vor allem LA LUNE DANS LE CANIVEAU (1983; R: Jean-Jacques Beineix) auch entnehmen, dass die Fokussierung auf den ›look‹ ein Gradationsphänomen ist, bei dem die Feier der Welt im Bild zur Feier der Bilderwelt umschlägt.

Welches Interesse könnte ein Cinéma du look, das Kino der Oberflächen und des Design, im Blick auf den Polar, die Filme der Aufklärung versteckter Strukturen und dunkler Geheimnisse, haben? Selbst dort, wo das Kino der schönen Bilder die Welt des Verbrechens und seiner Aufklärung berührt, ja in den Fokus der Aufmerksamkeit rückt, selbst dort, wo es sich im innersten Kern der Konfrontation von Polizist und Verbrecher kristallhaft fängt und spiegelt – Bessons LÉON: THE PROFESSIONAL (1994) möglicherweise –, beruht die Koppelung auf einem Missverständnis. Das Cinéma du look ist *die* Gegeninstanz zum Polar, der die Geschichte des Aufklärungsblicks ist. Das Etikett ›Cinéma du look‹ zielt mit dem ›look‹ aber nicht auf den investigativen Blick, sondern auf die verführerisch dargebotene Ansicht. Das Verbrechen im Cinéma du look ist nur ein Moment des Designs. Das Verbrechen gelangt als Marginalie in den Film: manchmal bizarr, wie in LA LUNE DANS LE CANIVEAU, manchmal als Randglosse wie in DIVA, manchmal noir-pittoresk wie in MAUVAIS SANG und manchmal plakativ wie in LÉON: THE PROFESSIONAL. Die Dinge blitzen uns an – als Farbwelten, Formen- und Körperspiel. Sie fangen den Betrachter – intern im Filmgeschehen und extern im Kinosaal – ein mit ihrem ›look‹, in dem sie sich, gleichgültig gegenüber den Interessen des untersuchenden, entdeckenden Blicks des Polar und des korrelierenden detektivischen Publikums, in ihrem ästhetischen Reiz geheimnisvoll präsentieren. Dabei liegt das irritierende Geheimnis der geheimnislosen Oberfläche in der seltsamen Abirrung des Antwortblicks einer Spiegelwelt, die das Publikum anvisiert und zugleich auf der Seite liegen lässt. In LA LUNE DANS LE CANIVEAU, der eigentliche Überfilm des Cinéma du look, der Welt und Vernunft verrät, errät und spiegelt in seinen Figuren und seinen Bildern die Seh(n)sucht des Publikums nach dem ästhetischen Genus des Elends, aber auch den Schrecken über das Gefangensein in den spiegelglatten Bild-Welten. Nicht hinter den

Dingen, vielmehr in den Oberflächenreflexen liegt das Surplus – und verschwindet die Welt. Doch darin lauert der Schrecken, den die Schönheit verkündet. Zweifellos umspielt das Cinéma du look die Grenzlinie von Kitsch und Kunst, Warenwert und Bedeutung, Oberflächenreflex und Tiefenprätention. Statt die Welt einzufangen, lässt es die Bilder tanzen und tanzt selbstvergessen über soziale und sonstige Anliegen, über Kritik und Kunstanspruch hinweg. Das Cinéma du look verbindet Blickprojektionen und Bildobjektivationen und verbündet sich mit den Strategien und Techniken des Marktes und der Kulturindustrie. Man darf nicht vergessen, dass in der oberflächlichsten Reklame immer noch und immer auch die tiefsten Sehnsüchte verhandelt werden. Es geht um die Schnittstelle. Jene Kritik an den Proponenten des Cinéma du look: Luc Besson, Leos Carax und Jean-Jacques Beineix, die die fehlende Bodenhaftung oder gar mangelnde Sozialrelevanz entdeckte und monierte, ging darin nicht fehl, doch die Dialektik wurde nicht richtig ausgelotet. Möglicherweise wurde die eigentliche Herausforderung des Cinéma du look, die Herausforderung an den, traditionell einer psychologischen, sozialkritischen und gesellschaftlichen Realität verpflichteten Polar gar nicht erfasst. Denn die Herausforderung eines Cinéma du look wird am deutlichsten im Polar. Auch wenn, oder vielleicht doch eher gerade weil Beineix' DIVA, der Ausgangspunkt des Cinéma du look, die Perspektive des Polar umkehrt, dessen Bedeutsamkeit(en) ästhetisch negierend aufhebt und das polizeiliche Moment geradezu karikiert. Dennoch nahezu ein echter Polar: kleinere Vergehen, größere Verbrechen, korrupte Polizei und – zumindest scheinbar – Verbrecherjagden.

Man täusche sich aber nicht. Die Entscheidung für das Cinéma du look ist immer eine Entscheidung gegen den Polar, selbst dort, wo der Film sich im Gewand, im ›look‹ des Polar, offeriert. Umgekehrt löst die Entscheidung des Filmemachers für die narrative Entwicklung der Geschichte eines Verbrechens oder die Aufklärung des Verbrechens als fokussierte Vorgabe des Films, mag sie auch bildgesättigt und überkomplex oder sogar mannigfach gebrochen sein, das Cinéma du look auf, macht den eigentlichen Protagonisten des Cinéma du look, das kostbare, verführerische Bild in der Ausfaltung aller Facetten der Bildfaszination, zur Randerscheinung. Dies gilt selbst dann, wenn Perlen eines vollkommen ästhetisierten Bildes die Höhepunkte eines solchen Films jenseits des ›look‹ markieren. Man könnte an einige Bildfigurationen Adjanis in Claude Millers MORTELLE RANDONNÉE (1983) denken, bildtrunken, noir-verliebt der Film und doch kein Cinéma du look. Lässt man sich auf große Weiterungen ein, käme in der Bildversessenheit selbst Zulawskis LA FEMME PUBLIQUE (1984) oder hinsichtlich der Kriminalgeschichte der Erotikthriller DESCENT AUX ENFERS von Francois Girod (1986) – eine David-Goodis-Verfilmung wie Beineix' LA LUNE DANS LE CANIVEAU und RUE BARBARE (1983; R: Gilles Béhat) –, in den Sinn und in jedem Fall auch Michel Devilles PÉRIL EN LA DEMEURE (1984). Diese Filme zeigen mehr oder weniger deutlich ästhetische Momente des Cinéma du look, doch unterwerfen sie die Bilder der Logik der Geschichte, feiern nicht und vertrauen nicht auf den ›look‹, lösen sich nicht aus der Logik und der Welt, sondern binden die Bilder an die narrative Realität der auf Wirklichkeit referierenden Filmwelt. Echtes Kino des Dekor, des wirklichkeitsgesättigten und doch derealisierten Scheins und des verwirrenden Spiels mit der Wirklichkeit bietet hingegen RUE BARBARE, der die Wirklichkeit auf Bilder abstrahiert und die Kämpfe der nahezu mythologisch entrealisierten Personen auf faszinierende Bildwerte kondensiert. Letzteres ist perfektes Cinéma du look jenseits des Polar.

Im Grunde ist die Frage der Zuordnung zum Cinéma du look eine Frage des filmischen Telos und der spezifischen Superiorität: dienen die Bilder, unterwerfen sie sich der erzählten Geschichte von einer Welt oder dient die Welt – das (Film-)Geschehen der möglichen Welt – dem schönen Bild, der Feier des Bildereignisses. Letzteres ist die conditio sine qua non des Cinéma du look, aber nicht sein letztes Wort. Der Primat des Bildes vor der Welt wurde in den 1980er Jahren in verschiedenen Annäherungen umspielt und von Carax, Beineix und Besson tentativ ausgelotet. Die Rechnung freilich, Bild gegen Welt, geht nie auf und hat ihrerseits eine seltsame Dialektik. Gefangen in Bildern geht die soziale Realität verloren und wir, die Betrachter der Bilder, gewinnen einerseits – möglicherweise – darin Innenwelten, oder verlieren uns, andererseits, an die Äußerlichkeit der Warenwelt. Beineix' DIVA holt geschickt das Problem der Vermarktung in den Plot des Films und durchkreuzt dennoch zugleich die Bedeutung des Plots. Gerade das macht andererseits den Blick auf das Paradoxon Polar *und* Cinéma du look reizvoll. Führt das Cinéma du look über die Oberfläche der Bildordnung zurück zu den Abgründen der polizeilichen Ordnungen und der damit verbundenen gesellschaftlichen und seelischen Verwerfungen? Bessons NIKITA scheint solches versteckt anzuzeigen und sein LÉON: THE PROFESSIONAL existentialistisch im zerstörerischen Kampf des ehrenhaften Berufskillers gegen den verdorbenen Polizeiverbrecher – die alte Konstellation des guten Ganoven gegen den korrupten Kommissar im neuen Look – zu bestätigen. Doch unübersehbar gilt, dass auch hier jeder Realbezug unangemessen ist und durch die Feier der Bilder gerade in der terminalen Gewalt- und Bildekstatik der Wirklichkeitsanspruch konterkariert wird. Die Irritation gründet tief. Weder strukturell noch abbildend, weder gesellschaftlich noch psychisch trifft das Cinéma du look Realität. Die Frage ist: Bleibt das Cinéma du look vor der Realität zurück oder geht es darüber hinaus?

Der Polar, der Film der Detektion und ihrer Institutionalisierung, ist um Aufdeckung *in* der Welt, Aufklärung in einer filmisch präsentierten Welt der Unordnung und des Verbrechens bemüht. Das ist das Sujet der Filme. Wir begleiten die Aufklärung des Verbrechens, steigen in Unterwelten und bemerken in den komplizierteren Formen, dass jene Institutionen, die Unordnung und Verkehrtheit der Unterwelt in Ordnung bringen und so Licht ins Dunkel, selbst der dunklen Seite, die der Film für uns ans Licht holt, verhaftet sind. Die Aufklärung über die Aufklärung erfolgt ebenfalls in einer sozial definierten, wirklichkeitsgesättigten Welt. Dieser avancierten Konstellation einer längst Geschichte gewordenen Genredialektik begegnen wir im Cinéma du look durchaus. Doch Bessons NIKITA etwa geht von diesem Zustand als filmische Gegebenheit bereits aus, siedelt sich danach an. Was ist schon das Verbrechen der drogenrauschinduzierten Polizistentötung, die Nikita im Vorspann begeht, im Vergleich zu der systematischen Tötungsmaschinerie, mit welcher der Staat undurchsichtige Ziele verfolgt, während sich die unschuldsvolle Killerin der Exekutive als Staatsdienerin wahrhaft exekutierend einordnet. Die denkbare Kritik an den Staatsinstitutionen Gericht und Polizei ist jedoch im Cinéma du look kein relevanter Punkt. Es interessiert sich nicht für die Aufklärung des Verbrechens und auch nicht für die Aufklärung der Aufklärung als Verbrechen, auch wenn es so scheinen könnte. Das Cinéma du look, zu dem Bessons NIKITA als ein paradigmatischer Film zu zählen ist, löst die Welt auf in Bilder und setzt uns gefangen in Bildwelten. Das Cinéma du look ist offenbares Geheimnis und geheimes Offenbaren des zu Tage liegenden Undurchschaubaren. Bilder referieren auf Bilder, und Welten entstehen als Farb(t)räume. Cinéma du look ist das Gegenteil des Polar. Im Design des ›look‹ erfolgt eine Verrätselung des Offenbaren ins Geheimnis – der Schönheit und des Schreckens. Wir befinden uns in einem topologischen Raum, der nichts anderes erlaubt als ein Innen – eine Verstrickung ins Labyrinth der Bildwelten und Imagination. Das Cinéma du look entwirft labyrinthische Innenräume wie Giovanni Battista Piranesi in der Imagination eines irrationalen Systems erfundener Gefängnisse in den berühmten *Carceri d'invenzione* (1745). Aufklärung ist im Cinéma du look eine besonders raffinierte Form der Verdunkelung, so wie die Neon-Farbleuchten und deren Lichtreflexe auf regennassem Asphalt die Finsternis der Welt anzeigen und in Höhlen falschen Lichts locken. Nur in Nuancen unterscheiden sich NIKITA und MAUVAIS SANG, die polaren Look-Klassiker von Besson und Carax, darin voneinander. Kein Licht am Ende der Tunnels weist einen Ausweg aus der Hölle. Das vermauerte Fluchtfenster, auf das die Agentin »Marie« (der unschuldige Tarnname des Todesengels »Nikita«) als geplante und gezielte Herausforderung beim ersten Mordauftrag im Dienst der Überpolizei stößt, ist perfekte Metapher. Es zwingt sie, cool, in einer Art Balletteinlage noch einige Männer mehr zu erschießen. Wenn Nikita sich zurückkämpft in das Domizil der Staatspolizei, glänzt der Asphalt wieder regennass, für sie, für das Publikum. Ästhetische Oberflächenreize. In nahezu ironischer Volte lässt der Film die Killerin, die eine höhere Polizeiagentin ist, die – auch das noch! – eine unschuldig Liebende ist, am Ende sich in Nichts auflösen, und die Behörde ihr Verschwinden konstatieren. Was bleibt – ein paar Bilder. Der Polar zielt hier weder auf die Verbrecherin, noch auf die Polizei, sondern auf den Film und eine Atmosphäre, evoziert aus Bilderwelten. Der Zuschauer ist herausgefordert.

Schon der Vorspann mit dem nächtlich nass glänzenden Asphalt, der knallroten Schrift vor schwärzlichem Nachtblau und den Neonzeichen, die unwirklich die Farbwelt überakzentuieren, legt die Handlungswelt als sekundäres Zeichen für die etablierten Bildwelten des Noir fest. Jene Welt, in der Blau die Atmosphäre bestimmt und von der materiellen Welt nahezu ablöst, ist reine Zeichenwirklichkeit. Das reicht vom extradiegetischen, farbigen Licht der wertenden Lichtsetzung des Kameramanns, die das Nachtblau der Handlungswelt mit Bedeutung auflädt, bis zu den Blitzreflexen des Blaulichts der Polizei. Kann in diesem Setting irgendein Handelnder irgendeine Aufklärung suchen? Nicht wirklich. Die Bilder suchen eine Welt und verbleiben doch ganz im Verweisungsspiel der Zeichen. Aber ein traumsüchtiges Publikum sucht sich und sieht sich im Suchen der Bilder nach Welt in seiner eigenen weltverlorenen Suche nach Bedeutung bestätigt. So gewinnen auch die Gewaltexzesse und die exaltierte Schießerei Bedeutung nur als ästhetisches Phänomen, wobei die Wahrnehmung der Differenz zwischen ersonnenem Ereignis der Referenzwelt und dem Bilderereignis als den Zuschauer befremdendes Phänomen im Film einkalkuliert ist. Ansichtssachen jenseits der Handlungsoptionen: Cinéma du look. Die innerdiegetischen und extradiegetischen Ebenen durchdringen sich zum

Zwecke der Erzeugung des ›look‹ perfekt, in den Farbwelten wie im Ton. In traumverlorener Kongruenz bewegt sich die Heldin zu einer Musik, die einzig das Publikum hören kann. NIKITA, DIVA, MAUVAIS SANG verfahren darin analog.

Cinéma du look hat zwei Aspekte. Zum einen meint es die schöne, faszinierende Ansicht, die unseren Blick auf sich zieht, fesselt, sich unserem Blick passiv darbietet. Und dieser erste, freilich letztendlich doch nachrangige Aspekt des Bilddesign in der losgelösten Feier der schönen Bilder, die der Film uns gibt, verstellt fast die eigentlich bedeutsamere Facette des Cinéma du look: Kino des Blicks im wahrsten Sinne des Wortes. Nicht der befriedigende Oberflächenreiz des Designs, vielmehr die Unendlichkeitsherausforderung einer Blickspiegelung im Widerhall von Kristallbildern macht das – manchmal verschenkte, manchmal genutzte – Potential des Cinéma du look aus. Die Dinge blicken uns an. Nicht nur blicken die Schönen, Nastassja Kinski, Anne Parillaud oder Beatrice Dalle mit herausforderndem Look – Lauren Bacall, »the look«, sei erinnert – dem verlorenen Helden und uns, dem schon lange an die Bilder verlorenen Publikum, in die Seele. Die Körperdinge selbst blicken uns an, geheimnisvoll, wertvoll, gefährlich, unnahbar und unerträglich schön, als hätten die Lippen, die Hüften und Beine, die Wände, der Boden Augen. Insbesondere die Straßen blickstrahlen, nassgeweint und farbenfunkelnd unergründlich. Die Dinge im ›look‹ blicken ins Publikum, suchen Blickkontakt wie der Torso des Apolls von Belvedere, der, kopflos, laut Rilke ganz Auge geworden ist. Dies ist die Pointe der Groß- und Detailaufnahmen in Carax' MAUVAIS SANG. Sei dies nun das affektbesetzte Bild der Augen der begehrten Schönen, oder sei es das Affektbild der Alltagsgegenstände, wie etwa das Bild eines roten Feuerzeugs, das bedeutungsschwer und rätselhaft die Leinwand füllt. Die Action- und Bildexzesse beider Filme decken diese Herausforderung des appellativen ›Blicks‹ der Bildgegenstände zu, wie sie verbergen, dass Existenzielles beiläufig verhandelt wird. Es ist kaum ein Zufall, dass in den Filmen des Cinéma du look, immer zugleich und in einem, sowohl der Oberflächenreiz der sensuellen Bilder wie die Metaphysik der Liebe verhandelt wird. Das kann freilich nur anklingen, und selbst da steht es – wie in LA LUNE DANS LE CANIVEAU – in der Gefahr der Lächerlichkeit.

LA LUNE DANS LE CANIVEAU ist im Grunde der verkannte, umstrittene Überfilm des Cinéma du look und ein *polar du look* jenseits – wie könnte es auch anders sein – des Polar. LA LUNE DANS LE CANIVEAU ist eine Bildmeditation über Dunkellichtwelten, eine Kitschpostkarten-Eloge auf Schönheit,

NIKITA

LA LUNE DANS LE CANIVEAUX

Erotik und Liebe und zudem ein Metafilm zum Polar. Vielleicht nirgends sonst übt das Zusammenspiel von Unvereinbarkeiten den grenzgängerischen Reiz des Cinéma du look zum Polar so unmittelbar und rätselhaft zugleich aus. Präsentiert im Neo(n)-Noir, zwischen Reklameutopien, Traumwelten und Jenseitshöllen der Imagination, suchen die abgelösten Bilder nach einer Welt, auf die sie verweisen könnten. Die Geschichte um Vergewaltigung, Sex, Liebe und obsessiver Suche nach Wahrheit, die im Plot dargestellten süchtigen Suche nach Aufklärung des Verbrechens – Gerard Depardieu sucht als Gerard den Vergewaltiger seiner in den Tod getriebenen Schwester – spielt als reales Geschehen nicht die geringste Rolle. Die Bedeutung der Geschichte wird konterkariert. Das Verbrechen dient einzig und allein als sprudelnde Quelle für Bilder. Reizbilder der Lust, Traumbilder absoluten Begehrens, Bilder der Schönheit und des Verfalls im beständigen Umschlag zwischen Schönheit und Hässlichkeit, Sinnenreiz und Lichtmetaphysik, reiner Oberfläche und prätendierter Seelentiefe. Das Bemühen um Aufdeckung vollzieht sich am Rande, bleibt marginal, verliert sich im Gestus der definitiven Undurchschaubarkeit und der Verrätselung des und durch den ›look‹.

Handlungen dienen als reine Zeichen für Handlungsmuster, die Schönheit der Bilder und Gesuchtheit der Posen im Bewusstsein des Blicks greifen ineinander und über den Handlungsraum hinaus. Epiphanie im Raum des Films und im Raum des Kinos. Das Plakat, vor dem Nastassja Kinski dem himmlischen Höllenwagen, einem roten Ferrari, entsteigt, verspricht nicht zu Unrecht »Try another world«. Die Differenz der Welten des Sexus, der Kaschemmen, der Gosse und der Welten des Glanzes, der Sauberkeit und des Gefühls und deren gesuchte Einheit im Kinobild werden direkt angesprochen. Auf einer Fahrt zu den Piers behauptet Gérard, dass sie, die Personen der Oberschicht – zusammen mit uns, dem Publikum – etwas ganz anderes sehen, wenn sie den Schiffen nachschauen. Das ist Koketterie mit Sozialdifferenz und Reflexion auf die Bilder in einem. Die Stilisierung der Gesten, die Definition der Räume und die Verkörperlichung der Atmosphäre in der Körperlosigkeit farbigen Lichts erfolgen ohne irgendeine Berücksichtigung von Wahrscheinlichkeiten und Kausalketten. Kein Erforschen der Welt, lediglich eine Entdeckungsreise in Bildwelten wird angeboten. Eine Lösung versagt uns der Film im Übrigen.

Gérard aber will und wird weitersuchen nach dem Schuldigen, von dem wir, im Gegensatz zu Gerard, wissen, dass er rote Schuhe trägt, sonst aber wissen auch wir nichts. Wie in MAUVAIS SANG feiert der Film die Obsessionen in Detailaufnahmen. Gérard aber ist die allgemein gewordene Polizei. Wenn er den Bruder Lorettas ›verhört‹, dann ist dies die obsessive Investigation der Welt und der Seele, um die eigene Seele zurückzugewinnen und sich der eigenen Schuld zu entledigen. Ein vergeblicher Versuch, der als Handlungsmoment, wie alles andere auch, nur symbolisch ernst zu nehmen ist. Doch dass Gérard sich in die paradoxe Situation der fleischgewordenen Idee eines Ermittlers eingesponnen hat, wird im Film beiläufig und ironisch von einer der abgewrackten Animierdamen als kleine Wahrheit verkündet. Sie sagt, als er in seinem Sonntagsstaat, in Anzug und Krawatte, dem Bruder Lorettas gegenübersitzt, dass er aussehe wie ein »policier spécial«, der er im Film natürlich nicht, in der Seele aber ist. Ansonsten ist er nur das *Bild* des Polizeiagenten und untersucht nur scheinbar das Verbrechen. Eigentlich sucht er nach sich selbst in der Welt der Bilder, und darin vertritt er das Publikum. So wie der *polar du look* nur das Bild eines Polar evoziert, um die Bilder und die Seele zu untersuchen. Kein Außen zum Innen. LA LUNE DANS LE CANIVEAU, bei weitem kein konventioneller Kriminalfilm, illustriert höchst illustrativ die wahre Idee der unmöglichen polizeilichen Untersuchung, zwischen Mond und Gosse. Vielleicht musste man den Großmeister des Noir, den Autor der Romanvorlage David Goodis, soweit derealisieren, um spielerisch zum faktischen Kern seiner abgründigen Wirklichkeit vorzudringen.

Das eigentliche Initialmoment des Cinéma du look brachte freilich nicht Beineix' LA LUNE DANS LE CANIVEAU, der in seiner herausfordernden Überwirklichkeit der Zeichen ein kommerzieller Misserfolg wurde, sondern dessen Debütfilm DIVA. Im Stil der geschönten, eingängigen, erotisierten und gelackten Bilder, die eine Geschichte jenseits von Logik und Wahrscheinlichkeit präsentieren und ganz dem Dekor und den Neon-Farben einer Welt des Designs verfallen sind, entspricht DIVA zwar LA LUNE DANS LE CANIVEAU, aber in DIVA wird noch die doppelte Verpflichtung auf Erzählkino einerseits und Präsentationsmodus einer Werbewelt in Videoclipästhetik andererseits gesucht. DIVA ist dadurch freilich auch näher an einem echten Polar. Die filmische Wirklichkeit, unwahrscheinlich genug, löst sich zwar weitgehend im mythischen Genre-Zitatspiel auf, die Bilder verweisen weniger auf Außenwirklichkeit, denn auf andere Bilder und Musik, aber trotzdem wird mit dieser Wirklichkeit gespielt und *in* dieser Wirklichkeit agiert. Die polizeiliche Jagd und die Korruption der Polizei sind dennoch freilich nicht wirklich entscheidendes, fokussiertes Thema. Sie bringen sich allenfalls als überpointiertes Bild von Verfolgungsjagden ins Verweisungsspiel. Im Prinzip entspricht dies den postmodern theoriebewussten, iterierten Abbildungsrelationen auf der erotischen Ebene, etwa wenn ein im Film präsentiertes, ›normales‹ Bild von einer Protagonistin in der (Film-)Wirklichkeit refiguriert wird. Der Vorwurf des Verrats der Filmkunst an die Werbeästhetik, der dem Cinéma du look gelegentlich gemacht wird, ist jedoch zu pauschal. Man könnte, müsste man es denn verteidigen, gar an adornitische Dialektik denken, insofern die herausgestellte Reduktion auf den Warencharakter die dialektische Aufhebung dieses Warencharakters bedeutet. »Nur dadurch gelangt sie [die Kunst] über den ihr heteronomen Markt hinaus, daß sie seine imagerie ihrer Autonomie zubringt«, sagt Adorno, als würde er die Affinität der Filme des Cinéma du look zum Werbefilm zu kommentieren haben, denn es gilt: »das absolute Kunstwerk trifft sich mit der absoluten Ware«[1]. Nicht, dass damit hier behauptet werden soll, dass das Cinéma du look in seinem Sich-Verlieren an den glatten Stil des rätselhaft gehöhten Bildes die Erfüllung des Kunstanspruchs wäre, doch festzuhalten gälte es gleichwohl, dass am jeweils konkreten Werk erst zu erheben wäre, wieweit es reinen Bilderkonsum offeriert und wieweit es in der mit dem Warencharakter verkoppelten Abstraktheit der Formen und Farben das Rätsel der sich im schönen Bild verlierenden Welt zur Kunst werden lässt. Das Cinéma du look entwickelt seine Dialektik von Innen und Außen am besten am Polar, den es als Aufklärung über und in der Welt des Verbrechens zur Bedeutungslosigkeit umwandelt, gerade um ihn als Metapher für die Suche nach der Innenwelt des Subjekts und nach dem Jenseits der Körper- und Handlungswelt zu gewinnen. Cinéma du look suchte und fand im Polar seine perfekte Metapher. Faszination und Schrecken des (verbrecherischen) Bildes.

Nietzsche, der Ästhetiker und Apologet des Scheins, scheint das Cinéma du look zu besprechen, wenn er fordert: »tapfer bei der Oberfläche […] stehen zu bleiben, den Schein anzubeten, an Formen, Töne, an Worte, an den ganzen Olymp des Scheins zu glauben! […] [O]berflächlich – *aus Tiefe!*«[12]. Zumindest als Option ist dieses Sich-Finden/Verlieren an Oberflächen, die als unendliche Spiegelungen Reflexe einer geradezu metaphysischen Tiefendimension ins Spiel bringen, im Cinéma du look gegeben. Ob wir dann tatsächlich deren ästhetische Relevanz am einzelnen Film in einer Politik der Bilder erstreiten wollen oder können, wie ich es an NIKITA und LA LUNE DANS LE CANIVEAU erprobt habe, bleibt offen. Die große Tradition des Polar wird bei einem solchen Ästhetizismus zweifellos durchkreuzt. Doch in einer weiteren dialektischen Volte wird aus den Fragmenten der Bild- und Erzählwelten die Welt des Polar im Ganzen als ästhetisches Rätsel reklamiert. Das Cinéma du look als Polar, der kein Polar mehr sein kann, weil es dessen (unverzichtbaren) Realitätsanspruch aufhebt, arbeitet die Struktur des Polar als generalisierte Investigation der Zeichenwelten heraus und verpflichtet sich, und uns, das Publikum, zur unendlichen Untersuchung der fragmentarischen Ordnung der Bilder in der Unordnung der virtuellen Welt. In einigen, wenigen Filmen scheint der Drahtseilakt der dialektischen Negierung des Handlungsfilms und insbesondere des Polar im Cinéma du look als Durchkreuzung zugunsten von Bilderspiegelungen zu gelingen. Ist der Drahtseilakt einmal gelungen, erübrigt sich diese Form der Darstellung. Vielleicht deshalb kommt das Cinéma du look als Polar in einer rigiden Form zu einem schnellen Ende, lebt aber in anderen Formen als Tendenz zur Feier der Bilder ›unsterblich‹ weiter. Die Fortschreibungen des *polar du look* in den 90er Jahren, wie sie dunkel im Mystery-Thriller anklingen, gewinnen in ihrem Mystizismus zwar etwas phantastische Realität zurück, sie verlieren dabei aber an Reinheit der ästhetischen Reflexion im bloßen Widerhall der Bilder und Zeichen des Cinéma du look.

1 Adorno, Theodor W.: Ästhetische Theorie. Frankfurt am Main 1973, S. 39.
2 Nietzsche, Friedrich: Sämtliche Werke. Kritische Studienausgabe. Band 3. Berlin 1980, S. 352.

Andreas Rauscher

Polar als Mystery-Thriller
Genre-Cocktails und Heritage-Hybride

You Got the Look – Polar in der Krise

In den 1990er Jahren geriet der Polar zunehmend ins Abseits des filmischen Geschehens. Die zentralen Elemente des in früheren Jahrzehnten einen wesentlichen Teil des französischen Mainstreams ausmachenden Genres tauchten überwiegend als filmhistorische Echos in neuen Kontexten auf, die sich entweder ganz der Ästhetisierung hingaben, bis nur noch die Ikonographie als aufpoliertes Zeichen übrig blieb, oder einen derart ernüchternden Blick auf die harte Realität warfen, dass dafür gar keine Kriminalgeschichte mehr als erzählerischer Rahmen benötigt wurde. Guy Austin stellt in seiner 1996 veröffentlichten Einführung zum neueren französischen Kino fest, dass der Polar, der immer auch als Plattform für gesellschaftskritische Kommentare diente, in den 1990er Jahren zunehmend von den Produktionen des Cinéma du look verdrängt wurde[1]. Dieser seit den frühen 1980er Jahren verbreitete, nahezu immer mit einer aufwändigen Inszenierung und häufig auch mit den Thesen der Postmoderne assoziierte Stil interessiert sich stärker für die Mythen des Kinos als für die Abbildung sozialer Zustände. Austin nennt ein ausgeprägtes Stilbewusstsein, virtuose technische Mittel und einen hohen Grad an intertextuellen Anspielungen als wesentliche Merkmale des Cinéma du Look[2]. Dass es sich nicht zwangsläufig um beliebige Pastichekonstrukte handelt, zeigt sich bei einer genaueren Betrachtung der mit dieser gewissen Tendenz assoziierten Regisseure Jean-Jacques Beneix, Leos Carax und Luc Besson. Während Beneix und Carax mit ihren Filmen sich sowohl am theoretischen Diskurs der Postmoderne beteiligten als auch reflexive Komponenten in ihre Arbeiten einbauten, interessierte sich Besson stärker für das Abtauchen in bildgewaltige, aus verschiedenen Destillaten des Genrekinos zusammengesetzten Oberflächen. Eine besondere Ironie dieser Entwicklung besteht darin, dass es ausgerechnet Besson war, der durch seine Arbeit als Produzent dem Polar zu einem gewissen Comeback verhalf[3]. In dem Versuch, den Plot der vereinnahmenden Stasis des Look zu entziehen, wurde von einigen Regisseuren die Genresyntax des Polar herangezogen, und der Kriminalfilm entwickelte als reanimiertes Fragment eine neue Eigendynamik, die schließlich zu einer Fortsetzung des Genres im artifiziellen Ambiente des Look führte.

Im Mittelpunkt dieses Artikels stehen zwei Strategien, durch die sich in den 2000er Jahren im dialektischen Wechselspiel mit dem Look die Fragmente des Polar im Kontext des Mystery-Thrillers zu einer zumindest partikulär wieder funktionsfähigen Genreerzählung zusammenfügten. Die erste Tendenz, vertreten durch die zweiteilige Bestseller-Verfilmung LES RIVIÈRES POURPRES (2000; R: Matthieu Kassovitz – 2004; R: Oliver Dahan), aktualisiert die Plotstrukturen des Polar durch das gezielte Crossover mit anderen Genres, vom italienischen Giallo über den britischen Horrorfilm bis hin zum amerikanischen Buddy-Movie. Die zweite Tendenz, wie sie sich in LE PACTE DES LOUPS (2001; R: Christophe Gans) und VIDOCQ (2001; R: Pitof) findet, nutzt Settings französischer Period Pictures als Spielfläche. Der mit dem Heritage Film assoziierten ›Tradition der Qualität‹ entgeht der historisierte Mystery-Polar, indem das geschichtsträchtige, durch den Look gefilterte Ambiente gar nicht erst den Eindruck von Authentizität erwecken soll, sondern als comichafte Kulisse an der Grenze zum Phantastischen ausgestaltet wird.

Der Mystery-Thriller bildet eine der immer wieder neu variierten und aktualisierten Formen des Kriminalfilms mit einer ausgeprägten Tendenz zu hybriden Konzepten. Im Unterschied zu den Tableaus des Cinéma du look operiert er mit festen Spielregeln, deren Aufdeckung insbesondere bei Ausflügen in das benachbarte Genre des Horrorfilms häufig zum Reiz des Subgenres zählt. Schauwerte gestalten sich nicht als Selbstzweck, sondern sorgen im Fall von unlogischen Elementen in der Handlungskonstruktion dafür, dass erzählerische Defizite durch Intensitäten auf der Bildebene ausgeglichen werden und die Spannungsdramaturgie nicht wie ein Kartenhaus in sich zusammenfällt. Die mit dem Mystery-Thriller verbundenen Geheimnisse dienen als Gegenakzent zu den gemächlichen Denksportaufgaben des mit analytischen Überlegungen auskommenden *Whodunit*, aber auch als atmosphärisches Setting, das über die choreographischen Finessen der reinen Action hinausgeht. Christina Rühl nennt angelehnt an Tzvetan Todorov drei unterschiedliche Gestaltungsprinzipien für Kriminalromane. Der durch Wahrscheinlichkeit bestimmten Analysis stehen die dem Abenteuer verpflichtete Action und das mit dem Mystery verbundene Wunderbare gegenüber: »Mystery umfasst beispielsweise das Legen falscher Fährten oder das Verschweigen der Gedanken des Detektivs [...]. Analysis und Mystery beziehen sich fortwährend aufeinander: Die ein Geheimnis herstellenden Elemente bilden den Anlass für die Analyse und verfälschen deren geradliniges Fortschreiten.«[4] Rühls Kategorien liefern eine aufschlussreiche Ausgangsbasis für weitere Überlegungen zum internationalen Erfolg der Mystery-Elemente im Kino der 1990er und 2000er Jahre. Als stilistisches und dramaturgisches Mittel bilden sie eine kontrapunktische Bewegung zur auf Vorwissen basierenden Suspense. Sie wecken Neugier und dienen als Verschleierungstaktik, die bis hin zum Wechsel von einer Kriminalgeschichte ins Übernatürliche reichen kann. Die Spannung entsteht in diesem Fall aus der Frage, ob die für die analytische Arbeit der Ermittler entscheidenden rationalen Denkmuster überhaupt noch Gültigkeit besitzen.

Les policiers du look und LES RIVIÈRES POURPRES

Der 1997 von Jean-Christophe Grangé verfasste Bestseller *Les rivières pourpres* liefert eine zwischen Neo-Noir und Mystery-Thriller angesiedelte Stilvorlage für einen aktualisierten Polar. Das Drehbuch für die 2000 realisierte Verfilmung verfasste der Schriftsteller gemeinsam mit Regisseur Matthieu Kassovitz und reduzierte dafür den Plot des Romans auf die wesentlichsten Aspekte: Zwei Kommissare verfolgen separate Spuren, die sich im Verlauf der Handlung als Teil desselben Falls erweisen. Der aus Paris stammende, abgebrühte Pierre Niémans, dessen Erscheinungsbild sich stärker an der durch das Cinéma du look geprägten Star-Persona Jean Renos als an dem verbitterten und brutalen Ermittler der Vorlage orientiert, untersucht in der entlegenen Universitätsstadt Guernon einen grausamen Mordfall. Vincent Cassel als draufgängerischer Kommissar Max Kerkerian ermittelt hingegen in einer zweihundert Kilometer entfernten Stadt in einem Fall von Grabschändung, bei dem die Ruhestätte eines im Alter von zehn Jahren getöteten Mädchens mit faschistischen Symbolen verunstaltet wurde. Mithilfe der Gletscherforscherin Fanny (Nadia Farès) decken Niémans und Kerkerian die dunklen Geheimnisse einer festungsartigen Elite-Universität auf, die sich als Brutstätte von Inzucht und faschistischem Rassenwahn erweist.

LES RIVIÈRES POURPRES

Die internationale Marketing-Kampagne zu LES RIVIÈRES POURPRES zog 2000 Vergleiche zu Jonathan Demmes THE SILENCE OF THE LAMBS (1991) und David Finchers SEVEN (1995). Obwohl die düstere Farbpalette und der wie eine surreale Kunstinstallation anmutende Fund einer grausam verstümmelten Leiche zu Beginn des Films durchaus an die Ästhetik dieser beiden stilprägenden Thriller erinnern, zeigen sich dennoch signifikante Unterschiede. Demme und Fincher interessieren sich für die Psychologie ihrer Charaktere und blicken hinter die Fassaden des Grauens, um Kindheitstraumata und gesellschaftliche Zustände in den erzählerischen Fokus zu nehmen. Matthieu Kassovitz begeistert sich hingegen stärker für raffinierte Bildkompositionen, ohne Einblicke in die Psyche der Protagonisten zu gewähren. Reno und Cassel verkörperten Kommissare, die sich auf die ikonographische Pose und einige bedeutungsvolle Gesten beschränken, die ihre Persönlichkeit charakterisieren. Der für die Aufklärung eines brutalen Ritualmords aus Paris in die Berge Grenobles gereiste Niémans gibt den eigenbrötlerischen, wortkargen Einzelgänger und Professional. Er könnte eine Vergangenheit hinter sich haben, die dem Plot eines klassischen Polar entspricht. Jean Reno agiert als Verkörperung eines reaktivierten Ermittlers. Die Souveränität, die er Niémans verleiht, lässt dessen Figur auch immun gegenüber den verlockenden Relativismen des Look erscheinen. Wenn er sich in der Mitte des Films gemeinsam mit Nadia Farès in eine eindrucksvolle Berglandschaft begibt, um nach neuen Indizien zu suchen und prompt auch in einer Eishöhle eine weitere Leiche findet, verliert sich Reno nicht in der Weite dieses Panoramas, sondern bestimmt die Szene. Die abstruseren Wendungen des Plots wie eine in ständigem Dunkel lebende Nonne, die sich im Nachhinein als schauerromantisches Ornament erweist, erträgt Reno als Niémans mit Gelassenheit. Vincent Cassel übernimmt hingegen die Rolle des Look-affinen Actionhelden. Max Kerkerian, der erst in der Mitte des Films auf seinen potentiellen Buddy trifft und zuvor in einer Reihe von episodischen, vom Mystery-Plot weitgehend entkoppelten Einzelnummern auftritt, wird als wortgewandter und schlagkräftiger Ermittler eingeführt. Bei seinem ersten Auftritt wird er wie ein bestens mit den Codes der Straße vertrautes Mitglied einer Gang vorgestellt, nur um sich nach der Ankunft seiner Kollegen als Cop zu erkennen zu geben. In einer als Martial-Arts-Showcase eingefügten Sequenz verprügelt er eine Gruppe Schläger, während ein parallel dazu gespieltes Beat-'em-Up-Videospiel die passenden Kommentare liefert. Daher stehen sich in LES RIVIÈRES POURPRES zwei dramaturgisch konträre Prinzipien gegenüber. Jean Renos Niémans versucht den Polar in eine neue Phase hinüberzuretten, die sich aufgrund der Erfahrungen des Cinéma du look vergleichbar ästhetisch abgeklärt und der eigenen Genregeschichte bewusst zeigt. Wie im amerikanischen postklassischen Hollywood-Kino ermöglicht die Auflösung der Genregrenzen zugleich eine Reaktivierung brachliegender Genres. Die Doppelcodierung durch unterschiedliche Charaktere oder die ungewöhnliche Vermischung verschiedener Genres ermöglicht eine neue Dynamik innerhalb stagnierter Genrekonzepte und zugleich deren selbstironische Relativierung.

Wie eine ganze Reihe neuerer französischer Regisseure beschränkt sich Kassovitz in der Wahl seiner Vorbilder nicht auf nationale Kinematografien, sondern kombiniert als Cinéphiler unterschiedliche Einflüsse aus der Geschichte des amerikanischen und des europäischen Genrekinos. Will Higbee bemerkt in seiner Analyse von LES RIVIÈRES POURPRES eine markante Akzentverschiebung von den psychologischen und soziokulturellen Studien des klassischen Polar hin zu den dynamischen Set Pieces des amerikanischen Actionfilms[5]. Higbee weist treffend darauf hin, dass für Kassovitz das Verständnis von Hollywood sich nicht mehr auf einen übernommenen amerikanischen Stil bezieht, sondern stattdessen eine lokalisierte transnationale Form bezeichnet⁶. Der amerikanische Actionfilm, der die Buddy-Movie-Konstellation und das Arrangement der Verfolgungsjagden inspirierte, bildet in LES RIVIÈRES POURPRES überwiegend eine dekorative Komponente. Andere Elemente, die teilweise ihre Ursprünge im amerikanischen Genrekino haben, jedoch in den 1960er und 1970er Jahren für die europäischen Märkte modifiziert wurden, spielen ebenso eine zentrale Rolle. Vergleichbar LES RIVIÈRES POURPRES nutzen Dario Argentos Giallo-Variationen wie PROFONDO ROSSO (1975), TENEBRE (1982) oder OPERA (1987) einen Thriller-Plot, für dessen Auflösung sie sich nicht mehr im Sinne eines *Whodunit* interessieren, sondern stattdessen atmosphärische Schauplätze und szenische Arrangements dominant werden lassen. An dieses Muster hält sich auch LES RIVIÈRES POURPRES, eine dramatische Pattsituation vor eindrucksvollem Alpen-Panorama und eine drohende Lawinengefahr erscheinen im Showdown zentraler als die genaue Beschaffenheit der faschistischen Verschwörung oder die komplizierte Intrige um das angeblich im Alter von zehn Jahren verstorbene Mädchen, die sich zum größten Teil als roter Hering erweist. LES RIVIÈRES POURPRES reaktiviert den Polar durch das gezielte Crossover mit anderen Genres, deren Semantik genutzt wird, während die grundlegende Syntax des Mystery-Thrillers beibehalten wird. Die artifiziellen Elemente des Look werden als neo-barocke Dekoration integriert.

Noch deutlicher, allerdings um den Preis der durchgehenden Künstlichkeit, wird diese Strategie im 2004 von Oliver Dahan inszenierten Sequel LES RIVIÈRES POURPRES 2 angewendet. Die Gothic-Settings wie ein abgeschiedenes Kloster, in dem zu Beginn die Wände bluten, bis sich herausstellt, dass es sich nicht um ein Wunder, sondern um eine eingemauerte Leiche handelt, sollen gar nicht mehr wie noch bei Kassovitz realistisch motiviert erscheinen. Stattdessen werden die Zitate und Anspielungen offen ausgestellt, vom Giallo bis hin zu Kung-Fu-Mönchen, die dem schwarzen Abt der Edgar-Wallace-Filme Konkurrenz machen könnten. Die Elemente des Psycho-Thrillers, die im Vorgänger zumindest angedeutet wurden, weichen einer skurrilen Verschwörung. Deren Suche nach einem verborgenen Schatz, der mithilfe eines verfluchten Buches gehoben werden kann, entfernt sich nahezu vollständig von Referenzgrößen wie SILENCE OF THE LAMBS und SEVEN. Stattdessen begeben sich Jean Reno und sein neuer, von Benoit Magimel gespielter Partner, auf das Terrain von Indiana Jones. LES RIVIÈRES POURPRES 2 spielt die dramaturgischen Muster des Polar nicht als unverbindliches Cinéma-du-look-Zitat durch, sondern samplet sie vielmehr als Neo-Pulp-Variation.

Das bewusst artifizielle Setting deutet neben dem Genre-Crossover eine zweite Variante des Polar-Comebacks im postklassischen Format an. Geschichtsträchtige Kulissen werden als Spielplatz für kriminalistische Konflikte verwendet und durch gezielte stilistische Überhöhung im Sinne des Look in von historischen Wirklichkeiten entkoppelte Szenarien verwandelt. Auf diese Weise lassen sich sogar die Schauplätze des Heritage Films in Polar-Arenen verwandeln. Die in diesem Kontext drohenden Manierismen jener ›Tradition der Qualität‹, gegen die Ende der 1950er Jahre die Nouvelle Vague rebellierte, werden durch die kenntnisreiche Bezugnahme auf Martial-Arts-Epen und andere dem Prestigestreben der A-Pictures entgegengesetzte Genres in Schach gehalten.

Die Wu-Xia-Wölfe als Erben des Polar

Während die beiden LES RIVIÈRES POURPRES-Filme ihren Patchwork-Charakter deutlich ausstellen, interessiert sich Christophe Gans in dem im vorrevolutionären Frankreich des Jahres 1765 angesiedelten Mystery-Polar LE PACTE DES LOUPS (2001) für die Konstruktion einer eigenen phantastischen Welt, die als Setting die Spielregeln diverser Genres vereint. Der Chevalier Gregoire de Fronsac (Samuel Le Bihan) wird gemeinsam mit seinem indianischen Gefährten Mani (Mark Dacascos) als Ermittler vom Hof des Königs in die französische Provinz entsandt, um das Geheimnis der Bestie von Gévaudan, die bereits zahlreiche Menschenleben auf dem Gewissen hat, zu lösen. In einer für das Mystery-Genre typischen Entwicklung herrscht längere Zeit keine Klarheit darüber, ob es sich um rational erklärbare Vorkommnisse oder eine übernatürliche Begebenheit handelt. Die Dramaturgie und ihre Wendepunkte gestalten sich dabei nahezu klassisch. Parallel zum professionelle Herausforderungen umfassenden Haupt-Plot entwickelt sich ein mit diesem verwobener romantischer Sub-Plot. Fronsac verliebt sich in die charmante Marianne de Morangias (Emilie Dequenne), deren undurchsichtigem Bruder Jean-Francois (Vincent Cassel) eine Schlüsselrolle in der Verschwörung um die Bestie zukommt. Ganz nach den Erfordernissen einer traditionellen Hollywood-Dramaturgie kommt es im zweiten Akt zur Entwicklung des Konflikts, weiteren Hindernissen und schließlich zu einem empfindlichen Rückschlag. Im dritten Akt kehren die durch einen billigen Schwindel des Falls enthobenen und nach Paris zurückbeorderten Ermittler entgegen ihrer Dienstanweisungen noch einmal in das Dorf zurück. Natürlich lässt die angeblich besiegte Bestie nicht lange auf sich warten, und mithilfe der Undercover-Agentin Sylvia (Monica

LE PACTE DES LOUPS

Bellucci) werden die Beweggründe des Pakts der Wölfe aufgedeckt. Die obskure Geheimloge versuchte die Vorherrschaft der Kirche mithilfe der Bestie zu sichern, indem sie regelmäßig den Teufel an die Wand malte und ein afrikanisches Raubtier als gepanzertes Ungeheuer dressierte. Der Plot verhandelt auf den ersten Blick den Widerstreit zwischen religiösen Dogmen und rationaler Aufklärung, doch durch die Inszenierung geht Gans noch einen Schritt weiter und fügt eine dialektische Relativierung hinzu. Fronsac und Mani repräsentieren eine Perspektive jenseits der reinen Herrschaft der Vernunft, die in der Moderne zwangsläufig zur Dialektik der Aufklärung und zum Rückfall in den Mythos führen wird. Während Jean-Francois das Wissen und die Geheimnisse fremder Kontinente und Kulturen zur Vergrößerung der eigenen Macht missbraucht, gestaltet sich das Verhältnis Fronsacs zu seinen Erfahrungen als Entdecker deutlich respektvoller und auf Grund seiner Erlebnisse in Nordamerika auch desillusionierter. Ihn treibt zwar die Neugierde des Ermittlers, aber er vertritt im Unterschied zu anderen Protagonisten historischer Kriminalgeschichten keinen naiven Fortschrittsglauben.

Die Epoche, in der LE PACTE DES LOUPS angesiedelt ist, könnte als Kulisse für einen traditionellen Kostümfilm dienen. Gans aber versteht es durchgehend, das museale Erscheinungsbild des Heritage Films zu vermeiden, indem er systematisch Elemente anderer Genres in den Vordergrund stellt, die die Authentizitätsindikatoren des Historiendramas unterwandern und von der Inszenierung durch Kameraarbeit und Schnitt beschleunigt werden. Eine zentrale Rolle kommt in seinem Arrangement dem Kriminalfilm zu. Im dramaturgischen Aufbau könnte LE PACTE DES LOUPS ohne weiteres als traditioneller Polar vor historischer Kulisse funktionieren. Der Plot erinnert an eine Mischung aus Arthur Conan Doyles *Hound of Baskerville* (1902) und einem Mystery-Thriller, der sich im Gegensatz zu den Verschwörungsphantasien eines Dan Brown auf eine überschaubare Region und einen ganz bestimmten zeithistorischen Kontext beschränkt. Die ungelösten Rätsel um die realen Todesfälle von Gévaudan liefern vergleichbar den Morden von Jack the Ripper im viktorianischen London einen attraktiven Period-Picture-Hintergrund. Doch Gans gibt sich nicht mit einer einfachen Konstruktion zufrieden, sondern entwickelt gezielt eine Hybridform, die sich auf Frankreich und dessen filmische Traditionen bezieht und zugleich ein grenzüberschreitendes Genre World Cinema offeriert. Er nutzt die visuelle Ebene nicht nur für effektvolle Pastichekonstruktionen im Rahmen eines Polar, sondern verflechtet dessen Motive mit Elementen der Wu-Xia-Filme, asiatischen Kung-Fu-Märchen, die durch die Arbeiten von Tsui Hark und Ching Siu-Tung in den 1980er und 1990er Jahren wie die A CHINESE GHOST STORY- und CHINA SWORDSMAN-Filme internationale Bekanntheit erlangten. Die klassische Kriminalgeschichte gewinnt in LE PACTE DES LOUPS an zusätzlichen Bedeutungsebenen, indem die Inszenierung ästhetische Motive und Stilformen anderer Genres einbezieht, die eine ungewöhnliche Perspektive auf das vertraute Geschehen bieten.

Die Rahmenhandlung markiert die Erzählung als Rückblende und lässt dadurch Übertreibungen und Ausschmückungen erzählerisch stimmig erscheinen. Bereits die extrem dynamische, an Horrorfilme wie Sam Raimis EVIL DEAD (1984–1993) erinnernde und in ihrer subjektiven, bedrohlichen Perspektive außerdem an Steven Spielbergs JAWS (1976) anknüpfende Kamerafahrt zu Beginn des Films geht auf bewusste Distanz zum Heritage Movie, indem andere filmische Qualitäten als die Standards eines hoch budgetierten Kostümdramas in den Mittelpunkt der filmischen Umsetzung gerückt werden. Neben den Schockeffekten und Irritationsmomenten des neueren Horrorkinos verleihen die dunkle Farbpalette und regnerische Landschaft den Angriffen der Bestie einen bewusst märchenhaften, schauerromantischen Charakter. Die Konstellation zwischen Fronsac und Mani lehnt sich hingegen relativ deutlich an Sherlock Holmes und Dr. Watson an, allerdings mit dem wesentlichen Unterschied, dass beide Charaktere bereits bei ihrem ersten Auftritt ausgefeilte Martial-Arts-Talente demonstrieren. Die Konfrontation zwischen den gerade in der Provinz angekommenen Ermittlern und habgierigen Soldaten, die einen wehrlosen Mediziner und dessen Tochter schikanieren, orientiert sich bis ins Detail an vergleichbaren Szenen aus dem Hongkong-Kino der 1980er und 1990er Jahre. LE PACTE DES LOUPS verzichtet dabei durchgehend auf jegliche Ironie. Stattdessen entwirft die visuelle Ebene einen eigenen Diskurs, der die für den Look charakteristische reine Zeichenhaftigkeit durchbricht. Anstelle einer retrospektiv ausgestellten Genre-Jonglage bemüht sich Gans um synergetische Effekte durch die Hybridisierung der internationalen Genreformen. Er nimmt die alte Hollywood-Maxime vom »Show, don't tell!« durchgehend ernst und findet eine eigene ästhetische Logik für die Zusammenführung seiner unterschiedlichen filmischen Vorbilder. Das Auftreten der Bestie wird mit ästhetischen Motiven des märchenhaften Horrorfilms konnotiert, während die Intrigen im ländlichen Frankreich sich sowohl mit den Themen des Heritage Films, als auch des Polar ergänzen.

Die in LE PACTE DES LOUPS realisierte Kombination aus comichaft stilisiertem historischem Setting und Kriminalgeschichte findet sich in einer ganzen Reihe neuerer Produktionen wie Jean-Paul Salomés ARSÈNE LUPIN (2004) und BELPHÉGOR – LE FANTÔME DU LOUVRE (2001), in denen sich die Grenzen zwischen Phantastik und Polar zunehmend auflösen. 2001 inszenierte der Special-Effects-Experte Pitof VIDOCQ, in dem Gerard Depardieu als Chef der französischen Geheimpolizei in den 1830er Jahren gegen den Alchemisten, einen mysteriösen Serienmörder antritt. Die Kulissen wurden überwiegend digital generiert und entwerfen ein düsteres Bild von Paris, das sich näher an Graphic Novels als an realistischen Vorbildern befindet. Francois-Xavier Molia zieht in einer Analyse französischer Blockbuster-Produktionen Parallelen zwischen Gans und Pitof: »LE PACTE DES LOUPS and VIDOCQ distance themselves from Hollywood by emphasising their own cultural resources, drawn from France's national heritage«[7]. Diese Einschätzung trifft zwar hinsichtlich der produktionstechnischen Rahmenbedingungen durchaus zu, in ästhetischer und dramaturgischer Hinsicht greift sie jedoch zu kurz. Konträr zu Gans setzt Pitof bis hin zum reinen Manierismus auf die Formalismen des Cinéma du Look, ergänzt um ein phantastisches Ambiente. Bezeichnenderweise tarnt sich Vidocqs (Gérard Depardieu) Gegenspieler, der Alchimist, ein als übernatürlicher Seelenfänger überhöhter

Antagonist (Guillaume Canet), mit einer verspiegelten Maske. Diese Verkleidung macht ihn zum Idealbild eines Superschurken in der Tradition des Look: Gänzlich selbstverliebt tritt er auf. Matthieu Kassovitz und Christophe Gans skizzieren in ihren Polar-Variationen hingegen Wege aus der sich spätestens im Lauf der 2000er Jahre erschöpfenden Selbstbezüglichkeit des Look. Mit Gans aktueller Regiearbeit FANTÔMAS schließt sich der Kreis hin zu den Anfängen des Polar bei Louis Feuillade. Die Spurensicherung des französischen Mystery-Thrillers führt als postklassische Archivarbeit somit von den düsteren Gemäuern der *riviéres pourpres* und den Mythen des vorrevolutionären Frankreichs zurück zu den Anfängen des Kinos der Attraktionen. Die von Gans' angestrebte Reflexion und Aktualisierung der Mysterien des Genres löst den Polar nicht nur aus der Erstarrung des Look, sondern verhindert auch eine vorzeitige Musealisierung durch gezielte Dynamisierung. Damit erfüllt er eine der Grundbedingungen für eine lebendige Genrekultur, die dafür sorgt, dass der Polar auf absehbare Zeit nicht als abgeschlossener Fall zu den Akten der Filmgeschichte gelegt wird.

1 Vgl. Austin, Guy: Contemporary French Cinema. Manchester 1996, S. 101.
2 Vgl. ebd., S. 119.
3 Vgl. den Aufsatz von Ivo Ritzer in diesem Band.
4 Rühl, Christina: Jenseits von Schuld und Sühne – Literatursoziologisch-kriminologische Aspekte ausgewählter Kriminalliteratur. Dissertation Justus-Liebig-Universität Gießen 2010, S. 17.
5 Vgl. Higbee, Will: Mathieu Kassovitz: Reframing the Popular in Contemporary French Culture. In: Waldron, Darren / Vanderschelden, Isabelle: France at the Flicks: Trends in Contemporary French Culture. Newcastle 2007, S. 166.
6 Vgl. ebd., S. 164–165.
7 Molia, Francois-Xavier: »Peut-on etre a la fois Hollywoodien at francais?« French *Superproductions* and the American Model. In: Waldron, Darren / Vanderschelden, Isabelle: France at the Flicks: Trends in Contemporary French Culture. Newcastle 2007, S. 51–62, hier S. 59.

Marcus Stiglegger

Polar|Fragmente
Variationen des Kriminalfilms bei Philippe Grandrieux, Gaspar Noé und Bruno Dumont

Kriminalfilme hatten es im französischen Kino nie schwer. Ihre Geschichte lässt sich nicht trennen von der Geschichte des künstlerischen Films. Von Louis Feuillade über die ambitionierten jungen Wilden der Nouvelle Vague bis hin zu postmodernen Cinéma du look wurden Elemente und Strukturen des Polar immer wieder für künstlerische Ansätze bemüht. Mit Philippe Grandrieux, Gaspar Noé und Bruno Dumont haben sich drei französische *auteurs* des gegenwärtigen Kinos der Tradition des Kriminalfilms angenommen, ohne dass ihre Arbeiten ausschließlich als Genrefilme betrachtet werden können. In der Tat brechen sie immer wieder mit den Konventionen des Polar und bilden eher einen Meta-Kommentar zum französischen Kriminalfilm.

Im Schatten

Philippe Grandrieuxs Filme stehen für ein Kino des Fragments, das sich populärer Genres bedient und sie zugleich neu konturiert. In SOMBRE (1998) fungiert der Thriller als Ausgangspunkt für einen Essay über den Serienmörder Jean (Marc Babé), wobei Grandrieuxs Ästhetik bestimmt ist durch stark bewegte Handkamera und subjektive Einstellungen. Die körnige Textur seiner Bilder, das starke Pixelrauschen und der Verlust von durchschaubaren filmischen Raumverhältnissen lassen zusammen mit dem oft überlauten Originalton an einen filmischen Impressionismus denken. In bewusst unscharfer Breitwandfotografie (1:1,85), versehen mit stroboskopartigen Fahraufnahmen ergießt sich eine Flut der Eindrücke über den Zuschauer, oft gesäumt von einem grummelnden Drone, das sich ins Zwerchfell frisst. SOMBRE erstrebt so eine performative Qualität des Kinos: Was zählt, ist das Erleben, das sich zwischen Leinwand und Zuschauer entfaltet, ein nahezu physisch fassbares Spektakel. Der Film ist aber auch mythische Erzählung, schildert eine Reise ins Herz der Finsternis und nutzt dafür die Tour de France als strukturierende Metapher einer im Verborgenen stattfindenden *tour de force*, die den Etappen des Radrennens folgt. An diesen Etappen tritt Jean als Puppenspieler vor Kindern auf, die er mit seinem Schauspiel ebenso unterhält wie verängstigt. In einer irritierenden Montage verzerrter Nahaufnahmen angespannter und mitunter hysterisch schreiender Kindergesichter schickt der Film die Wirkung voran, bevor wir die Ursache erahnen können. Jean ist eigentlich ein getriebener Mörder, der seinen ›Vampirismus‹ auf den käuflichen Leib von Prostituierten fixiert, den er im Mordakt ganz für sich vereinnahmt. Erst, als Jean die unschuldige und desorientierte Claire (Elina Löwensohn) und deren lebenslustige Schwester Christine (Géraldine Voillat) kennenlernt, bekommt er eine Ahnung von Liebe und Intimität vermittelt. Doch auch Claire kann seine blutigen Beutezüge nicht beenden. Jean und Claire, das sind Schatten und Licht. Diese Polarität sollte eine Utopie garantieren, sollte einen Mittelweg signalisieren, der alltäglich und lebbar ist, doch die Physik dieses Films schließt die Gegensätze aus. So bleibt Claire zurück, während das Morden weitergeht. Ein nihilistischer Thriller ist SOMBRE, aber auch ein Film über einen Blick auf die Welt als ein Hort des Todes, untermalt vom maschinellen Pulsieren der kalten Elektrobeats von Wave-Pionier Alan Vega (Ex-*Suicide*). Von der Konvention des Serial-Killer-Dramas bleiben Bruchstücke, Fragmente menschlicher Körper, über die zitternd der Kamerablick schweift, um ihre Flüchtigkeit und Vergänglichkeit bereits zu betonen; nackte Körper, die mit dem Schatten verschmelzen, bis nur noch Laute vom Leben zeugen – bis in den gewaltsamen Tod. Konsequent bewegt SOMBRE sich entlang den Rissen der Realität, bietet Eindrücke einer zweiten Wirklichkeit, die nur durch vage Ähnlichkeit Bezüge zum französischen Alltag knüpft: das Kindertheater, das Radrennen, die Zuschauer am Rand der Etappe. Alles andere: Finsternis. Wie um eine Welt unter einer permanenten ›schwarzen Sonne‹ zu etablieren, dreht Grandrieux die Blende so klein, dass von den Protagonisten im hellen Tageslicht nur noch schwarze Schatten bleiben. Mitunter erscheint die Sonne als gleißender weißer Ball auf grauem Grund, während darunter ruhelos die endlosen Gipfel der schwarzen Bäume vorbeiziehen. SOMBRE ist an diesem Film alles: die Welt, die er entwirft, die Taten seines Protagonisten, die undurchdringlichen Innenräume.

Im Rücklauf

Wie Philippe Grandrieux versteht sich auch Gaspar Noé als radikaler Erneuerer des filmischen Erzählens, als Purist einer sinnlichen Filmsprache, der sich der generischen Traditionen ebenso bedient, wie er sie hinter sich lässt. In IRRÉVERSIBLE (2002) spielt er mit Elementen des Rape-&-Revenge-Thrillers, einer besonders unbequemen Variante des exploitativen Kriminalfilms, der etwa auch Virginie Despentes' und Coralie Trinh This eher affirmativer Beitrag BAISE-MOI! (2000) zuzuordnen ist. Der Rape & Revenge-Thriller operiert mit einem dramaturgischen Muster, das in drei Stufen abläuft: »the causal sequences, the acting out, the revelation«. Patrick Fuery hat diese Drei-Akt-Struktur näher bestimmt: »The first of these refers to that sequence of events which justifies the revenge if it is seen as part of the good object, or makes it seem perverse if it is the bad object. [...] The second part of the sequence is the acting out of the revenge. Because of what has gone before, there is usually no need to justify the excesses of the actions of the person enacting vengeance for the good object(ive). [...] The third part of revenge is related to this sense of non-closure, for it is the moment of realisation. Revenge works most sweetly for its enactors in this revelatory moment. Often the whole narrative sequence is based on the lack of knowledge by one party, and the power of this knowledge by the other. The moment of epiphany acts as the closest thing to resolution in the revenge cycle for it is here that the power is asserted, and satisfaction gained«[1]. Nun läuft Noés Modell diesen erzählerischen Konventionen bisweilen radikal zuwider. Den Grund für die Rache bekommen wir erst nach der Hälfte des Films nachgereicht, und im konventionellen Genrekino wäre dieser Grund durchaus moralisch gerechtfertigt und somit als ›gut‹ gekennzeichnet. In IRRÉVERSIBLE dagegen dominiert ein Prinzip der radikal umgekehrten Erzählung: Die Auswirkung geht der Ursache stets voraus, wobei die jeweils ungeschnittenen langen Sequenzen durch irritierende Kamerabewegungen in einer Art Zeittunnel verbunden werden. Zu Beginn sehen wir Marcus (Vincent Cassel) und Pierre (Albert Dupontel) verzweifelt auf der Suche nach einem Mann namens El Tenia (Jo Prestia), der – wie erst später deutlich werden wird – Marcus' Freundin Alex (Monica Bellucci) vergewaltigt und ins Koma geprügelt hat. In einem S/M-Club kommt es bereits in den ersten Minuten zur tödlichen Gewalteskalation, Marcus wird attackiert, Pierre schlägt den vermeintlichen Vergewaltiger tot. Die Durchführung der Rache weist damit deutliche Probleme auf: Wir bekommen den Exzess, wissen jedoch nicht, warum. Wir kennen die Figuren nicht, wissen also nicht, ob dieser Exzess gerechtfertigt ist. Zudem entwickelt sich das Geschehen völlig unvorhergesehen, als Marcus selbst vergewaltigt wird, der Auslöser von Pierres Mord also spontan auf das aktuelle Geschehen verschoben wird. Noch problematischer wird die Erkenntnis im Nachhinein, dass das spontane Objekt des Racheaktes nicht der gesuchte Vergewaltiger war. Der Moment der Erkenntnis ist also für das aktuelle Totschlagsopfer nicht gegeben und wird auf Seite von Marcus und Pierre dem Zuschauer vorenthalten. Die Konvention einer für den Zuschauer befriedigenden, evtl. kathartischen Auflösung des Geschehens wird auf allen filmischen Ebenen verweigert. Je weiter der Film in die Vergangenheit vordringt, umso deutlicher wird auch die Unausgeglichenheit der beiden männlichen Protagonisten: Marcus ist ein vergnügungssüchtiger, drogenkonsumierender Egoist, der auf der Party für Alex kaum noch ansprechbar ist und sich lieber spontan mit anderen Frauen vergnügt. Pierre tritt als seine vernünftige Variante auf, der über die Trennung von Alex nicht hinwegkommt, mit der er zuvor zusammen war. Sein ruhiges Verhalten zeugt von massiver Repression, die sich im entscheidenden Moment Bahn bricht.

Nach dem Schock der Vergewaltigung von Alex wäre der Zuschauer vermutlich in der Tat bereit, einen Racheakt für moralisch gerechtfertigt zu halten, doch Marcus ist in den vorangehenden Szenen bereits als so unberechenbar, rassistisch, machistisch und homophob charakterisiert worden, dass es nahezu unmöglich ist, diesen Charakter mit einer positiven moralischen Mission betrauen zu wollen. Hier überschreitet sein gezeigtes Verhalten deutlich die Ambivalenz. Bemerkenswert ist auch die durch Nahaufnahmen produzierte Anteilnahme am Akt des Totschlags im Club und die eher dezente, statische Halbtotale, aus der die Vergewaltigung von Alex gezeigt wird. Auch hier setzt die Inszenierung deutlich wertende Zeichen, die den Charakter dieses Films im nachhinein ebenfalls als zutiefst moralisch entlarven.

Am Ende schwebt die Kamera aus dem Fenster und senkt sich dann kopfüber auf eine friedlich im Park entspannende Alex. Sie liegt auf einer saftigen Wiese und liest, während Kinder um sie herum spielen. Doch die Irritation dieses auf dem Kopf stehenden Bildes reicht nicht aus: Die Ka-

IRRÉVERSIBLE

mera folgt den Kindern in der Aufsicht und bewegt sich auf einen Rasensprinkler zu, um den die Kinder laufen. In gegenläufiger Richtung dreht sich nun die Breitwandeinstellung immer schneller und geht schließlich in brutales Stroboskopflackern über. Als wolle er Samuel Fullers berühmte Forderung, man müsse von der Leinwand mit einem Maschinengewehr schießen, um das Publikum zu treffen, in die Tat umsetzen, lässt Noé diese idyllischen Bilder also in grelles, physisch schmerzhaftes Flackern übergehen, aus dem sich nach einiger Zeit das sich langsam drehende Universum, unsere Milchstraße abzeichnet. Die Milchstraße, jene sich langsam ausdehnende Galaxie, die bei Erreichen des maximalen Punktes ihrer Ausdehnung in sich zusammenstürzen wird. »Die Zeit zerstört alles.« Es gibt kein Leben ohne Tod.

Im Nichts

Im Gegensatz zu SOMBRE und IRRÉVERSIBLE scheint Bruno Dumonts Debütfilm LA VIE DE JESUS (1996) noch vergleichsweise konventionell inszeniert, als Drama um latenten Rassismus auf dem französischen Land, das in selbstzweckhafte Gewalt mündet. Erzählt wird von einem jungen Araber, der sich in die Dorfschönheit verliebt und daraufhin von den jungen Männern des Ortes angegriffen wird. Langeweile, Rassismus, Kommunikationsunfähigkeit – dargestellt von stoischen Laien – prägen dieses Hinterland um die Industriestadt Lille. Der assoziative Titel, der den christlichen Erlöser als jugendlichen Kriminellen auftreten lässt, kann als existenzialphilosophische Reflexion auf den Verlust jeglicher Werte und Bezüge verstanden werden. Schon in seinem Debütfilm hat Dumont die Schauplätze von Menschen und Fahrzeugen entleeren lassen, um eine triste und ereignislose Atmosphäre zu erhalten. Seine jugendlichen Protagonisten bewegen sich ziellos in dieser isolierten Welt, Gewalt und schneller Sex werden zur letzten möglichen Existenzvergewisserung in einem perspektivlosen Leben aus Langeweile und Depression.

1999 machte sich Bruno Dumont erneut auf, einen Kriminalfall in der französischen Provinz zu verfilmen, um dem Genre zugleich neue, existenzialistische Aspekte abzugewinnen. Dazu entwirft er eine Welt der absoluten Leere. Seinen ziellos ihr Dasein fristenden Protagonisten bleibt kaum ein Ausweg: keine zärtlichen Emotionen, kein zwischenmenschliches Vertrauen, kein Verständnis. Sie irren durch eine karge, kalte Welt ohne Bezüge. Dumonts Dörfer sind menschenleer, nur selten verliert sich ein Auto hierher. Sein unkonventioneller Polar L'HUMANITÉ (1999) zeigt die seelische und emotionale Leere des ländlichen Bürgertums, das nicht einmal durch einen Mädchenmord aus seinem stupiden Gleichgewicht gerät. Ein vereinsamter Ermittler ist im Teufelskreis von Schuld und Bewusstwerden gefangen. »Humanité« – das kann wörtlich »Menschlichkeit« bedeuten, »Menschenliebe« gar, aber auch einfach: die Menschheit. Bruno Dumont hat seinen zweiten Spielfilm zwischen diesen Assoziationsfeldern angelegt.

Ein Mord ist geschehen in der tristen französischen Kleinstadt Beilleul nahe Lille. Ein elfjähriges Mädchen wurde geschändet und getötet. Pharaon De Winter (Emmanuel Schotté) soll in diesem Fall ermitteln. Diese Ermittlungen erleben wir im Folgenden als unspektakulären Teil des Alltags eines Kleinstadtpolizisten, der fast schlafwandlerisch durch seine Umgebung ›treibt‹. Er beobachtet – meist ohne zu reagieren. Immer wieder arbeitet er in seinem Kleingarten nahe einer Eisenbahnstrecke. Pharaon de Winter wohnt mit seiner Mutter zusammen, die mit Argwohn beobachtet, wie sehr er sich für eine junge Frau der Nachbarschaft interessiert. Mit ihr, Domino (Séverine Caneele), verbringt er seine Freizeit – und mit ihrem Freund Joseph (Philippe Tullier), dem er sich ebenfalls freundschaftlich verbunden fühlt. Gemeinsam fahren die drei ans Meer, doch statt eines unbeschwerten Ausflugs keimen immer wieder Konflikte zwischen den beiden uneingestandenen Nebenbuhlern.

Die polizeilichen Ermittlungen laufen ins Leere. Als der Vater des toten Mädchens verhört werden soll, verweigert er die Aussage. Auch zwei amerikanische Tatzeugen, die in einem vorüberfahrenden Zug saßen, können sich kaum erinnern. Mitten in diesem Verhör geht De Winter zum Fenster und sieht viele Stockwerke unter sich einer Schlägerei zu. Spätestens in dieser befremdlichen, fast surrealen Szene wird die Handlungs- und Kommunikationsunfähigkeit der Menschen in dieser Welt deutlich: Keiner fühlt sich für die Handlungen des anderen verantwortlich, statt zu handeln bleibt nur das Schweigen. Weitere Ermittlungen führen den Polizisten in ein Asylum für Geisteskranke, das mit seinen gepflegten Gärten fast als idyllischer Ort erscheint.

Der Kriminalfall löst sich schließlich ohne De Winters Zutun: Sein Freund Joseph wird geständig, was De Winter zutiefst verwirrt. Zerrissen zwischen Mitgefühl und Abscheu verlässt er den Raum und teilt der fassungslosen Domino die Nachricht mit. Damit aber ist der Film noch nicht zu Ende, denn Schuld ist keineswegs eine verlässliche Kategorie in Dumonts Welt, die keine Dualismen zulässt.

Oft konfrontiert uns L'HUMANITÉ schockartig und unvermittelt mit indiskreten Nahaufnahmen, wirft gleich in einer der ersten Einstellungen einen langen Blick auf die blutige, geschändete Vagina des kindlichen Mordopfers. Auf diese Einstellung wird später verwiesen, wenn Domino weinend auf ihrem Bett liegt. Auch hier sehen wir bildfüllend ihre unbedeckten Genitalien. Dabei ist Dumonts Blick immer kalt, speziell wenn er Sexualität inszeniert. Die Geschlechtsakte zwischen Joseph und Domino zeigen aufeinanderprallende bleiche Körper in weißem Licht. Das sexuelle Begehren, das deutlich von Domino ausgeht, ist nicht emotional kontextualisiert, vielmehr offenbart sich im unemotionalen Umgang mit ihrem Trieb ein animalischer Mechanismus, der sich in ungeheurer Kraftanstrengung erschöpft. Eine Selbstvergewisserung in der Sexualität zeigt Dumonts Inszenierung als Akt des Scheiterns.

Pharaon ist der einzige Protagonist in L'HUMANITÉ, der ausdrücklich nach Zuneigung sucht, was zu mitunter irritierenden Übersprungshandlungen führt. Dreimal fällt er in diesem Film anderen Männern um den Hals. Während eines Verhörs nähert er sich unvermittelt einem arabischen Drogenhändler, als fühle er sich dessen Schuld nah, löst sich aber auch abrupt von ihm und verlässt den Raum. In der psychiatrischen Klinik fällt sein

Blick lange aus dem Fenster auf eine Gruppe Patienten im Hof, bis er seine Arme um den Pfleger schließt, worauf dieser beruhigend eingeht. Es wirkt, als wäre Pharaon selbst gut an diesem Ort aufgehoben. Der Höhepunkt dieser männlichen Intimität erfolgt, als sein Freund Joseph die Schuld an dem Mädchenmord gesteht. Pharaon nimmt ihn in die Arme und küsst ihn lange auf den Mund. Auch hier verlässt er den Schuldigen unvermittelt. Wie sehr sich Pharaon selbst in diesem Kreislauf von Schuld und Tod gefangen sieht, zeigen die beiden eher rätselhaften Schlusseinstellungen, in denen der Polizist selbst in einem Büro mit Handschellen gefesselt sitzt. Sein letzter Blick Richtung Kamera zeigt den Anflug eines Lächelns. Dann wird das Bild schwarz.

Rekurriert L'HUMANITÉ auf generische Standards von Verbrechen und Strafe, Mord und Detektion, so operiert Dumonts folgender Film TWENTY-NINE PALMS (2003) mit Mechanismen des Thrillers. Ein Location-Scout und seine Geliebte durchstreifen den Joshua Tree Nationalpark auf der Suche nach geeigneten Motiven für einen Werbespot. Doch wo immer sie auch anhalten, treffen sie auf umfassende Leere. Dazu kommt die innere Leere zweier Menschen, die einander ihre tatsächlichen Bedürfnisse kaum vermitteln können: Sie ist Russin, spricht kein Englisch und nur wenig Französisch. Er ist Amerikaner und versucht, sich ihr mit seinen wenigen Brocken Französisch mitzuteilen. So kommt es häufig zu Missverständnissen. Als das Pärchen im Hotelpool badet, fährt ein Polizeiwagen mit Blaulicht vorbei und signalisiert die Präsenz von Verbrechen. Nicht zuletzt durch dieses Geschehen im Bildhintergrund wirkt die Annäherung des Mannes im Pool umso bedrohlicher: Er nähert sich seiner Partnerin, die ihn nicht gleich bemerkt, wie ein angreifendes Krokodil. So konstruiert Dumont aus einem Minimum an äußerer Handlung und filmischen Elementen eine extrem verunsichernde Atmosphäre.

Aus einer diffusen, latenten Atmosphäre der Bedrohung schöpft TWENTYNINE PALMS, in dem ein Pärchen zwei Stunden lang durch die Wüste fährt, seine Spannung. Da sich offenbar nichts Konkretes ereignet, schafft der Film im Zuschauer geradezu die Sehnsucht nach einem Ereignis – und sei es ein Schock. Dumonts Spannungsdramaturgie ist bis zum Äußersten reduziert, erschafft die Beunruhigung über den Sinnentzug und das Ausbleiben von Handlung. Bis zum prägnanten Bruch, der dann viel zu spät eintritt. Wie der anonyme Monster-Truck aus Steven Spielbergs Horrorszenario DUEL (1971) taucht immer wieder ein mysteriöser Van auf. In der Einsamkeit der Wüste wird jedes Wesen unvermittelt zum potenziellen

TWENTYNINE PALMS

Feind. Und so kann man nach dem ersten Erscheinen dieser Bedrohung kaum noch davon sprechen, in diesem Film ereigne sich kaum etwas – vielmehr zieht Dumont die Schraube der Eskalation so langsam an wie selten ein Film zuvor: Zwei Stunden Leere in CinemaScope – ohne Musik und nennenswerte Dialoge – münden schließlich in ein Inferno sinnloser Zerstörung. TWENTYNINE PALMS, das ist ein radikaler Film über das Nichts, eine tiefschwarze Phantasie im Geiste der *Série noire*.

1 Fuery, Patrick: New Developments in Film Theory. New York 2000, S. 140.

Ekkehard Knörer

Das Gewicht der Welt
Zu den Polars von Olivier Marchal

Von der Straße

Olivier Marchals Vater, so liest man, war Konditor mit Liebe zu den Romanen der *Série noire*. Er schickte seinen 1958 geborenen Sohn ins Jesuitenkolleg von Bordeaux. Der Sohn orientiert sich nicht Richtung Beruf, sondern Richtung Hobby des Vaters und beginnt sich für die Arbeit der Polizei zu interessieren. Die daneben wachsende Liebe zum Theater verdankt sich vermutlich dem Einfluss des Jesuitenkollegs. Nach der Schule macht Marchal eine Ausbildung zum Polizisten, sammelt berufliche Sporen in einer Anti-Terror-Einheit und als Inspektor in Versailles. Die Liebe zum Theater jedoch bleibt. Nebenbei und am Abend besucht Marchal darum das Schauspiel-Konservatorium des zehnten Arondissements, Teil des volkshochschulartigen Theaterausbildungssystems von Paris. 1988 spielt er seine erste Rolle im Film, Marchal gibt die Polizeiarbeit auf, lernt als Schauspieler und Drehbuchautor das Filmemachergeschäft kennen. 1999 eine Rolle im Arthouse bei Emmanuelle Bercot neben Isild le Besco, im gleichen Jahr sein erster eigener Kurzfilm, einschlägiger Titel: UN BON FLIC. So beginnt eine erstaunliche Karriere. Mit 36 – QUAI DES ORFÈVRES (2004) wird Olivier Marchal dann als Regisseur frankreichweit berühmt, arbeitet mit den Schauspiellegenden Gérard Depardieu und Daniel Auteuil. Ein Mann vom Jesuitenkolleg und von der Straße, ein Schauspieler, der kein Problem damit hat, Schurken und Polizisten, die alles andere als makellos sind, zu verkörpern. Ein Polizeifilmspezialist, der selbst Polizist war. Ein Regisseur, der das Noir- und Polizeifilmgenre mit wachsendem Erfolg wiederbelebt.

Genre – Mythos

Das Genre ist immer schon da, als Erwartungsstruktur, als bekannte Wendung und roter Hering und falsche Fährte und Destruktion des Bildes vom Mann. Von Dashiell Hammett und Raymond Chandler und James M. Cain schreibt die schwarze und harte Kriminalliteratur- und Film-Tradition sich auch und gerade in Frankreich her. Fast ist der Noir-Roman ein französisches eher als ein amerikanisches Genre. Als 1945 Marcel Duhamel die *Série noire* als Taschenbuchreihe begründete und in rascher Folge die nachmaligen Klassiker des Genres in französischer Übersetzung publizierte, stellte er der Reihe die folgende Warnung voraus: »Die Immoralität, die man in diesen Werken antrifft, dient vor allem zur Verneinung der konventionellen Moralität der schönen Gefühle, es geht nicht um eine vollständige Amoralität. Der Geist ist selten konformistisch. Man erlebt Polizisten, die korrupter sind als die Verbrecher, die sie verfolgen. Der sympathische Detektiv löst keineswegs immer das Rätsel. Manchmal gibt es gar kein Rätsel. Ja, manchmal nicht einmal einen Detektiv. Was also bleibt? Es bleiben die Aktion, die Angst, die Gewalt – in allen Formen und den schändlichsten ganz besonders –, es bleiben Prügel und Massaker [...]. Es gibt auch Liebe – vorzugsweise tierhaft –, unordentliche Passion, Hass ohne Gnade, all jene Gefühle, die in einer friedlichen Gesellschaft nur ausnahmsweise zugelassen sind. Ausdruck finden sie in einer wenig akademischen Sprache, in der jedoch, in Schwarz oder Rosa, der Humor dominiert«[1].

Diesen Geist atmen, vom Humor allerdings weitgehend abgesehen, noch und gerade die Filme von Olivier Marchal. An die Stelle des Detektivs tritt der Polizist als zentrale Figur, die in Marchals Filmen je unterschiedlich mythisch, aber niemals in der Form eines ungebrochenen Helden bearbeitet wird. Massaker und Prügel setzt es sowieso reichlich. Etwas Spezielles allerdings rückt in den Filmen von Marchal ins Zentrum. Nicht die bloße Darstellung der Polizeiarbeit ist das Ziel. Immer geht es in letzter Instanz um den Konflikt, den Kampf zwischen Einzelkämpfer-Polizist und der Institution. Allen Helden droht in diesen Filmen ganz buchstäblich die Suspendierung, im übertragenen Sinn ist (oder wird) der traditionelle Held in ihnen immer schon suspendiert: Er ist noch präsent, aber das im Moment, in dem sein Mythos außer Kraft gesetzt wird. Diese Helden arbeiten in der Institution (»Polizei«) gegen die Institution, in der Überzeugung, der Institution so am besten zu dienen. Sie nehmen das Heft des Handelns in die eigene Hand. Das ist ihr Triumph, ihr Ruin, ihr ruinöser Triumph, ihr triumphaler Ruin – im Kreis dieser Variationen bewegt sich, was den männlichen

Marchal-Helden stets widerfährt. Damit bewegen sie sich in großer und gefährlicher Nähe zur polizeilichen Vigilante-Figur, wie sie Clint Eastwoods »Dirty Harry« verkörpert. Olivier Marchal zitiert und suspendiert den klassischen Polizeifilm. Seine Heldenfiguren drohen stets – am wenigsten noch im Debüt GANGSTERS (2002) –, an den Mythos zu fallen. Mythos im Genre ist monumentalisiertes Klischee, Versuch der Rettung einer bequemen Einseitigkeit ins Große. Die Gefahr kennt Olivier Marchal, meidet sie nicht, sondern sucht sie, hier und da und in MR 73 (2008) dann ganz frontal. Er ringt mit dem Mythischen, opfert ihm gelegentlich – absichtlich oder nicht – Figuren und Handlungsversatzstücke, triumphiert aber am Ende, wie nur der triumphieren kann, der gekämpft hat: Die Welt, die er zeigt, ist eine in vielen Schwarz- und Nachttönen schimmernde Hölle. Nicht das Ding, das Handlung heißt, macht die Kraft des gelungenen Genrefilms aus, sondern das Ringen um die Überwindung des Unvermeidlichen, des Klischees. Es gelten nur jene Wendungen, die Überwindungen sind. Wobei das Komische und die Brechung in verschiedene Richtungen natürlich nicht weniger gelten als das Tragische, das Marchal sucht und findet.

Mythen, da, wo sie nur bewahrt werden, sind grundsätzlich rechts, bis faschistisch. Das erklärt, dazu gleich mehr, die groteske Zertrümmerungsarbeit, die Zertrümmerung ins Groteske des Linksradikalen Jean-Patrick Manchette, bei dem das vergossene Blut stets noch die Verbesserung verkommener Verhältnisse als wünschbar bezeugt. Nicht, dass der Detektiv bei ihm irgendwas einrenkt, nicht, dass die Linien zwischen Gut und Böse je ganz eindeutig wären. Aber so böse und schwarz der Humor ist, so sehr zielt alles doch auf Gesellschaftskritik. Im Fall von Marchal kann man das – gut dreißig Jahre und viele gesellschaftliche, ästhetische und politische Wendungen später – sicher nicht sagen. Hier macht einer eher die Ruine, den Verfall selbst zum Mythos. Das Misstrauen gilt der Ordnungsmacht als Institution, gilt wohl der Institutionalisierung. Das Individuum kämpft um das Recht und nimmt es im schlimmeren Fall als Polizist/Killer selbst in die Hand. Man kann die Struktur, die Organisation, die Institution, so sieht es aus, nicht ändern, nur hinter sich lassen. Es geht um den vergeblichen Kampf des einzelnen aufrechten Manns (und seiner stets zögernden Freunde) in der und gegen die Institution, gegen das Böse, zu dem Interessen, Geld, Macht zusammengeballt sind. Anders als in Vigilante-Geschichten verdankt sich das Pathos aber zuletzt nicht der Kraft und *agency* eines Helden, sondern gerade der Vergeblichkeit seines Tuns. Gut geht es nie aus.

Immer wieder enden Marchals Figuren mit suizidalem Kopfschuss. Der Held wird so suspendiert zwischen dem Bankrott der Person und der Institution. Um dieses Pathos' Willen ist das keine nihilistische Position. Am Ende noch der schwärzesten Geschichten werden schließlich Kinder geboren oder kann einer mit seiner Freundin dem ganzen entrinnen. Erlösung bleibt denkbar.

Bestenfalls indirekt schließt Marchal an die französische Neo-Polar-Tradition an, wie sie vom wohl größten aller französischen Kriminalromanautoren Jean-Patrick Manchette verkörpert wird und wie sie dann mit den Manchette-Verfilmungen durch Claude Chabrol (NADA, 1974), Jacques Deray (3 HOMMES À ABATTRE, 1980, mit Alain Delon) und Yves Boisset (FOLLE À TUER, 1975, mit Tomas Milian) auch das harte Noir- und Polizeifilm-Kino der 1970er und der beginnenden 80er Jahre geprägt hat. Manchette, Kritiker und Theoretiker nebenbei, verortete sich sehr reflektiert in der Geschichte der Noir-Literatur als Genre und leitete aus der damals längst erfolgten Verfestigung der Noir-Plots und -Figuren eine Doppelbewegung ab: in Richtung eines quasi-popliterarischen Oberflächenrealismus mit exzessiver Songtitel- und Zigaretten-, Auto- etc. Markennamen-Nennung zum einen; in Richtung der Überzeichnung vorhandener Klischees und Versatzstücke in Richtung Groteske zum anderen. In Manchettes Worten: »Was tut man, wenn man ein Ding mit zeitlicher Distanz nochmal macht, und dieses Ding nicht mehr Thema der Epoche ist? Es gab eine Epoche des amerikanischen Polars. Anfang der 70er zu schreiben, bedeutete, einer neuen sozialen Realität Rechnung tragen zu müssen, aber auch der Tatsache, dass die Form des Polars überholt, weil seine Zeit vorbei ist: Eine überholte Form wiederzuverwenden heißt, ihr Bezugssystem zu verwenden, das bedeutet, sie zu ehren, indem man sie der Kritik unterzieht, sie übertreibt, sie bis zum äußersten verdreht«[2].

Was heißt es, Noir-Filme zu drehen zu Beginn des 21. Jahrhunderts? Bis zum äußersten verdreht Olivier Marchal jedenfalls nichts. Eher dreht er die Uhr zurück, genrebewusst sicher auch, aber er scheint aus der Genrekenntnis ganz anderes abzuleiten als dreißig Jahre zuvor Manchette (oder Chabrol oder, anders, auch Alain Corneau und José Giovanni mit ihren ästhetisch deutlich schmutzigeren, unspektakuläreren Realismen). Eher schon scheint er sich an Melville zu orientieren. Man darf aber im Blick auf die französische Noir-, Krimi-, Thriller-, Polizeifilm-Genregeschichte nicht vergessen, dass Marchal kaum an die jüngere Vergangenheit seit den 1980ern anschließen kann. Die Tradition brach nämlich ab. Nach Alain Corneaus

LE CHOIX DES ARMES (1981) verlor das französische Kino thematisch, ästhetisch und überhaupt den Bezug zur Geschichte von *Série noire* und Neo-Polar. Es folgte auch hier eine Phase der Veräußerlichung aller Genre-Merkmale und Signale im Cinéma du look eines Jean-Jacques Beineix' (DIVA, 1981) oder Leos Carax' (MAUVAIS SANG, 1986). Der Überzeichnung, dem Herausstreichen spektakulär-düsterer Momente entsprach da kein und sei es noch so ins Groteske verdrehender ernst gemeinter Bezug mehr auf die Genregeschichte; es lagen keine moralischen Fragen zugrunde, es ging um die Arbeit am großartigen Bild, an der Einstellung, die Zusammenhänge von Plot und Figur wurden lose. Man kann Marchals Werk unter anderem als Gegenreaktion auf dieses postmoderne Noir-Kino begreifen. Nur holt er sich seine Inspiration weniger aus der vorhandenen französischen Tradition, sondern aus Hollywood. Und New Hollywood – da interessieren ihn bezeichnenderweise die Mythomanen, die sich zwischen Nostalgie und Erneuerung die Frage stellen, wie man mit zeitgenössischen Mitteln die Welt und ihre (männlichen) Helden noch episch in Szene setzen kann.

Die inszenatorischen Mittel des epischen (New-)Hollywood-Kinos stehen Marchal durchaus zur Verfügung und in vielen Fällen nutzt er sie auch. Michael Mann ist als Vorbild und Vergleichsgröße besonders interessant, steht sein Werk doch für die überzeugendste Transformation des Oberflächenkinos der MIAMI VICE-Jahre in ein bestens aussehendes Heldenkino mit mythischer Tiefendimension. Vom ›Realismus‹ und den durch die Straßen der Städte schlurfenden Helden der französischen 1970er als der nationalen Vorgängerkonstellation ist bei Marchal im Vergleich dazu wenig zu sehen. Zugleich ist es ihm mit den Fragen nach Moral und Unmoral, den zentralen Noir-Motiven, allem Anschein nach vollkommen ernst. Was sicher immer auch daher rührt, dass er seine Geschichten aus der Wirklichkeit nimmt, um sie dann freilich mal mehr, mal minder zu überhöhen.

Noch einmal etwas grundsätzlicher angesetzt: Jeder Genrefilm ist eine Wiederholungstat. Man stellt sich als Regisseur in eine Vorgeschichte und Tradition. Genrearbeit ist darum immer auch Klischeemanagement. Auseinandersetzung mit der Gefahr, bloß Epigone zu sein. Die Frage ist nicht, wie man eine neue Geschichte erzählt, sondern wie man eine bekannte Geschichte mit eigenen Mitteln so wendet und dreht, dass sie ein weiteres Mal packt, ergreift, etwas zu sagen hat. Die Kenntnislosen glauben, sie seien mit dem, was sie erzählen, die ersten. Die Halbstarken zeigen, was sie kennen, indem sie wie blöde zitieren. Die Klügeren unter den Epigonen lassen die Anführungszeichen weg, ohne deshalb einfach nur ohne Quellenangaben zu kopieren. Die ganz Reflektierten gehen mit als solchen bereits ausgestellten Metabearbeitungen die Primärrisiken des Genrefilms gar nicht erst ein. Olivier Marchal ist nicht dumm und nicht halbstark, aber ein Meta-Mann ist er auch nicht. Einerseits gibt es ganz klar den Anschluss an das Reale der tatsächlichen Polizeiarbeit. Andererseits zieht er, je sicherer er seiner Mittel wird, aus der Tatsache, dass er selbst Cop war, umso mehr die Lizenz nicht zum Straßenrealismus, sondern zur Vergrößerung des Realen. Was dabei herauskommt, ästhetisch, ist vielleicht am ehesten: ein von nostalgischen Zügen nicht völlig freier Genre-Klassizismus, der die Zertrümmerungsarbeit des Neo-Polar ebenso wie die Vergleichgültigungen von Zeichensystemen der Postmoderne hinter sich lässt. Falls er dabei hinter erreichte Reflexionsniveaus zurückfällt, dann sicher mit Absicht. Und Marchal würde mit Sicherheit, wie jeder Klassizist, die Logik des zeitlos Guten gegen die Logik der Avantgarde in Stellung zu bringen versuchen. Der Grundsatzstreit ist unentscheidbar. Olivier Marchal macht Genrefilme auf höchstem Niveau, egal, ob man sie in der Gegenwart des Kinos verortet oder doch eher als beeindruckendes Echo, als Wiederaufführung des zuvor schon Erreichten und unterwegs Verlorengegangenen begreift.

Filme

Bei seinem Debüt zieht Olivier Marchal seine Autorität als Filmemacher (und Drehbuchautor) noch aus den zehn Jahren (extra mitvermerkt) seiner Tätigkeit als Polizist. Das Register von GANGSTERS: Realismus. Ziemlich weit entfernt ist das in Sachen Figurenzeichnung und Ästhetik von der Stilisierung und Mythisierung der Polizistenfigur, die dann in MR 73 ihren Höhepunkt erreicht.

GANGSTERS, der Titel, führt gezielt und durchaus subtil in die Irre: Fast alle Beteiligten sind Polizisten. Am Anfang des Films steht ein brutaler Überfall in einem Nachtclub/Bordell mit Namen »Le narcisse«, bei dem Diamanten entwendet werden. Menschen kommen ums Leben und die eigentlichen Diebe werden beim Fluchtversuch von einer anderen Gruppe von Räubern gestellt, einer von ihnen getötet. In Wahrheit ist der ›Gangster‹ Frank Chaievski Polizist, der in den Überfall nur geschleust wurde, um den korrupten Polizeibeamten auf die Spur zu kommen, die als Tippgeber hinter der Angelegenheit stecken.

Nach dem Shootout zu Beginn entwickelt sich GANGSTERS zum Kammerspiel. Die brutalen Verhöre auf dem Revier – schäbig, Paris, 18. Arondissement – werden unterbrochen durch Flashbacks, die nach und nach die Vorgeschichte erhellen. Vor allem aber ist der Film außerordentlich dialogreich, theaterhaft. Der Schmutz, das Kleinliche, die Brutalität und die moralische Verkommenheit werden kaum stilisiert. Gelegentlich gibt es kurze Unterbrechungen durch Blicke ins Off der Verhörsituation: Ein Polizist beim schnellen Sex im schaukelnden braunen Observationswagen. Eine Art Picknick zwischendurch mit Liegestühlen auf dem Dach des Reviers. Der Abspann berichtet detailliert, was aus den Beteiligten später dann wurde. Der Eindruck des Dokumentarischen ist volle Absicht. So sehr auch die weiteren Filme sich stets wieder auf von Marchal im Polizistenleben gesammelte Erfahrungen beziehen: In GANGSTERS steht die Detailbeobachtung der Polizeiarbeit bei aller Nähe zu den üblichen Genreversatzstücken stärker im Vordergrund als in den folgenden Filmen. *Braquo* (2009), die Fernsehserie, ist dann die Synthese, die Verbindung von aus eigener Kenntnis gespeister Beobachtung mit den Stilisierungstendenzen, die sich von Film zu Film stärker ausprägen.

Ein Polizist ist im Einsatz gestorben. Feierlich ist das Begräbniszeremoniell. Vrinks (Daniel Auteuil) und Klein (Gérard Depardieu), Bullen beide am Abgrund, stehen Seite an Seite am Sarg. Zuvor aber, als Klein dazutrat, haben, von seinen wenigen Treuen abgesehen, die Polizisten in Festuniform sich lautlos und ohne Befehl abgewandt, zeigen ihm in Rückansicht ihre Verachtung. Er trägt am Tod des Kollegen die Schuld, die Sühne aber bleibt aus. Bullenehre und Ganovenehre mögen sich nicht sehr unterscheiden. Wichtig aber ist, dass 36 – QUAI DES ORFÈVRES einen Ehrbegriff hat, auch wenn quer durch ihn Grenzen verlaufen, die Gut und Böse nie eindeutig scheiden. Der eine ist verstrickt und lässt sich, das Verhältnis von Richtig und Falsch abwägend, verstricken. Als falsch erweisen sich die Abwägungen in jedem Fall an ihren tödlichen Folgen. Ob es andererseits eine richtige Lösung gegeben hat oder geben kann nach Lage der Dinge, ist die Frage, die der Film als die einer möglicherweise waschechten Tragödie dem Zuschauer aufgibt.

Der andere Bulle – Klein – kennt nur sein eigenes Gesetz und marschiert auf seinem von Leichen gesäumten Weg drauflos ins Dunkle und gelangt so an die Spitze. Als Assistenzfiguren, die zwischen karriereträchtiger Passivität und halbgefährlichem Widerstand zu lavieren versuchen, fungieren André Dussolier und Catherine Marchal. Sie vervollständigen, nach oben und zur Seite hin, den Genrefilm zum ausgesucht bösartigen

Braquo

Institutionenporträt. Vrinks verliert alles, immerhin schenkt ihm das Buch einen Ausgang. Beim Ende, das Klein nimmt, wird man darüber nachdenken müssen, ob streng genommen keine Gerechtigkeit nicht immer noch besser wäre als eine von Gnaden der Ironie.

Im Vorspann meißelt Kameramann Denis Rouden in härtestem Schwarz-Weiß-Kontrast das Gesicht von Louis Schneider (Daniel Auteuil) aus dem Gegenlicht. Ein Cop im Therapiegespräch, ein Cop, der zum Ende des kurzen Prologs die Sätze sagt: »Gott ist ein Hurensohn, eines Tages werde ich ihn töten«. Am Ende spritzt Blut auf ein Kruzifix, mit diesem Bild macht sich Marchal zum Erfüllungsgehilfen dieses Fluchs. Das scharfe Chiaroscuro, das Gehen vom Licht ins Tiefdunkle, der Aufenthalt im Grenzbereich zwischen Ober- und Unterwelt, das sind und bleiben in Inhalt und Form zentrale Motive des Films, der einem Exorzismus näher steht als irgendeiner Polizeirealität.

Sein Protagonist ist ein Ehemann, ein Polizist, ein Mensch, dem in dieser Welt nicht mehr zu helfen, der am Ende ist noch vor dem Beginn. Eine Christusfigur als besoffener Cop. Mit blutrot verschatteter Brille überschreitet der Held in der ersten Sequenz eine Grenze, noch ist es nicht die letzte: Er entführt mit gezücktem Revolver einen Bus. Weitere Einzelheiten erfahren wir nicht, wissen nur: Er ist zutiefst traumatisiert. Seine Frau liegt im Koma, seine Tochter ist tot, es gibt nur Fotos, es gibt die Folgen eines Verbrechens, aber keine Erläuterung dessen, was da passiert ist. Was geschehen sein muss, erschließt sich nur aus dem, was geschieht. Ein Serienmörder geht um, ein anderer droht, scheinbar geläutert, nach Jahrzehnten aus dem Knast entlassen zu werden.

Die schöne Tochter einstiger Opfer tut sich mit Louis zusammen, der, vom Dienst mehr oder weniger, dann ganz suspendiert, zwischendurch wie in einem richtigen Rätselkrimi Spuren sucht, aus Indizien Schlüsse zieht und einen Täter sogar aufspürt. Wir sind in Marseille, im Süden, in der Provinz, am Meer, die Dinge lösen sich auf. Louis ist nicht erlösbar – eine Figur, die endgültig die letzte Grenze überschreitet – und wird so zum Erlöser vom Bösen der Welt. Erlöst wird Justine (Olivia Bonamy) von jenem Monster, das einst ihre Eltern getötet, die Mutter vergewaltigt hat und nun aus dem Gefängnis wiederkehrt und ihr selbst nachstellt.

Weit entfernt sich Marchal in MR 73 vom klassischen Einsatz von Soundtrackmusik. Hier arbeitet er das bisher einzige Mal mit Bruno Coulais, demjenigen Komponisten, der wie vielleicht kein anderer den sinfonischen Soundtrack an die Klänge der Musik des 20. Jahrhunderts anzunähern versteht. Bei Coulais kippt die Spätromantik mal mehr, mal weniger bereits um, zehrt noch von ihrem schwelgerischen Pathos und bricht es doch in ausdrücklich gefährdetere modernistische Formen. So weit wie der Lacan- und Duras-Schüler und erklärte Avantgardist Benoît Jacquot, für den sich Coulais in VILLA AMALIA (2009) weit ins Atonale bewegt, geht Olivier Marchal nicht. Mit den spannungsabsichernden Unterstreichungen üblicher Genremusik, denen andere Filme Marchals näher bleiben, hat das, was hier auf der Tonspur passiert, nur noch wenig zu tun. So wie MR 73 insgesamt Marchals bislang kühnster Versuch ist, aufs Ganze zu gehen, ist auch die Musik von Bruno Coulais von einer sinfonischen *gravitas*, die den Bildern zuarbeitet, indem sie ihnen selbstbewusst standhält.

Olivier Marchal als Drehbuchkoautor und wichtiger Nebendarsteller: DIAMANT 13 (2009). Ein düsterer Film, er kreist um typische Marchal- und das heißt auch Polizeifilm-Motive: Zwei Einzelgänger im Polizeidienst, von denen einer (ihn spielt Marchal) selbst die Grenze zwischen Gut und Böse übertreten hat; der andere (Gérard Depardieu) bewegt sich darauf. Marchal muss sterben, Depardieu überlebt. Mit der Linken wird der Mythos des Cops als Einzelgänger destruiert, mit der Rechten wird er in der Figur Depardieus wieder restituiert.

Regie führt bei DIAMANT 13 Gilles Béhat, Jahrgang 1949, ein Veteran des Polizeifilms, der das Schicksal des Genres im französischen Film auf exemplarische Weise verkörpert. Er begann in den 1970ern mit Genrearbeiten fürs Kino. In den 80ern wurde das schwierig, immer mehr seiner Filme entstehen fürs Fernsehen, seit den 1990ern verzeichnet seine Filmografie nur noch einzelne Folgen einschlägiger Fernsehserien. Bei der Folge PROTECTION RAPPROCHÉE des von Noir-Düsternis weit entfernten Polizeiserien-Klassikers *Kommissar Moulin* (1976–2007) kreuzen sich im Jahr 2000 die Bahnen von Béhat (Regie) und Marchal (Drehbuchkoautor, Darstellerrolle).

DIAMANT 13 will ausdrücklich Kino sein. Ein nächtlicher Film, kaum eine Szene spielt am hellichten Tag. Ein Film, der sich sehr selbstbewusst und gekonnt einreiht in eine Tradition, die abgebrochen war und jetzt mit anderen Mitteln und Einflüssen fortgesetzt wird. Man kann, wenn nicht alles täuscht, an DIAMANT 13 etwas Faszinierendes sehen: Das französische Kino sucht Anschluss an die Noir-Traditionen. Mit Marchals Hilfe wird das über Hollywood reimportiert.

Es folgte zunächst kein weiterer Kinofilm (LES LYONNAIS ist jetzt, 2011, in der Postproduktion), sondern die Fernsehserie *Braquo*. Das ist nur scheinbar eine Rückkehr ins kleinere Medium, in dem auf Sparflamme die Genrefilme seit den 1990ern überleben. Eigentlich geht es eher ums Gegenteil, darum, auch dieses Medium neu zu beleben. Auch das Fernsehen soll nun für die neue ästhetische Konsequenz, die neue Härte, die starken Noir-Momente der Marchal-Schule erobert werden. Marchal schließt mit *Braquo* nicht nur nahtlos an seine bisherigen Filme an, die Serie, deren Protagonist Eddy Caplan von Jean-Hugues Anglade gespielt wird, wird auch vom produzierenden Sender Canal+ als Versuch begriffen, das erzählerische und inszenatorische Niveau der aufwendigen US-Serienproduktionen von HBO & Co. zu erreichen – ohne dass eine spezielle Serie, auch nicht *The Shield* (2002-08) mit seinem Handkamera-Naturalismus, direkt als Vorbild zu gelten hätte.

Braquo führt zwei Tendenzen der Filme von Marchal zusammen. Beobachtung von Polizeiarbeit durchaus en détail einerseits; zum anderen die Suche nach dem Pathos ikonischer Figuren in ikonischen Szenen. Anders als im Cinéma du look will sich Marchal dieses Pathos aber über das Erzählen von Vorgeschichten und Figurenkonstellationen verdienen. Schlüsselszene der Serie, Ausgangspunkt des Folgenden, ist in der ersten Episode (aber erst nach knapp dreißig Minuten) der Suizid eines Polizisten, der – vertrautester Topos – in der Institution unter die Räder kommt und sich nicht mehr zu helfen weiß. Dieser Tod trifft die Kollegen um die Hauptfigur Caplan schwer.

Exemplarisch sei die Szene genauer beschrieben. Auf den Satz »Max ist tot« folgt ein Gongschlag, dann ein Schnitt, dann die Pathologie in trübem Licht. Ein Mann steht, ein Mann liegt: Ein Mann hält Wache beim toten Freund und schwört Rache. Umschnitt: Max, der Tote, im Vordergrund, das Blut noch im Gesicht. Im Hintergrund das trauernde Team, Umarmung, minimalistisches Klavier-Motiv im Vordergrund. Umschnitt: Großaufnahme vom Gesicht der den Mann umarmenden Polizistin. Basslaut tritt zum Klavier-Motiv. Schnitt: Glatzkopf von hinten durchs Gitter. Etwas braut sich zusammen.

Es sind Momente (wie dieser), auf die das Marchal-Kino hinauswill. Es erzählt, und es erzählt im Detail sehr genau, aus der Wirklichkeit, aber es erzählt auch, um Motive für seine Pathosmomente zu akkumulieren. Es sucht das Ikonische, aber es stellt es her nicht einfach nach Belieben, d. h. ›unmotiviert‹, nicht um der Oberflächenreize dieser Momente wegen. Marchal produziert dieses Pathos nicht leichthin, daher die *gravitas*, die Sättigung mit dem Realen. Man erkennt die Szenen (wie diese), auf die sein Kino hinstrebt. Es geht um Betonung ohne Überbetonung. Um Szenen mit Gesten und Blicken von Gewicht. Dieses Gewicht aber soll nicht der Machart verdankt sein, muss anderes sein als nur ein Look. Seinem Anspruch nach legt Marchal als Existenzialist in diese zum Ikonischen gerinnenden, die Handlung stillstellenden, die Schuld und Verschuldung seiner Figuren einfangenden Szenen nicht weniger als das Gewicht der Welt.

1 Marcel Duhamel, zitiert nach: Mouret, Jean-Noël: 50 ans de Série noire Gallimard 1945–1995. Paris 1995, S. 2.
2 Manchette, Jean-Patrick: Chroniques. Essays zum Roman noir. Heilbronn 2005, S. 13.

Ivo Ritzer

Polar transnational
Globalisierung eines Genres

Es ist einer Kultur eigen, daß sie nicht mit sich selber identisch ist. Nicht, daß sie keine Identität haben kann, sondern daß sie sich nur insoweit identifizieren, ›ich‹, ›wir‹ oder ›uns‹ sagen und die Gestalt des Subjekts annehmen kann, als sie mit sich selber identisch ist, als sie, wenn Sie so wollen *mit sich* differiert. [...] Es gibt keine kulturelle Identität ohne diese Differenz mit sich selbst.[1]
(Jacques Derrida)

Das ist ein europäisches Problem: Man hat ein großes Problem, eine anständige Formel zu finden, um die Kultur jedes einzelnen Landes zu schützen, ohne dabei seinen eigenen Künstlern zu schaden. Es ist sicherlich nicht ganz falsch, ein Stück nationaler Identität wahren zu wollen, aber speziell die Franzosen gehen zu weit: Sie sagen, man müsse die Sprache des Landes schützen, sie vergessen aber die Sprache des Kinos und der Bilder.[2]
(Luc Besson)

Von der lokalen Identität zur globalen Alterität
Ein japanischer Profikiller in Vancouver (in Gans' CRYING FREEMAN, 1995). Ein britischer Gangster in Miami (in Leterriers LE TRANSPORTEUR II, 2005). Ein amerikanischer Auftragsmörder in Sankt Petersburg (in Gens' HITMAN, 2007). Der Polar ist heute nicht mehr leicht als ein lokales Genre des französischen Kinos zu adressieren, das anderen nationalen Genres oder der globalen Dominanz US-amerikanischer Filmproduktion vis-à-vis zu situieren wäre. Weder Kino aus Asien noch aus Hollywood bietet länger Potential, den Polar durch ökonomische wie ästhetische Kontraste in Differenz

zu außerhalb Frankreichs produzierten Kriminalfilmen zu setzen. Stattdessen ist es seit Mitte der 1990er Jahre verstärkt zur Ausbildung hybrider Strukturen gekommen, die als »cinematic cross-fertilisation«[3] noch weit über den Fusionsprozess der Distributionskanäle von Gaumont und Buena Vista/Disney (1993) oder Union générale cinématographique (U.G.C.) und 20th Century Fox (1995) hinausreichen[4]. Durch transnationale Koproduktionen haben vor dem Hintergrund einer Filmindustrie ohne Grenzen signifikante Verschiebungsprozesse stattgefunden, die als extratextuelle Determinanten auch den textuellen Charakter neuer Polars prägen. Nicht nur Personal und Finanzmittel rekrutieren sich aus globalisierten Filmkonzernen, auch ästhetische Formen fusionieren. Daher wird besonders evident, wovon freilich grundsätzlich schon auszugehen ist. Keine Kinokultur kann je selbstidentisch sein, ein wesenhafter Identitätskern muss stets kontextabhängige Konstruktion bleiben: »Alle Kulturen sind hybrid, keine ist rein, keine ist identisch mit einem reinrassigen Volk, keine ist homogen«[5]. Stattdessen bedeutet über (Kino-)Kultur zu sprechen immer, so fragmentierte wie flexible Identitäten zu thematisieren, die miteinander kommunizieren und permanenten Veränderungsprozessen unterworfen sind. Ähnlich wie Edward Said argumentiert Homi Bhabha, wenn er sowohl die Möglichkeit eines singulären Ursprungs von Kulturen verneint als auch auf die aktuelle Konstitution postkolonialer Zwischenräume hinweist: »Konzepte wie homogene nationale Kulturen, die auf Konsens beruhende und nahtlose Übermittlung historischer Traditionen oder ›organisch‹ gewachsene ethnische Gemeinschaften werden – *als Basis kulturellen Vergleichs* – derzeit grundlegend neu definiert«[6]. Lokale Identität und globale Alterität müssen in einer synkretischen Kulturlandschaft als untrennbar miteinander verbunden verstanden werden. Sie spiegeln sich gegenseitig wider, nicht hierarchisch, sondern symmetrisch. Jedes nationale Kino wäre dann als ein transvergentes Kino zu begreifen, d. h. geprägt von Transferprozessen zwischen differenten Kulturen. Dabei stellen sowohl Identitäten als auch Alteritäten kulturelle Konstrukte dar, die sich aus heterogenen Elementen zusammensetzen und einem historischen Wandel unterliegen, also: stets fragile, fluide Kategorien bilden. Diese basale Fluidität reklamiert für den rezenten Polar gesteigerte Relevanz. Französische Identität und nicht-französische Alterität stehen heute in einer neuen Relation zueinander. So ist der kurrente Polar zum einen nachhaltiger denn je zuvor geprägt von US-amerikanischem Kino. Dabei geht es nicht mehr nur um eine lange Noir-Tradition, sondern auch Appropriationen inszenatorischer

LE TRANSPORTEUR

CRYING FREEMAN

Strategien, die wie Spektakularisierung und Intertextualisierung aus Blockbuster-Produktionen des postklassischen Hollywood vertraut sind. Jan Kounens DOBERMANN (1997), eine Gangstergroteske, deutlich inspiriert von Quentin Tarantinos RESERVOIR DOGS (1992), Florent Emilio Siris NID DE GUÊPES (2001), ein Remake von John Carpenters ASSAULT ON PRECINCT 13 (1976), oder Olivier Megatons LA SIRÈNE ROUGE (2002), ein Actionthriller nach dem Vorbild von Clint Eastwoods THE GAUNTLET (1977), illustrieren diese Tendenz eindrücklich. Zum anderen ist der rezente Polar stark beeinflusst durch asiatisches Kino: von japanischen Yakuza- und Samuraifilmen ebenso wie von Gangster- und Martial-Arts-Filmen aus Hongkong[7]. Er verschmilzt neue semantische Elemente mit seiner traditionellen Syntax von Verbrechen und Strafe. Damit bewegt der Polar sich nicht mehr nur in einem permanenten Spannungsfeld zwischen lokaler Identität und globaler Alterität, die Kategorien von Innen und Außen, Subjekt und Objekt selbst sind permeabel geworden.

Als emblematisch für den Polar heute kann die französische Filmproduktions- und Filmverleihgesellschaft EuropaCorp gelten, die anno 2000 von Luc Besson und seinem Seniorpartner Pierre-Ange Le Pogam, einem ehemaligen stellvertretenden Direktor bei Gaumont, Frankreichs größter Produktionsfirma, mit Hauptgeschäftssitz in Paris auf Bessons Immobilienflächen gegründet worden ist. Besson, den Andrew Sarris aufgrund eigenproduzierter Regiearbeiten wie SUBWAY (1985), LE GRAND BLEU (1988) und NIKITA (1990) bereits zu Beginn seiner Karriere als »the French Steven Spielberg«[8] bezeichnet hat, personifiziert geradezu die transnationalen Tendenzen des Polar. Seine von einem kleinen Unternehmen mit nur etwa fünfzig Beschäftigten schnell zur großen Kapitalgesellschaft expandierte EuropaCorp wäre in der Tat als französisches Äquivalent zu Spielbergs DreamWorks Pictures zu sehen, das ebenfalls kostenintensive Filme mit hohen Production Values finanziert und auf populäre Distributions- wie Exhibitionsstrukturen zurückgreifen kann: »For budgets up to €25m, the company can produce independently, with the help of regular distribution partners. Thanks to established networks which guarantee an international distribution, production budgets can almost be recovered from French and international pre-sales alone«[9]. Diese Verleih- respektive Aufführungskanäle sind in Frankreich wie dem europäischen und nicht-europäischen Ausland gleichermaßen publikumswirksam etabliert. Konträr zur limitierten Auswertung französischer Filme für relativ wenige ›Programmkinos‹, ähnelt ihr Diffusionsradius der globalen Verbreitung US-amerikanischen

Kinos. Dabei arbeitet EuropaCorp mit Hollywood-Studios eng zusammen, auch was die basale Finanzierung von Filmprojekten betrifft. Besson führt so fort, was er mit Filmen wie LÉON: THE PROFESSIONAL (1994), THE FIFTH ELEMENT (1997) und THE MESSENGER: THE STORY OF JOAN OF ARC (1999) – noch entstanden in Kooperation mit Gaumont – bereits präfiguriert hat: ein auf den internationalen Markt ausgerichtetes Genrekino, das zwar mit französischen Geldern (co-)finanziert wird, aber weder Frankreich als Schauplatz nutzen (LÉON: THE PROFESSIONAL und THE FIFTH ELEMENT) noch Schauspieler aus Frankreich besetzen (THE FIFTH ELEMENT und THE MESSENGER: THE STORY OF JOAN OF ARC) noch Französisch als Dialogsprache mobilisieren muss (LÉON: THE PROFESSIONAL wie FIFTH ELEMENT wie THE MESSENGER: THE STORY OF JOAN OF ARC). Die Tatsache, dass einst bei EuropaCorp protegierte Regisseure wie Alexandre Aja, Louis Leterrier oder Olivier Dahan mit THE HILLS HAVE EYES (2006), THE INCREDIBLE HULK (2008) und MY OWN LOVE SONG (2010) inzwischen in den USA arbeiten, weist EuropaCorp so auch als ›Talentschmiede‹ aus, die eine Funktion als ›Sprungbrett‹ zur Arbeit für Hollywood-Studios einnehmen kann. EuropaCorp fungiert als Knotenpunkt in einem transnationalen Netzwerk ökonomischen wie kulturellen Austauschs, ist ein Symptom dessen geworden, was Michael Hardt und Antonio Negri die post-postmoderne Kondition nennen: infinite Zirkulation von Kapital, Information und Bildern. Nach dem Kollaps der Sowjetunion durchläuft Herrschaft eine permanente Durchmischung von Macht und Kultur, die »Grenzen nationaler Souveränität sind durchlässig wie ein Sieb, und jeder Versuch, die Migrationsbewegungen [...] zu regulieren, scheitert«[10]. Die Entwicklung geht weg von imaginierter Gemeinschaft, wie sie noch Benedict Anderson definiert hat: als »imagined political community [...] because [...] in the minds of each [member] lives the image of their communion«[11]. An die Stelle des Nationalstaates tritt eine neue transnationale Ordnung, wobei dem Imaginären, d.h. dem Raum der Fantasien und Fiktionen entscheidende Funktion zukommt. Während alte Herrschaftsformen, verkörpert durch Nation und europäische Kolonialmacht, stets Grenzen markiert haben, gedeiht die Hegemonie des *Empire* in permanenter Bewegung. Herrschaft wird in ein dynamisches Modell von Kommunikation transponiert, das kulturelle Praktiken durch Produktion immanenter transnationaler Systeme neu definiert. Dabei operiert das transnationale Kapital gerade durch eine Betonung nationaler Unterschiede, erkennt, dass es »nur durch andere lokale Kapitale herrschen kann, neben und in Partnerschaft mit anderen ökonomischen und politischen Eliten«. Es nivelliert nicht, es instrumentalisiert: versucht nicht, lokale Kapitale zu vernichten, sondern »wirkt durch sie hindurch«[12]. Zwischen Lokalem und Globalem herrscht eine dialektische Verbindung, wie sie Bessons EuropaCorp paradigmatisch artikuliert. Eine Analyse dieser Relation steht im Fokus der folgenden Reflexionen. Es wird zu zeigen sein, dass eben eine Konservation lokaler Eigenheiten als Basis kultureller Globalisierung dient. Differenzen werden simultan zelebriert und aufgehoben: »What we usually call the global, far from being something which in a systematic fashion, rolls over everything, creating similarity, in fact works through particularity«. Der rezente Polar will universell, aber auch individuell sein, so wie das Kapital ebenfalls das Allgemeine im Besonderen sucht: »[It] negotiates particular spaces, particular ethnicities, works through mobilising particular identities and so on«[13]. Anstatt kulturelle Spezifika aufzugeben, kommt es zu einer Synkretisierung differenter Identitäten. Bei aller ökonomischen wie ästhetischen Annäherung an das US-amerikanische Kino ist Besson so dennoch darauf bedacht, eine gewisse Distanz ihm gegenüber zu halten. Zwar geht es Besson freilich nicht um die Kultivierung einer wie auch immer definierten französischen Identität, auffällig aber ist doch, dass die meisten Produktionen von EuropaCorp durch französische Drehorte, durch französisches Personal hinter der Kamera sowie durch kulturelle Spezifika »with some Gallic sauce«[14] geprägt sind. Damit gelingt es Besson wiederum, eine relative Autonomie gegenüber Hollywood zu gewinnen und eine eigene Nische für sich zu kultivieren. EuropaCorp verweigert sich auf diese Weise nicht nur der lokalen ›Hochkultur‹-Tradition, wie sie mit Geldern der staatlichen französischen Filmförderungsbehörde CNC (Centre national du cinéma et de l'image animée) verbunden ist, Besson legt auch Wert darauf, seine Produktionsfirma von der globalen Maschine des US-amerikanischen Kinos abzugrenzen. EuropaCorp nimmt damit eine dritte Stellung zwischen nationaler und transnationaler Filmproduktion ein, hat Anteil an beiden, ohne in eine Richtung auszuschlagen: »Europa reflects the tensions of Besson's position: maintaining his autonomy from American as well as French studios and avoiding the old Continent's aversion to combining cultural and economic interests, while remaining part of the economic systems at play in the international market«[15]. Besson kombiniert unabhängige und industrielle Praktiken der Filmproduktion, wobei besonders auffällig ist, dass er – konträr etwa zu Spielberg bei DreamWorks – größten Einfluss auf die ästhetische Gestaltung ›seiner‹ Filme nimmt. Nicht nur verpflichtet er selbst die von ihm favo-

DOBERMANN

LÉON LE PROFESSIONNEL

risierten Regisseure, Kameramänner, Cutter wie Schauspieler, auch zeichnet er wieder und wieder für eine erste Stoffentwicklung bis hin zum fertigen Drehbuch verantwortlich. Die vertikale Organisation der Arbeitsschritte bei Bessons EuropaCorp, von der Prä- bis zur Postproduktion, kollidiert so mit der horizontalen Ausrichtung der Kapitalflüsse und Distributionswege. Eine aufgrund ihrer essentialistischen, monolithischen und undifferenzierten Zuschreibungen schon immer höchst problematische Dichotomisierung von Autoren- und Genrefilm wird durch EuropaCorp daher ebenso aufgehoben wie das Binärmodell von lokalem französischem und globalem US-amerikanischem Film. Um multinational erfolgreich zu sein, sucht Besson nationale Standbeine. Hinzu kommt, dass seine Produktionen seit der Jahrtausendwende mehr und mehr auch durch asiatisches Kino geprägt sind. Es scheint sich in besonderem Maße für generische Erzählungen zu eignen, die noch immer einen Weg aus der postmodernen Sackgasse suchen, nach der alle Storys bereits erzählt seien, das Ende aller Geschichte(n) eingetreten ist: »embracing Asian cinema because the films are stylish and have smart stories«[16]. Für EuropaCorp wie für Hollywood gilt hier eine identische Maxime: »[T]he cinema of the East is the hippest art form [to] imitate«[17]. Früh schon platziert EuropaCorp sich auch auf den Märkten Asiens, im Jahr 2002 entsteht die EuropaCorp Japan als Joint Venture mit Kadokawa, Sumitomo, Cinema Gate/Mitsubishi sowie der Verleihfirma Asmic Ace. Simultan kommt es durch die Verpflichtung von Filmschaffenden aus Japan, ganz besonders aber auch Hongkong, zu einer Dominanz gestalterischer Prinzipien, die das französische Kino bis dato nicht gekannt hat. Und es ist vor allem der Polar, dem Bessons EuropaCorp hier mit Elementen aus japanischen Filmen wie Filmen aus Hongkong zu einer neuen distinktiven Ästhetik verhilft. Der Polar reagiert auf die ökonomischen Entwicklungen der Transnationalisierung, indem er den »global cultural flows«[18] folgt. Ästhetischer Effekt ist ein Kino der Hybridität zwischen kultureller Autoaffirmation und kulturellem Fremdbezug, zwischen lokaler Identität und globaler Alterität.

Von Orientalismus zu Asiaphilie

Von allen Produktionen der EuropaCorp ist Gérard Krawczyks WASABI (2001) derjenige Film, dessen orientalistische Agenda am deutlichsten auffällt. Drehbuchautor Besson und Krawczyk versuchen hier, eine Amalgamierung französischen und asiatischen Kinos zu leisten, indem sie Polar und Yakuza-Film miteinander kombinieren. Jean Reno tritt auf als schroffer Polizeikommissar und Ex-Soldat Hubert Fiorentini, der von Paris nach Tokio reist, um das Vermächtnis einer früheren Geliebten anzutreten. Dort muss er feststellen, dass er mit der Verstorbenen eine Tochter gezeugt hat, die nun von brutalen Gangstern bedroht wird. WASABI rekurriert dabei in der Darstellung Japans auf multiple Klischees: Fiorentinis Tochter ist ein hyperaktiver Teenager, der permanent über das Mobiltelefon kommuniziert, grellbunte Kleidung trägt und seine Zeit am liebsten mit Shopping verbringt; die Yakuza dagegen sprechen kaum ein Wort, tragen alle schwarze Anzüge und werden von einem *oyabun* (Vater, Anführer) mit vernarbtem Gesicht angeführt. Sie sind nur Prügelknaben für Fiorentini, der schießend und schlagend seine Tochter verteidigt und die Unterwelt Tokios ›säubert‹. So existiert zwischen den japanischen Figuren nur ein binäres Modell: Sie sind Fiorentini entweder Freund oder Feind. Er personifiziert damit exakt jene flexible Überlegenheit, die Edward Said als kennzeichnend für den orientalistischen Diskurs herausgestellt hat: »[a] flexible *positional* superiority, which puts the Westerner in a whole series of possible relationships with the Orient without ever losing him the relative upper hand«[19]. Nie geht es WASABI um interkulturellen Austausch, stattdessen leistet Fiorentini innerhalb weniger Stunden, was die japanische Polizei scheinbar nicht vermag. Ihn braucht weder Sprache noch Kultur des fremden Landes zu interessieren, er schafft Fakten mit den Fäusten. Handlungs- und Durchsetzungsfähigkeit sind als exklusive Eigenschaft dem französischen Protagonisten allein attestiert. Damit werden hegemoniale Machtstrukturen zugleich konstruiert und affirmiert. Effekt ist eine essentialistische Kennzeichnung wie Subordination des Anderen: »[P]roducing the East discursively as the West's inferior Other, a manoeuvre which strengthens – indeed, even partially constructs – the West's self-image as a superior civilization«[20]. Das japanische Gegenüber konsolidiert den Franzosen in WASABI, ist als Objekt funktionalisiert zur Markierung des Subjekts. Von der narrativen Ebene lässt sich hier sowohl auf generische als auch kulturelle Relationen abstrahieren. Denn die Konstruktion nationaler Identitäten geht stets über eine nur repräsentative Funktion hinaus. Sie hängt unmittelbar zusammen mit der Ausübung von Dominanz, ist ja nie nur »Ort der Unterordnung, Bindung und symbolischen Identifikation«, sondern immer auch »eine Struktur kultureller Macht«[21], die als diskursive Praxis auf Denken und Handeln der Subjekte sich auswirkt. Transnationale Kulturtransfers zwischen Frankreich und Asien lenken im Falle von WASABI den Blick auf die französische Appropriationen einer generischen Tradition, die deutlich mit Zuschreibungen von Über- und Unterlegenheit arbeitet. WASABI kann als Versuch gelten, den japanischen Gangsterfilm dem französischen Polar zu unterwerfen. Erzählt wird eine traditionelle *flic story*, nur der Schauplatz scheint auf den ersten Blick ungewöhnlich, kann auf den zweiten Blick aber nie Eigendynamik entfalten. Die Yakuzas bleiben stets äußerliches Zitat, reduziert zum orientalistischen Klischee. WASABI zeigt, wie der Polar japanischen Genreformen eine »ästhetische Differenz«[22] einschreibt. Dabei finden nicht bloß Veränderungen respektive Suspendierungen generischer Konventionen statt, es manifestieren sich zugleich differente Konstruktionen kultureller Identität. Denn diese entsteht gerade durch ihre eigene Dissemination: »als eine ›Produktion‹ [...], die niemals vollendet ist, sich immer in Prozeß befindet, und immer innerhalb – nicht außerhalb – der Repräsentation konstituiert wird«[23]. WASABI unternimmt den Versuch, über ästhetische Modelle qualitative Differenzen zu schaffen, die das ›Asiatische‹ respektive das ›Japanische‹ als Anderes definiert und dieses Andere simultan exotisiert. Der zentrale Punkt ist also, dass ein Polar wie WASABI nicht passiv kulturelle Identität reflektiert, sondern diese vielmehr aktiv determiniert. Auf doppelte Art und Weise: einerseits durch seine Arbeit am kollektiven Imaginären, andererseits durch seine Verhandlung von ökonomischen Rahmenbedingungen im Kontext globalisierter Industrie.

Handelt es sich bei WASABI um eine Kooperation von EuropaCorp und den japanischen Firmen JVC (Victor Company of Japan) respektive Destiny, so ist CRYING FREEMAN (1995) eine englischsprachige Koproduktion französischer, japanischer, kanadischer und US-amerikanischer Investoren. CRYING FREEMAN markiert nicht nur um das Regiedebüt des ehemaligen Starfix-Herausgebers Christophe Gans, sondern auch den ersten Versuch einer Hybridisierung von Polar und Yakuza-Film, die als wichtige Präfiguration späterer Filme von EuropaCorp gelten muss. Basierend auf dem gleichnamigen Manga von Koike Kazuo (Text) und Ikegami Ryoichi (Zeichnungen) erzählt CRYING FREEMAN zwischen San Francisco, Vancouver, Shanghai und Hokkaido die Geschichte des melancholischen Profikillers Hinomura Yo, der sich in die Malerin Emu O'Hara verliebt und – gejagt von Tchéky Karyos Inspektor Netah – schließlich gegen seine Auftraggeber opponiert, als sie die Ermordung O'Haras befehlen. Auch CRYING FREEMAN operiert einerseits mit orientalistischen Praktiken, die signifikante Kontradiktionen produzieren: Der Japaner Hinomura wird von dem hawaiianischen Schauspieler Marc Dacascos verkörpert. Auch erinnert Gans' Inszenierung kaum an den japanischen Yakuza-Film, verweist jedoch stark auf den Gangsterfilm aus Hongkong. Vor allem John Woos THE KILLER (1988) gilt ihm als zentraler Referenzpunkt, der wieder und wieder bemüht wird: sowohl auf narrativer Ebene mit der Verbindung von Mörder und Zeugin als auch stilistisch in den fluiden Kamerabewegungen, dynamischen Perspektivwechseln wie lyrischen Slowmotion-Sequenzen, die Akte der Gewalt zur künstlerischen Produktion ästhetisieren. CRYING FREEMAN nivelliert damit Differenzen zwischen den ethnischen Identitäten von Schauspielern und Figuren ebenso wie zwischen unterschiedlichen Genretraditionen. Beide Male wird stattdessen auf eine vage Vorstellung des ›fernen Ostens‹ rekurriert, dem ein konstanter ›asiatischer‹ Charakter attribuiert ist. Homogenisierung des Heterogenen, so könnte diese Strategie paraphrasiert werden. Robert Stam und Ella Shohat haben sie als allegorische Repräsentation beschrieben: »[W]ithin hegemonic discourse every subaltern performer/role is seen as synecdochically summing up a vast but putatively homogenous community«[24]. Andererseits erhebt CRYING FREEMAN kaum noch den Anspruch, als Repräsentation zu fungieren. Stattdessen zeichnet der Film sich aus durch eine hermetische Diegese jenseits von Psychologie und Plausibilität, die in ihrem radikalen Verzicht auf Kohärenz, Logik und Wahrscheinlichkeit kaum durchlässig hin zum Textaußen scheint. Schon mit der animierten Titelsequenz ist das Publikum in eine onirische Erzählung entführt, die das Spiel der Farben und Formen absolut setzt. Eine amorph schimmernde Fläche gibt sich peu à peu als nackte Haut zu erkennen, auf der ein tätowierter Drache sich windet, um sich schließlich von ihr zu lösen und in die Luft zu entschwinden. Konträr zu WASABI sucht CRYING FREEMAN nicht das Indexikalische, sondern das Ikonische der Bilder: die Träne im Gesicht des Freeman nach jedem Mord, das expressive Porträt von Hinomura in O'Haras Atelier, die getöpferte Maske des Todes. Gans will nicht erfassen, sondern arrangieren. Im Vordergrund steht kein ästhetisches Produkt, sondern eine signifikante Praxis. Die Bilder scheinen sich aus sich selbst heraus zu generieren, sie sind nicht mehr nur synthetisch, sie sind synthetisiert. CRYING FREEMAN funktioniert zugleich als mediales Archiv wie als mediale Fortschreibung der Bilder und Erzählungen. Die Geschichte des Kriminalfilms ist nicht mehr teleologische Verpflichtung zur generischen Evolution, sondern fungiert als Arsenal potentieller Neukombinationen. Ein Potential, das in CRYING FREEMAN als cinéphile Gratifikation fungiert: »Beyond the diversity of [...] intertextual references, however, is the sheer love that underpins them«[25]. Das kulturelle Kapital der Filmgeschichte dient als kinematografischer Supermarkt, aus dem Christophe Gans sich nach Belieben, d. h. geleitet von seiner Liebe für das Kino, bedient. Es geht dieser Cinéphilie um eine Suche nach filmischer Pluralität, dem Zuschauer bietet sich ein panoramatisches Arsenal an Signifikanten des globalen Kriminalfilms dar. Damit ist jenes Symptom der Postmoderne ausgestellt, das Fredric Jameson als »Verlust von Historizität«[26] diagnostiziert. Gleichzeitig aber wird durch die Bejahung des Abschieds von der Geschichte die Vielfalt der Signifikanten betont, in der »irritierenden Form der Komplexion«[27]. Eine Kategorie des Authentischen gibt Gans gänzlich auf, er setzt stattdessen auf eine Re-Mythologisierung generischer Strukturen abseits hypotropher Identität. Im Spiel mit disparaten Standardsituationen aus dem Polar (Ermittlungen der Polizei), dem japanischen Gangsterfilm (Rituale der Yakuza) und dem Actionkino aus Hongkong (Martial-Arts-Duelle), wird deren synkretistische Disparität nicht geleugnet, nie verborgen, sondern offensiv ausgestellt. So konstituiert sich ein Amalgam der Motive, eine synergetische Mischung, die die einzelnen Partikel zu einer brüchigen Ganzheit verbindet. Der Nexus von Globalität und Lokalität lässt ein »imploding heteroglossic interface of the global with the local«[28] konstatieren. Im Spannungsfeld von kultureller Selbstaffirmation und Appropriation fremder kultureller Praktiken entsteht eine Identität der Alterität.

Auf ähnliche Weise funktioniert Barbet Schroeders INJU, LA BÊTE DANS L'OMBRE (2008), eine Kooperation der französischen Produktionsfirmen La Fabrique de Films respektive SBS Films und dem japanischen Unternehmen Cross Media. Dabei fusioniert Schroeder allerdings – auch wenn sein Lieblingsfilm Samuel Fullers HOUSE OF BAMBOO (1955) ist[29] – den französischen Thriller weder mit dem japanischen noch hongkongchinesischen Gangsterfilm, sondern bemüht die literarischen Fantasien Rampo Edogawas, auf dessen Erzählung *Inju* ¯ (1928) sein Film basiert. Anders als bei Rampo gibt es bei Schroeder aber nicht zwei japanische Kriminalschriftsteller, die sich in tödlichen Machtspielen verstricken, er wandelt einen von ihnen stattdessen zum französischen Krimiautor. Sein Protagonist ist Alexandre Fayard, gespielt von Benoît Magimel, erfolgreicher Universitätsdozent und Romancier, der während einer Promotion-Tour durch Japan nach Kyoto kommt, wo er die Identität eines geheimnisvollen Kollegen namens Shundei Oe lüften will, der ihm als Inspiration dient. Dabei verzichtet auch Schroeder nicht auf orientalistische Diskurse, stilisiert Japan zum Hort von »adventure and forbidden pleasure«[30]. Japan erscheint ihm als Reich der Verfüh-

INJU, LA BÊTE DANS L'OMBRE

rung und Gefahr, der sadomasochistischen Sexualität und brutalen Gewalt. Ikonografisch dafür stehen die geläufigsten Stereotypen orientalistischer Japanbilder: »geisha and samurai, chrysanthemum and the sword«[31]. Beide setzt Schroeder ein, indem er sie zueinander in dialektische Relation setzt: »the Orient seems still to suggest not only fecundity but sexual promise (and threat), untiring sensuality, unlimited desire, deep generative energies«[32]. Es sind fatale Energien, die in INJU, LA BÊTE DANS L'OMBRE freigesetzt werden, sie sorgen für den Untergang des französischen Protagonisten. Der vermeintliche Shundei-Oe-Experte Fayard wird rasch seiner westlichen Überheblichkeit beraubt, die er im japanischen Fernsehen noch provozierend ausstellt; plötzlich scheint er sich selbst in einem Roman Oes zu befinden, ein hilfloser Spielball des enigmatischen Schriftsteller zu sein. Schroeder instrumentalisiert so auf einer ersten Ebene durchaus orientalistische Klischees, weist sein Japan zugleich aber auch aus als diskursives Konstrukt und eurozentrische Projektion. Dazu gehört auch das den Film bestimmende Vexierspiel zwischen differenten narrativen Ordnungen. Immer wieder wechselt INJU, LA BÊTE DANS L'OMBRE die Erzählebenen, von Tatsache zu Traum, von Fakt zu Fiktion. Schroeder geht es um den Einfluss der Kunst auf das Leben, ein Leben, das sich in der Kunst auflöst. Emblematisch bereits die irritierende Mise en abyme ganz zu Beginn: Der Film eröffnet im Japan der 1930er Jahre, zeigt den tödlichen Schwertkampf zwischen einem Polizisten und einem Killer, bevor plötzlich japanische Titel ein Filmende indizieren, das praktisch mit dem Filmanfang koinzidiert. Dann aber fährt die Kamera zurück und gibt das Dargestellte als Film im Film zu erkennen, Fayard hat seinen Studenten die Adaption eines Romans von Shundei Oe vorgeführt. Nun folgt ein zweiter Beginn, Schauplatz ist jetzt das Frankreich der Gegenwart, ein Universitätssaal mit riesiger Leinwand. Schroeder spielt so nicht nur mit lokalen und temporalen Distanzen, auch mediale Differenzen sind sein Thema: Die Passage führt vom empirischen Autor über seine literarische Arbeit hin zum Film. INJU, LA BÊTE DANS L'OMBRE wird zum Medium, in dem die Form von Oes literarischem Universum erscheint, das nur im Film existiert.

Oszilliert INJU, LA BÊTE DANS L'OMBRE permanent zwischen Affirmation und Dekonstruktion orientalistischer Stereotypen, verschiebt sich mit den beiden englischsprachigen EuropaCorp-Produktionen LE BAISER MORTEL DU DRAGON / KISS OF THE DRAGON (2001) und DANNY THE DOG / UNLEASHED (2005) der transnationale Diskurs des Polar zur asiaphilen Appropriation generischer Versatzstücke, die differente kulturelle Identitäten bedingt. LE BAISER MORTEL DU DRAGON und DANNY THE DOG hybridisieren den Polar mit Martial-Arts-Kino aus Hongkong, in der Hauptrolle ist jeweils Jet Li zu sehen. LE BAISER MORTEL DU DRAGON (Regie: Chris Nahon, Drehbuch: Luc Besson), international verliehen von Disney, zeigt Li als chinesischen Polizisten Liu Siu-jian, der von Peking nach Paris reist, um dort einen kriminellen Landsmann festzunehmen. Er gerät jedoch in ein Komplott der französischen Polizei, das Tchéky Karyos ebenso cholerischer wie korrupter Inspektor Richard – in einer Reprise seiner Rollen aus Yves Boissets BLEU COMME L'ENFER (1985) und Jan Kounens DOBERMANN – zu verantworten hat. Auch wenn Besson und Nahon den Chinesen mit Akkupunkturnadeln hantieren oder wie einst Arnold Schwarzenegger in James Camerons THE TERMINATOR (1984) alleine ein ganzes Polizeirevier aufmischen lassen, so wird ihr Protagonist doch nicht als der große Andere inszeniert. Einmal greift er gar zur Trikolore, um mehrere französische Polizisten außer Gefecht zu setzen. Asiaphilie statt Orientalismus, das bedeutet eine besondere Zuneigung gegenüber Jet Li und der mit ihm verbundenen Tradition des Kinos: Li als elegant-kühlem Meister des Kung Fu[33]. Die physisch betont ›harten‹ – und damit in Kontrast zu Lis Hollywood-Filmen wie ROMEO MUST

LE BAISER MORTEL DU DRAGON

DANNY THE DOG

DIE (2000) oder THE ONE (2001) stehenden – Kampfsequenzen von LE BAISER MORTEL DU DRAGON sind dann auch choreographiert von Corey Yuen Kwai, mit dem Li bereits zahlreiche Filme in Hongkong gedreht hat: von FONG SAI-YUK (1993) über THE BODYGUARD FROM BEIJING (1994) bis zu MY FATHER IS A HERO (1995). Yuen inszeniert LE BAISER MORTEL DU DRAGON als expressionistisches Ballet der Bewegungen, er betont die Grazie der Gewalt in diagrammatischen Darstellungen. Auch für DANNY THE DOG verpflichtet Produzent und Drehbuchautor Luc Besson einen ehemaligen Kollegen von Jet Li: Während Louis Leterrier die Dialogsequenzen betreut, zeichnet Yuen Woo-ping für die Martial Arts verantwortlich, er und Li sind seit TAI CHI MASTER (1993), LAST HERO IN CHINA (1993) oder WING CHUN (1994) ebenfalls ein eingespieltes Team. DANNY THE DOG erzählt von der Sozialisation des titelgebundenen Protagonisten, einem als Kind entführten Mann, der zur tödlichen Waffe abgerichtet worden ist und – wie der Held in LÉON: THE PROFESSIONAL – ein »12-year old within a 40-year-old-body« zu sein scheint. DANNY THE DOG spielt im schottischen Glasgow, er verweist kaum noch auf den französischen Polar, zitiert stattdessen die Tradition des britischen Gangsterfilms. Als charismatischer Bösewicht in weißen Anzügen tritt Bob Hoskins auf, und seine Rollengeschichte referenziert freilich John Mackenzies THE LONG GOOD FRIDAY (1980) ebenso wie Neil Jordans MONA LISA (1986). Im Zentrum von DANNY THE DOG stehen jedoch erneut Jet Lis Qualitäten als Kung-Fu-Star, die konzentrierten Kämpfe, oft auf engstem Raum. Der Film funktioniert vor allem als asiaphile Liebeserklärung an den Martial-Arts-Film aus Hongkong. Er ist es, der von den Franzosen Besson und Letterier für eine globale Gemeinschaft re-imaginiert wird. So wird der Polar zum Signifikanten kultureller Differenz, er markiert einen infiniten Zwischenraum transnationaler Kultur, wo lokale Identität und globale Alterität neu verhandelt werden. Dem asiaphilen Polar gelingt so die »Konzeptualisierung einer *inter*nationalen Kultur, die nicht auf der Exotik des Multikulturalismus oder der *Diversität* der Kulturen, sondern auf der Einschreibung und Artikulation der *Hybridität* von Kultur beruht«[34].

Vom Professional zum Killer

Inszenieren LE BAISER MORTEL DU DRAGON und DANNY THE DOG ihren chinesischen Protagonisten als transnationalen Martial-Arts-Star, so will Bessons ebenfalls englischsprachige TRANSPORTEUR-Trilogie (2002–2008) den britischen Schauspieler Jason Statham in ähnlicher Funktion lancieren. Statham ist Frank Martin, ehemaliger Elitesoldat des Special Air Service, der sich nach außen hin bei Fréjus an der südfranzösischen Mittelmeerküste zur Ruhe gesetzt hat, tatsächlich aber als Kurierfahrer gefährliche Transportaufträge von dubiosen Kunden annimmt. Für LE TRANSPORTEUR (2002) verpflichtet Besson erneut Corey Yuen, der zusammen mit Louis Leterrier den Film inszeniert. Weiteres asiatisches Personal findet sich mit dem Hongkong-Star Qi Shu, die zunächst Martins ›Transportgut‹ ist, dann aber seine Geliebte wird, die es im turbulenten Kampf gegen ein international operierendes Syndikat von US-amerikanischen und chinesischen Menschenhändlern zu verteidigen gilt. LE TRANSPORTEUR II (2005), wieder inszeniert von Corey Yuen und Louis Leterrier auf Basis eines Drehbuchs von Besson, globalisiert den Polar noch weiter, macht ihn so transeuropäisch wie transatlantisch: Schauplatz ist nun nicht mehr Südfrankreich, die Geschichte spielt in den USA. Durch Florida rast der Brite nun in seinem deutschen Auto, wenn er nicht gerade mit Kung Fu die terroristischen Entführer eines ihm anvertrauten Politikersohns bekämpft. Mit LE TRANSPORTEUR III (2008) lässt Besson die Trilogie unter Regie von Olivier Megaton und Corey Yuen wieder nach Europa zurückkehren. Doch auch hier spielt das französische Setting nur eine marginale Rolle: Lediglich zu Beginn sieht man Martin zusammen mit seinem Freund Tarconi, dem von François Berléand gespielten Polizisten aus Marseille, an der Côte Bleu angeln, dann verlagert das Geschehen sich nach Osteuropa, wo Martin die entführte Tochter des ukrainischen Umweltministers in Bukarest abliefern soll. Schon in LE TRANSPORTEUR II hatte der Driver Martin an der französischen Riviera in den Ruhestand sich begeben, doch nun wird er gezwungen, noch einmal seine Dienste unter Beweis zu stellen, das heißt: sein besonderes Können abzurufen, ganz gegen den eigenen Willen. Um Umwelt und Verbrechen geht es, eine transnationale Öko-Verschwörung, doch davon weiß der Transporter gar nichts, er muss die Entführte durch Europa befördern, wie ein moderner Hermes. Beide tragen elektronische Armbänder, die explodieren sollen, wenn sie sich mehr als zwanzig Meter vom Wagen des Transporters entfernen. Wie merkwürdige Uhren wirken sie, grotesk überproportioniert, nicht dazu gedacht, dem Menschen Einsicht über die Zeit zu geben, sondern über den Raum. Der Raum aber hat den Menschen unter Kontrolle, die Aktion ist keine Option mehr, in einer Welt, die dominiert ist von elektronischer Kommunikation und digitalem Schein. Wie seine Vorgänger ist LE TRANSPORTEUR III einer dieser Polars, vor dem die Worte zwar nicht versagen, aber doch immer etwas eitel wirken. Denn nichts als Kino-Zeichen werden hier komponiert, dahinter scheint sich keine latente Bedeutung zu verstecken. Das Sichtbare erklärt und meint nur sich selbst, lässt die Evidenz der Bilder sprechen. Eine einfache Geschichte ist erzählt, nicht symbolisch, sondern präsentisch, nicht abstrakt, sondern konkret. So entsteht: eine Kino-Geschichte. Das heißt, Wirklichkeit gerinnt zur Fiktion, Fiktives öffnet sich zur Wirklichkeit – einer Wirklichkeit des Kinos. Auf den ersten Blick scheint alles klar, das ist schon immer so gewesen, in diesen kleinen, aber kunstvollen, plakativen, aber poetischen B-Filmen. Doch ein zweiter, dritter Blick macht klar, dass die Oberflächen nie ganz eindeutig sind. Das Polysemische dominiert, die TRANSPORTEUR-Trilogie handelt auch von der Krise des Professionals im postklassischen Kino. In keiner Szene der Reihe geht es wirklich um entschlossenes Handeln, ständig reden die Menschen, sie fragen und erklären, verhandeln und beratschlagen, taktieren und kalauern. Und dazwischen ein Held, der behauptet, die Regeln würden sich nie ändern, dabei aber stets selbst seine Grundsätze bricht, nichts begeht als Fehler. Ständig bringt er aufs Neue sich in Lebensgefahr, lässt in allzu durchschaubare Fallen sich locken, aus denen er nur sich befreien kann, wenn die Schwerkraft außer Kraft gesetzt ist durch abstruse Kampfeslust. Wieder und wieder muss der Transporter sich seiner Kleidung entledigen, er braucht Platz, um die Umgebung sich zu Eigen zu machen, in der er handeln will. Seinen Körper allein macht Luc Besson zum Gegenpol der globalisierten Kapitalflüsse, die Industrie und Kriminalität untrennbar verflechten. Die Strenge, mit der er sich bewegt, hat nichts mehr vom leichten Vitalismus der Helden bei Howard Hawks oder Raoul Walsh, Martin erinnert vielmehr an den japanischen Samuraifilm und dessen Apotheose im Polar bei Jean-Pierre Melville. Der Transporter tut, was er tun muss, und er muss es tun, weil er über ein besonderes Ehrgefühl verfügt, das aus dem eigenen Innersten kommt. Seinen Mut und seinen Kampfgeist stellt er letztlich immer in den Dienst der Schwachen, auch wenn das bedeutet, unprofessionell zu handeln, wie ein Amateur zu agieren. Der Transporter ist ein gerechter Mann in einer ungerechten Welt, er verwirrt diejenigen disziplinierenden Prozesse, die im globalisierten Raum den Körper einer rigiden Ökonomie der Macht unterwerfen wollen: »Statt die Grenzlinie zu ziehen, die die gehorsamen Untertanen von den Feinden des Souveräns scheidet, richtet [die Macht] die Subjekte an der Norm aus, indem sie sie um diese herum anordnet«[35]. Durch den Transporter erfolgt eine Destabilisierung der totalitären Machtprozesse, wird das Digitale mit den Mitteln des Analogen überwunden, die Logik durch den Affekt besiegt.

Der wahre Professional, so scheint es, kann bei Luc Besson nur ein Killer sein. Sind es in der TRANSPORTEUR-Trilogie stets die Widersacher des Protagonisten, deren absolutes Kalkül eine Differenz zu dessen Moralkodex markiert, wird in HITMAN (2007) der Protagonist selbst zum Profikiller. Den US-Amerikaner Timothy Olyphant inszeniert Regisseur Xavier Gens als im Labor sozialisierten Auftragsmörder, der global operiert: im nigerianischen Shanty Town ebenso wie im russischen Sankt Petersburg ebenso wie im türkischen Istanbul ebenso wie im britischen London. HITMAN ist eine englischsprachige Koproduktion von EuropaCorp und Twentieth Century Fox, die signifikant an LÉON: THE PROFESSIONAL erinnert. Zwar spielt Gens' Polar in Europa statt in den USA, orientiert sich aber sowohl inszenatorisch als auch thematisch stark an Bessons Vorbild. So präferiert es Gens, seine Hochglanzbilder mit spritzendem Kunstblut in Zeitlupe zu arrangieren, eine Form der Darstellung, die Besson seinerseits aus dem Kino von John Woo übernommen hat. Auch die Martial Arts-Auftritte des Helden, unter anderem ein ausgedehnter Schwertkampf gegen drei andere Killer in einem U-Bahn-Wagon, zitiert das von Besson so verehrte Hongkong-Kino. Der titelgebende Hitman aber ist, wie Jean Renos Léon Montana, nur zu Beginn ein kaltblütiger Profi. Erledigt er anfangs souverän seine Jobs, meistert jene »affektive Arbeit«[36], die der kognitive Kapitalismus heute von seinen Subjekten verlangt, so stellen sich im Laufe der narrativen Entwicklung ihm bis dato unbekannte Zweifel ein, wenn er Beschützerinstinkte gegenüber einer putativen Zeugin entwickelt. Auch in HITMAN scheinen Professionalismus und Menschlichkeit reziprok exklusive Qualitäten zu sein. Als unbarmherzige Killer treten die Protagonisten in TAKEN (2008) und FROM PARIS WITH LOVE (2009) auf, zwei vom ehemaligen EuropaCorp-Kameramann Pierre Morel (LE TRANSPORTEUR, LE TRANSPORTEUR II, DANNY THE DOG) nach Bessons Drehbüchern inszenierten Polars. TAKEN zeigt Liam Neeson als verbitterten Ex-CIA-Agenten und Nahkampfspezialisten Bryan Mills, der seine Tochter aus den Händen albanischer Menschenhändler retten will, die sie in Paris entführt haben. Der Film ist ein Musterbeispiel für ökonomisches Erzählen: Funktional bewegt er sich von A nach B, wobei der narrative Rhythmus ganz durch das Artifizielle des Plots bestimmt wird. Bereits Mills' Drohung an die Entführer macht evident, dass alles Folgende durch Evidenz bestimmt sein wird: »I don't know who you are. I don't know what you want. If you are looking for ransom, I can tell you I don't have money. But what I do have are a very particular set of skills. Skills I have acquired over a very long career. Skills that make me a nightmare for people like you. If you let my daughter go now, that'll be the end of it. I will not look for you, I will not pursue you. But if you don't, I will look for you. I will find you. And I will kill you«. Auf extreme Situationen spitzt die narrative Mechanik von TAKEN allein sich zu, Plot-Twists gibt es keine. TAKEN ist reines Kino der Signifikanten: Oberflächen, denen man fast blind vertrauen kann. Alles Äußere steht fürs Innere, der *good guy* ist von Anfang bis Ende der *good guy*, und die *bad guys* sind von Anfang bis Ende die *bad guys*. Dazwischen werden eine Menge Schädel eingeschlagen. Denn Mills ist nicht zimperlich in der Wahl seiner Mittel. Mills prügelt, Mills foltert, Mills tötet. Um seine Tochter zu befreien, ist ihm jedes Mittel recht: »I'll tear down the Eiffel Tower if I have to!« Ihre Skrupellosigkeit macht die Figur durchaus ambivalent, nicht nur, weil Mills eine Tochter wieder finden will, die er durch persönliche Verfehlungen längst verloren hat, sondern auch, weil sein ebenso präzises wie effizientes Agieren mehr als einmal den Grundsatz der Verhältnismäßigkeit ins Wanken geraten lässt: Wenn er etwa die gänzlich unbeteiligte Ehefrau eines korrupten französischen Polizisten anschießt und mit ihrer Ermordung droht, helfe ihr Ehemann ihm nicht weiter. Auch wenn Mills' Agieren so in die Nähe eines Amoklaufs gerückt wird, scheint sein Handeln angesichts der Brutalität seiner Gegner zunächst noch entschuldbar. Mit der provozierenden Darstellung der muslimischen Menschenhändler – sie tragen eine Tätowierung mit Mond und Stern auf dem Handgelenk – bemüht TAKEN freilich orientalistische Feindbilder, setzt simultan aber erneut ideologische Brüche. Es ist gerade die Verfilzung von Vertrautem und Fremdem, für die Besson und Morel sich interessieren. Französische Polizei und französische Bourgeoisie kooperieren mit albanischen wie arabischen Kriminellen, wenn es nur Profit verspricht. Dagegen ist Mills in Paris selbst ein Fremder, der nicht zuletzt das Vertraute attackiert: die Grundpfeiler bürgerlicher Macht. Das Bild des US-amerikanischen Killers situiert TAKEN deutlich in Tradition der Hollywood-Klassiker, nicht nur die Narration einer Suche evoziert Reminiszenzen an John Fords THE SEARCHERS (1956) und dessen Remakes von Paul Schrader, TAXI DRIVER (1976) und HARDCORE (1978). TAKEN ist eine französische Variation der »incoherent texts«[37], jener zutiefst kontraditorischen Erzählungen zwischen Konservatismus und Liberalismus, die das US-amerikanische Kino auszeichnen. Das Erzählte geht hier nicht vollends auf in der Erzählung. So liegt alles Ideologische gerade nicht in den Bildern, es wird zum Objekt der Inszenierung selbst erhoben. Kino, das können wir in TAKEN wieder einmal lernen, taugt deshalb nicht zur moralischen Anstalt. Es kann zugleich ver-

HITMAN

FROM PARIS WITH LOVE

körpern und demonstrieren, zugleich darstellen und darlegen, aus welchen Mythen seine Geschichten sich speisen.

Ein Amerikaner in Paris, das ist die Geschichte von TAKEN. Pierre Morel und Luc Besson setzen sie mit FROM PARIS WITH LOVE fort, dessen Geschichte nun ist: zwei Amerikaner in Paris. Da ist Jonathan Rhys-Myers als James Reece, und da ist John Travolta als Charlie Wax. Hier Reece: der kultivierte und kluge Agent, der als Assistent des amerikanischen Botschafters in Paris arbeitet. Und dort Wax: der rabiate und rüpelige CIA-Mann, der nach Paris kommt, um einen schmutzigen Job zu erledigen. Um Selbstmordattentäter dreht sich alles, um eine islamistische Terrorzelle, die es abgesehen hat auf hochrangige US-Diplomaten. Noch mehr aber geht es um die Liebesgeschichte zwischen Reece und Wax, den beiden Antipoden, die zu Freunden werden, indem sie vom Gegenüber lernen: Wax das Schachspiel, und Reece das Schießen. Zwei Amerikaner in Paris, das ist nicht nur die Devise des Erzählten, das ist auch die Devise der Erzählung. Ein Musical inszeniert Pierre Morel, nur tanzen seine beiden Amerikaner nicht mit ihren Mädchen, sondern mit Gewehren und Granaten, mit Pistolen und Panzerfäusten. Die maßlose Gewalt wird analog zu TAKEN nicht reflektiert, sondern spürbar gemacht durch Kompositionen, die fortwährend sich zusammenziehen, deren Fließen und Fluten den Blick zum Flanieren bringt. FROM PARIS WITH LOVE und TAKEN sind als Paradigmen von Bessons Attraktionsästhetik respektive »exhibitionist cinema«[38] späte Apotheosen des Bewegungsbilds, d.h. die Feier von Bildern der Bewegung in eigener Bewegtheit. Besson und Morel verbinden nicht Szenen zu einer Story, sondern reihen Ereignisse zu Episoden. Dabei changiert der Polar zwischen Nummer und Narration, wie alle Musicals besitzt er mit seinen Protagonisten auch einen doppelten Schwerpunkt[39]. Am Ende wird die Vereinigung von Reece und Wax provoziert, Intellekt und Emotion, Verstand und Gefühl integrieren sich symbolisch zu einem ambivalenten Amerikabild. Wie TAKEN lässt FROM PARIS WITH LOVE eine Spur der Verwüstung durch die Straßen von Paris ziehen. Der Profi Wax lehrt dabei den *rookie* Reece, sein Vertrauen aufzugeben in die Menschheit, von allem und jedem immer nur das Schlechteste zu erwarten: selbst damit zu rechnen, von der eigenen Verlobten in den Rücken gefallen zu werden oder in die Schulter geschossen. Die Frauen freilich sind Fremdkörper in einer Welt der Männer, für die es nichts Größeres gibt, als eine »straight up Hong Kong, Shaw Brothers, kung fu, motherfuckin' chop suey show« abzuziehen, um dadurch die »baddest ass suicide destined, cold hearted Pakistanis, motherfuckers of the southern Karachi« kalt zu stellen. Wieder werden also orientalistische Stereotypen bemüht: Es geht gegen islamische Terroristen, aber auch chinesische Drogengangster und maghrebinische Immigranten. Unter ihnen richtet Wax ein Blutbad an wie zuvor Mills. Nur auf den ersten Blick scheint der massige, laute, exaltierte Charlie Wax einen Kontrast zu bilden zum schmalen, leisen, introvertierten Bryan Mills aus TAKEN, dem in sich ruhenden Professional, dessen Handeln allein von der Maxime des Funktionalen diktiert wurde: Gleich dem sprichwörtlichen Elefanten im Porzellanladen tobt Wax durch ein Paris, das nicht nur als Zentrum Frankreichs, sondern auch als Hauptstadt von Kriminalität und des Terrorismus erscheint. Ob ein Drogenlager im Chinarestaurant oder eine Terrorzelle in der Sozialwohnung, immer verbirgt sich hinter der Oberwelt eine Unterwelt, die Wax einsichtig macht. Dabei nimmt er anders als Mills auch größte Kollateralschäden mit einem genüsslichen Grinsen in Kauf. Ein zweiter Blick aber macht schnell evident, wie ähnlich die Profis Wax und Mills tatsächlich sich sind: Beide bergen das gleiche Gewaltpotential in sich, beide wissen genau, wie weit sie gehen können, beide hinterlassen bei ihren Aktionen nichts als verbrannten Asphalt. FROM PARIS WITH LOVE, das ist ein Polar, der in Frankreich spielt, aber von Amerika handelt. Auf fremdem Boden offenbart sich die Seele der USA, ihr schrecklicher Individualismus: »The essential American soul is hard, isolate, stoic, and a killer«[40].

Von der Deterritorialisierung zur Reterritorialisierung
Konstatiert man in den Filmen der EuropaCorp eine Tendenz zur Transnationalisierung des Polar, so ist mit der Tendenz zur Globalisierung des Genres aber nur eine Facette des rezenten Polar erfasst. Mit BANLIEUE 13 (2004), inszeniert von Pierre Morel, und mit BANLIEUE 13 – ULTIMATUM (2009), inszeniert von Patrick Alessandrin, setzt Luc Besson der Deterritorialisierung eine Reterritorialisierung des Polar entgegen. »Wenn die Funktion des modernen Staates tatsächlich die Regulierung der decodierten deterritorialisierten Ströme ist«, so Gilles Deleuze und Félix Guattari, dann »besteht einer ihrer Hauptaspekte darin, zu reterritorialisieren, also zu verhindern, dass die decodierten Ströme aus allen Öffnungen der gesellschaftlichen Axiomatik fliehen«[41]. BANLIEUE 13 und BANLIEUE 13 – ULTIMATUM wären als Versuch zu lesen, den Polar wieder zu einem nationalen Genre zu stilisieren, das statt globaler Alterität lokale Identitäten artikulieren will. Beide Filme spielen im französischen Paris, beide Filme besitzen französische Stars, beide Filme sind in französischer Sprache gedreht.

BANLIEUE 13 und BANLIEUE 13 – ULTIMATUM beziehen sich dabei auf die Tradition der sozialkritischen Polars, von Bob Swaims LA BALANCE (1982) über Maurice Pialats POLICE (1985) bis zu Bertrand Taverniers L.627 (1992), verzichten aber dennoch nicht auf Zitate aus dem US-amerikanischen wie dem hongkongchinesischen Kino. BANLIEUE 13 kann als Remake von John Carpenters ESCAPE FROM NEW YORK (1981) respektive ESCAPE FROM L.A. (1995) gesehen werden, durchsetzt mit langen Martial-Arts-Sequenzen: Im Jahr 2010 sind die verwahrlosten Vororte von Paris als Enklave »Banlieue 13« durch eine meterhohe Betonmauer vollkommen von der übrigen Stadt isoliert, weder Legislative noch Exekutive noch Judikative intervenieren dahinter. Als dort eine Atombombe in die Gewalt von Gangstern gerät, beauftragt man Cyril Raffaellis Elitepolizisten und Kung-Fu-Experten Tomaso, den nuklearen Holocaust in letzter Minute abzuwenden. Mit Hilfe von David Belles Leïto, einem geschickten Parkour-Läufer, kämpft Tomaso sich durch ganze Reihen krimineller Subjekte, um schließlich entdecken zu müssen, dass der wahre Feind ganz woanders sitzt. BANLIEUE 13 reanimiert den Paranoia-Polar der 1970er Jahre und erinnert an Filme wie Yves Boissets L'ATTENTAT (1972) und Henri Verneuils I … COMME ICARE (1979), wenn klar wird, wer hinter der Atombombenentführung steckt: Das französische Innenministerium selbst will den nuklearen Sprengkörper im Ghetto zünden, um Steuergelder einzusparen. Seine Rechnung aber hat es ohne Tomaso und Leïto gemacht. Anders als Kurt Russels Snake Plissken bei John Carpenter sind sie nicht desillusionierte Zyniker, stattdessen vielmehr idealistische Utopisten, die für eine bessere und gerechtere Welt im Hier und Jetzt sich einsetzten. Besson und Morel entwerfen mit BANLIEUE 13 ein dystopisches Zukunftsmodell, die faschistoide Regierung will sozial Marginalisierte im wahrsten Sinne des Wortes mundtot machen. Die Vorstadt von Paris dient Drehbuchautor und Regisseur als Sinnbild für all jene Spannungen zwischen mittellosen Immigranten und frustrierter Jugend, welche seit den 1980er Jahren beinahe täglich Unruhen in den Trabantenstädten der französischen Ballungsräume konstatieren lassen. Am Ende von BANLIEUE 13 steht eine optimistische Auflösung: Die Regierung beschließt, die Mauer um »Banlieue 13« niederzureißen, die Polizei vor Ort zu reetablieren und die Schulen erneut zu eröffnen. »Banlieue 13« soll wieder in den Staat eingegliedert werden. Dass auf die Worte keine Taten folgen, zeigt BANLIEUE 13 – ULTIMATUM. Noch immer steht die Mauer, noch immer ist das Ghetto sich selbst überlassen. Und erneut ist von höchster Stelle geplant, die »Banlieue 13« auszulöschen. Auf einen fingierten Polizistenmord folgen bürgerkriegsähnliche Zustände, die Bombardierung des Ghettos steht unmittelbar bevor. Einmal mehr sind es Tomaso und Leïto, die den Plan korrupter Geheimdienstler und großbürgerlicher Industriespekulanten durchschauen. Sie können deren Intrige schließlich durchkreuzen, als es ihnen gelingt, die unterschiedlichen Banden der Banlieue jenseits von Ethnie, Klasse und Geschlecht zu vereinen. Dabei ist es ihr Anführer Leïto, der dem Polar einen neuen Heldentypus einschreibt. Im Ghetto aufgewachsen und es als seine Heimat begreifend, unterscheidet er sich von Tomaso, einer eher traditionellen Polizistenfigur, die durch Härte, Entschlossenheit und Moral besticht (»Moi, ma Bible, c'est le Code Civil!«). Leïto dagegen definiert sich über seine hochgradige Versatilität. Er ist ein Philosoph des Parkour: Als Traceur (»der den Weg ebnet«) trotzt er urbaner Architektur durch Körperkraft, erobert sich und den Seinen ›toten‹ öffentlichen Raum zurück, so wie BANLIEUE 13 und BANLIEUE 13 – ULTIMATUM den Polar für das französische Kino reterritorialisieren[42]. Hoch oben über den Dächern von Paris inszeniert Patrick Alessandrin ihn mit Vorliebe, als einen geläuterten Fantômas, der Seher und Wächter zugleich ist.

Mit L'IMMORTEL (2010) setzen Luc Besson und seine EuropaCorp das Projekt einer Reterritorialisierung des Polar fort. Dabei geht es mehr noch als in BANLIEUE 13 und BANLIEUE 13 – ULTIMATUM um die Konstruktion einer französischen Identität. Basierend auf dem Leben der historischen Person Jacques Imberts respektive seiner von Franz-Olivier Giesbert verfassten Biografie *L'Immortel* (2007) will der Film den Polar für ein nationales Kino zurückgewinnen[43]. Lokale Qualitäten sind besonders apostrophiert: Als Schauplatz fungiert Marseille, gesprochen wird im französischen Argot, die Hauptrolle spielt Jean Reno. Verschwunden sind hingegen alle Rekurse auf den Martial-Arts-Film aus Hongkong, auch Hollywood fungiert kaum noch als Referenz. Besson und sein Regisseur Richard Berry knüpfen ostentativ an eine Tradition des Polar an, die mit Jacques Beckers TOUCHEZ PAS AU GRISBI (1953), Jean-Pierre Melvilles LE CERCLE ROUGE (1970) oder Alain Corneaus LE CHOIX DES ARMES (1981) ikonische Paradigmen ausgebildet hat. L'IMMORTEL ist ein Unterweltfilm, in dem die Gangster wortkarg agieren, kaum Emotionen zeigen. Für sie ist bereits alles, wenn man viele Worte oder Gesten benötigt, um etwas zu sagen. Worauf es ankommt, das ist ein verinnerlichter Ehrenkodex: Freundschaft und Loyalität bilden Imperative eines Handelns, das von absoluter Prinzipientreue bestimmt wird. Reno spielt seinen Charly Mattéï als Gangster alter Schule, der ehemalige

BANLIEUE 13

L'IMMORTEL

»Pate von Marseille« hat sich aus dem kriminellen Geschäft zurückgezogen, will den Rest des Lebens friedlich im Kreise seiner Familie verbringen. Doch gerade als er denkt, mit der Vergangenheit abgeschlossen zu haben, da holt sie ihn wieder ein: »Le sang versé ne sèche jamais«. Maskierte Killer schießen Matteï zusammen. Zweiundzwanzig Projektile fängt sein Körper, er jedoch überlebt das Attentat. Nur eine Narbe an der Wange und eine taube rechte Hand bleiben zurück. Also lernt er mit seiner Linken zu schießen. Unbarmherzig begibt er sich auf einen blutigen Rachefeldzug, der Matteï mehr und mehr als lebenden Anachronismus erscheinen lässt. Die Unterwelt Marseilles hat sich gewandelt, und mit ihr auch Matteïs Freunde aus der Jugendzeit. Geld soll nun aus Drogengeschäften gewonnen, die Gewalt auf Polizisten und Zivilisten ausgedehnt werden. Matteï wird von den ehemaligen Weggefährten eine selektive Moral vorgeworfen, weil er an den alten Werten festhalten will: Schließlich habe er genauso Blut an den Händen. Am Ende wird Matteï dann erstmals Gnade vor Recht ergehen lassen, ein versöhnliches Finale beschließt den Film. Das passt zu L'IMMORTEL, einem Polar, der nach Innen blickt, auf die Geschichte seines Genres. L'IMMORTEL, das ist nicht nur ein französischer Kriminalfilm, das ist auch ein Film über französische Kriminalfilme. Der Blick geht nun nicht mehr nach vorne, sondern zurück. In der Zeit transnationaler Produktionen fungiert L'IMMORTEL bereits als museales Ereignis. Im lokalen Polar wird gespielt mit Elementen französischen Lebens, mit milieugeprägten Schauplätzen (etwa dem Pigalle), alltäglichen Objekten (etwa dem Citroën) oder literarischen Vorlagen (etwa der *Série Noire*). L'IMMORTEL bezieht sich nur noch auf dieses Spiel, d. h. auf generische Zeichen eines ehemals als national verstandenen Kinos. So entsteht die L'IMMORTEL auszeichnende Grundstimmung zwischen Elegie und Souveränität, die nicht mehr Matteï feiert als tragischen Helden, sondern den Polar als französisches Genre. Ihn als kulturelle Konstruktion zu begreifen, das bedeutet die performativen Prozesse zu analysieren, denen vorangegangene Überlegungen eine erste Reflexion widmen.

---

1 Derrida, Jacques: Das andere Kap. Die vertagte Demokratie. Frankfurt am Main 1992, S. 56.
2 Besson, Luc: »Das populäre Kino hat einen unglaublich miesen Ruf«. Ein Interview mit Luc Besson über LÉON, das französische Kino und die GATT-Abschlüsse. In: Steadycam, Nr. 29 (1995). S. 26–19/41, hier S. 28.
3 Moine, Raphaëlle: Generic Hybridity, National Culture, and Globalised Cinema. In: Vanderschelden, Isabelle / Waldron, Darren (Hg.): France at the Flicks. Trends in Contemporary French Popular Cinema. Cambridge 2007, S. 36–50, hier S. 36.
4 Vgl. Danan, Martine: National and Post-National French Cinema. In: Vitali, Valentina /

1 Willemen, Paul (Hg.): Theorising National Cinema. London 2006, S. 172–185, hier S. 175ff.
2 Said, Edward: Kultur, Identität und Geschichte. In: Schröder, Gerhart / Breuninger, Helga (Hg.): Kulturtheorien der Gegenwart. Ansätze und Positionen. Frankfurt am Main 2001, S. 39–59, hier S. 54.
3 Bhabha, Homi K.: Die Verortung der Kultur. Tübingen 2000, S. 7.
4 Zu letzterem vgl. Michael, Charlie: French National Cinema and the Martial Arts Blockbuster. In: French Politics, Culture and Society, Nr. 3 (2005). S. 55–75.
5 Sarris, Andrew: Sarris Film Column. In: The New York Observer v. 01.04.1991.
6 Vanderschelden, Isabelle: Strategies for a ›Transnational‹ / French Popular Cinema. In: Modern & Contemporary France, Nr. 1 (2007). S. 37–50, hier S. 43.
7 Hardt, Michael / Negri, Antonio: Empire. Die neue Weltordnung. Frankfurt am Main 2002, S. 225.
8 Anderson, Benedict: Imagined Communities. Reflections on the Origin and Spread of Nationalism. London/New York 1991, S. 6.
9 Hall, Stuart: Das Lokale und das Globale. Globalisierung und Ethnizität. In: ders.: Rassismus und kulturelle Identität. Ausgewählte Schriften 2. Hamburg 1994, S. 44–65, hier S. 54.
10 Hall, Stuart: Old and New Identities, Old and New Ethnicities. In: King, Anthony D. (Hg.): Culture, Globalization and the World-System. Contemporary Conditions for the Representation of Identity. London 1993, S. 41–68, hier S. 62.
11 Sarris 1991, a. a. O.
12 Maule, Rosanna: Beyond Auteurism. New Directions in Authorial Film Practices in France, Italy and Spain since the 1980s. Bristol 2008, S. 180.
13 Rampal, Kuldip R.: Asia: The Hollywood Factor. In: Artz, Lee / Kamalipour, Yahya R. (Hg.): The Media Globe. Trends in International Mass Media. Lanham 2007, S. 33–55, hier S. 40.
14 Donovan, Barna William: The Asian Influence on Hollywood Action Films. Jefferson/London 2008, S. 236.
15 Appadurai, Arjun: Disjuncture and Difference in the Global Cultural Economy. In: Public Culture, Nr. 2 (1990). S. 1–24, hier S. 6
16 Said, Edward: Orientalism. New York 1994, S. 7.
17 Moore-Gilbert, B. J.: Postcolonial Theory. Contexts, Practices, Politics. Los Angeles 1997, S. 39.
18 Hall, Stuart: Die Frage der kulturellen Identität. In: ders.: Rassismus und kulturelle Identität. Ausgewählte Schriften 2. Hamburg 1994, S. 180–222, hier S. 201.
19 Uerlings, Herbert: Das Subjekt und die Anderen: Zur Analyse sexueller und kultureller Differenz. Skizze eines Forschungsbereichs. In: Hölz, Karl / Schmidt-Linsenhoff, Viktoria / Uerlings, Herbert (Hg.): Das Subjekt und die Anderen. Interkulturalität und Geschlechterdifferenz. Berlin 2001, S. 7–46, hier S. 21.
20 Hall, Stuart: Kulturelle Identität und Diaspora. In: ders.: Rassismus und kulturelle Identität. Ausgewählte Schriften 2. Hamburg 1994, S. 26–44, hier S. 26.
21 Stam, Robert / Shohat, Ella: Unthinking Eurocentrism. Multiculturalism and the Media. London/New York 1994, S. 183.
22 Ng, Jenna: Love in the Time of Transcultural Fusion: Cinephilia, Homage and KILL BILL. In: de Valck, Marijke / Hagener, Malte (Hg.): Cinephilia. Movies, Love and Memory. Amsterdam 2005, S. 65–81, hier S. 71.
23 Jameson, Fredric: Postmoderne – Zur Logik der Kultur im Spätkapitalismus. In: Huyssen, Andreas / Scherpe, Klaus R. (Hg.): Postmoderne – Zeichen eines kulturellen Wandels. Reinbek 1986, S. 45–102, hier S. 50.
24 Welsch, Wolfgang: Unsere postmoderne Moderne. Weinheim 1988, S. 121.
25 Wilson, Rob / Dissanayake, Wimal: Introduction: Tracking the Global/Local. In: Wilson, Rob / Dissanayake, Wimal (Hg.): Global/Local. Cultural Production and the Transnational Imaginary. Durham 1996, S. 1–20, hier S. 3.
26 Vgl. Göttler, Fritz: Bestien im Schatten. In: Süddeutsche Zeitung v. 12.10.2009.
27 Marchetti, Gina: Romance and the ›Yellow Peril‹. Race, Sex, and Discursive. Berkeley 1993, S. 1.
28 Ma, Sheng-mei: East-West Montage. Reflections on Asian Bodies in Diaspora. Honolulu 2007, S. 39.
29 Said 1994, a. a. O., S. 188. Signifikanterweise greift Schroeder auch mehrmals auf Bilder enthaupteter Japaner zurück, wodurch sich orientalistische Parallelen zu Quentin Tarantinos KILL BILL: VOL. 1 (2003) ergeben:»The brutal blade of imperialism is transferred by the brush of fiction-making onto native brutes' headlessness. Projecting their own violence onto the Other, colonialists have restorted to stereotypes of inhumanity [...] as partial justification of imperialism« (Ma 2007, a. a. O., S. 51).

33 Ganz im Gegensatz zur These von Elizabeth Ezra und Terry Rowden – »in U.S. and European films [...] men of color are increasingly depicted as terrorists« (General Introduction: What is Transnational Cinema? In: Ezra, Elizabeth / Rowden, Terry (Hg.): Transnational Cinema. The Film Reader. New York 2006, S. 1–12, hier S. 11) – ist nicht der ›Fremde‹, sondern die eigene Polizei verantwortlich für den Gesetzesbruch.
34 Bhabha 2000, a. a. O., S. 58.
35 Foucault, Michel: Der Wille zum Wissen. Sexualität und Wahrheit 1. Frankfurt am Main 1977, S. 172.
36 Vgl. Hardt/Negri 2002, a. a. O., S. 300ff. Interessant sind aus dieser Perspektive auch Olivier Assayas' vieldiskutierte Zeit-Bilder DEMONLOVER (2002) und BOARDING GATE (2007): zwei Filme, die teilweise mit Polar-Elementen spielen, um situationistisch inspirierte Sozialkritik zu leisten.
37 Wood, Robin: Hollywood from Vietnam to Reagan. New York 1986, S. 47.
38 Hayward, Susan: Luc Besson. Manchester 1998, S. 170.
39 Vgl. Altman, Rick: The American Film Musical as Dual-Focus Narrative. In: Cohan, Steven (Hg.): Hollywood Musicals. The *Film* Reader. London/New York 2002, S. 41–51.
40 Lawrence, D.H.: Studies in Classic American Literature. New York 1964, S. 72.
41 Deleuze, Gilles / Guattari, Félix: Anti-Ödipus. Kapitalismus und Schizophrenie I. Frankfurt am Main 1974, S. 332.
42 Parkour als neuen Straßensport hat Luc Besson bereits in der EuropaCorp-Produktion YAMAKASI – LES SAMOURAÏS DES TEMPS MODERNES (2001) zum Thema gemacht. Während der von Ariel Zeitoun inszenierte Film einer Gruppe Jugendlicher folgt, die spektakuläre Einbrüche in Paris verübt, verlagert Julien Seris Sequel YAMAKASI 2 – LES FILS DU VENT (2004) die Erzählung ins thailändische Bangkok, wo seine französischen Protagonisten in einen transnationalen Bandenkrieg verwickelt werden. Der Rekurs auf *le parkour* kann – nicht zuletzt in Verbindung mit dem französischen Hip-Hop-Soundtrack – als Suche nach einem indigenen Äquivalent zu chinesischem Kung Fu – gelesen werden, das lokale Spezifität artikuliert. Vgl. dazu Hunt, Leon: Asiaphilia, Asianisation and the Gatekeeper Auteur: Quentin Tarantino and Luc Besson. In: Hunt, Leon / Leung, Wing-fai (Hg.): East Asian Cinemas. Exploring Transnational Connections on Film. London/New York 2008, S. 220–236.
43 Ein ähnlicher Versuch lässt sich mit Jean-François Richets L'INSTINCT DE MORT (2008) und L'ENNEMI PUBLIC N° 1 (2009) konstatieren: zwei Biopics, die – mit Vincent Cassel in der Hauptrolle – Leben und Sterben des Gangsters Jacques Mesrine erzählen.

Ausgewählte Bibliographie

Austin, Guy: Claude Chabrol. Manchester 1999.
Austin, Guy: Contemporary French Cinema. An Introduction. Manchester 1996.
Bantheva, Denitza: Jean-Pierre Melville. De l'œuvre à l'homme. Paris 2007.
Barthes, Roland: Gewalt und Lässigkeit. In: ders.: Mythen des Alltags. Berlin 2010, S. 92–94.
Blumenberg, Hans C.: Westerner der Nacht. Der französische Unterweltfilm. In: Film 1969. Chronik und Bilanz des internationalen Films. Velber bei Hannover 1969. S. 60–73.
Buss, Robin: French Film Noir. London/New York 1994.
Forbes, Jill: The Cinema in France after the New Wave. London 1992.
Gerhold, Hans: Kino der Blicke. Der französische Kriminalfilm. Frankfurt am Main 1989.
Grob, Norbert (Hg.): Filmgenres: Film noir. Stuttgart 2008.
Guérif, François: Le cinéma policier français. Paris 1981.
Hayward, Susan / Ginette Vincendeau (Hg.): French Film. Texts and Contexts. London 2000.
Hayward, Susan: French National Cinema. London 1993.
Hickethier, Knut (Hg.): Filmgenres: Kriminalfilm. Stuttgart 2005.
Jansen, Peter W. / Schütte, Wolfram (Hg.): Claude Chabrol. München/Wien 1986.
Jansen, Peter W. / Schütte, Wolfram (Hg.): Jean-Pierre Melville. München/Wien 1982.
Mazdon, Lucy (Hg.): France on Film. Reflections on Popular French Cinema. London 2001.
McArthur, Colin: Underworld USA. London 1972.
Moine, Raphaëlle (Hg.): Le cinéma français face aux genres. Paris 2005.
Nogueira, Rui: Kino der Nacht. Gespräche mit Jean-Pierre Melville. Berlin 2002.
Philippe, Olivier: Le film policier français contemporain. Paris 1996.
Philippe, Olivier: La représentation de la police dans le cinéma français (1965–1992). Paris 1999.
Powrie, Phil: French Cinema in the 1980s: Nostalgia and the Crisis of Masculinity. Oxford 1997.
Powrie, Phil: French Cinema in the 1990s: Continuity and Difference. Oxford 1999.
Powrie, Phil (Hg.): The Cinema of France. London 2006.
Seeßlen, Georg: Copland. Geschichte und Mythologie des Kriminalfilms. Marburg 1999.
Spicer, Andrew: (Hg.): European Film Noir. Manchester 2007.
Vanderschelden, Isabelle / Waldron, Darren (Hg.): France at the Flicks. Trends in Contemporary French Popular Cinema. Cambridge 2007.
Vincendeau, Ginette: Jean-Pierre Melville. An American in Paris. London 2003.

50 Filme

1913 **FANTÔMAS – À L'OMBRE DE LA GUILLOTINE** – R+B: Louis Feuillade (nach einem Roman von Marcel Allain und Pierre Souvestre) – P: Romeo Bosetti – K: Georges Guérin – L: 54 min – D: René Navarre, Georges Melchior

1921 **FIÈVRE** – R+B: Louis Delluc – K: Alphonse Gibory, Georges Lucas – L: 43 min – D: Ève Francis, Edmond Van Daële

1923 **COEUR FIDÈLE** – R: Jean Epstein – B: Jean Epstein, Marie Epstein – K: Léon Donnot, Paul Guichard, Henri Stuckert – L: 87 min – D: Léon Mathot, Gina Manès

1932 **LA NUIT DU CARREFOUR** – R+B: Jean Renoir (nach einem Roman von Georges Simenon) – P: Jacques Becker – K: Georges Asselin, Marcel Lucien – L: 75 min – D: Pierre Renoir, Georges Térof

1937 **PÉPÉ LE MOKO** – R: Julien Duvivier – B: Henri La Barthe, Jacques Constant, Julien Duvivier, Henri Jeanson (nach einem Roman von Henri La Barthe) – P: Raymond Hakim, Robert Hakim – K: Marc Fossard, Jules Kruger – L: 94 min – D: Jean Gabin, Gabriel Gabrio

1938 **LE QUAI DES BRUMES** – R: Marcel Carné – B: Jacques Prévert (nach einem Roman von Pierre Dumarchais) – P: Gregor Rabinovitch – K: Eugen Schüfftan – L: 91 min – D: Jean Gabin, Michel Simon

1947 **QUAI DES ORFÈVRES** – R: Henri-Georges Clouzot – B: Henri-Georges Clouzot, Jean Ferry (nach einem Roman von Stanislas-André Steeman) – P: Roger De Venloo, Louis Wipf – K: Armand Thirard – L: 106 min – D: Louis Jouvet, Simone Renant

1948 **DÉDÉE D'ANVERS** – R: Yves Allégret – B: Yves Allégret, Jacques Sigurd (nach einem Roman von Henri La Barthe) – P: Sacha Gordine, Michel Koustoff – K: Jean Bourgoin – L: 86 min – D: Bernard Blier, Simone Signoret

1954 **TOUCHEZ PAS AU GRISBI** – R: Jacques Becker – B: Jacques Becker, Maurice Griffe, Albert Simonin (nach einem Roman von Albert Simonin) – P: Robert Dorfmann – K: Pierre Montazel – L: 94 min – D: Jean Gabin, René Dary

1955 **DU RIFIFI CHEZ LES HOMMES** – R: Jules Dassin – B: Auguste Le Breton, Jules Dassin, René Wheeler (nach einem Roman von Auguste Le Breton) – P: Henri Bérard, René Bezard, Pierre Cabaud – K: Philippe Agostini – L: 122 min – D: Jean Servais, Carl Möhner

1958 **L'ASCENSEUR POUR L'ÉCHAFAUD** – R: Louis Malle – B: Noël Calef, Louis Malle, Roger Nimier (nach einem Roman von Noël Calef) – P: Jean Thuillier – K: Henri Decaë – L: 88 min – D: Jeanne Moreau, Maurice Ronet

EN CAS DE MALHEUR – R: Claude Autant-Lara – B: Jean Aurenche, Pierre Bost (nach einem Roman von Georges Simenon) – P: Raoul Lévy, Ray Ventura – K: Jacques Natteau – L: 105 min – D: Jean Gabin, Brigitte Bardot

MAIGRET TEND UN PIÈGE – R: Jean Delannoy – B: Rodolphe-Maurice Arlaud, Michel Audiard, Jean Delannoy (nach einem Roman von Georges Simenon) – P: Jean-Paul Guibert – K: Louis Page – L: 119 – D: Jean Gabin, Annie Girardot

1960   **CLASSE TOUS RISQUES** – R: Claude Sautet – B: José Giovanni, Pascal Jardin, Claude Sautet (nach einem Roman von José Giovanni) – P: Robert Amon, Jean Darvey – K: Ghislain Cloquet – L: 110 min – D: Lino Ventura, Sandra Milo

TIREZ SUR LE PIANISTE – R: François Truffaut – B: Marcel Moussy, François Truffaut (nach einem Roman von David Goodis) – P: Pierre Braunberger – K: Raoul Coutard – L: 78 min – D: Charles Aznavour, Marie Dubois

1963   **JUDEX** – R: Georges Franju – B: Jacques Champreux, Francis Lacassin (nach einer Vorlage von Arthur Bernède und Louis Feuillade) – P: Robert De Nesle – K: Marcel Fradetal – L: 104 min – D: Channing Pollock, Francine Bergé

1968   **ADIEU L'AMI** – R: Jean Herman – B: Jean Herman, Sébastien Japrisot – P: Serge Silberman – K: Jean-Jacques Tarbès – L: 115 min – D: Alain Delon, Charles Bronson

1969   **LE CLAN DES SICILIENS** – R: Henri Verneuil – B: José Giovanni, Pierre Pelegri, Henri Verneuil (nach einem Roman von Auguste Le Breton) – P: Jacques-Eric Strauss – K: Henri Decaë – L: 120 min – D: Jean Gabin, Alain Delon

LA FEMME INFIDELE – R+B: Claude Chabrol – P: André Génovès – K: Jean Rabier – L: 98 min – D: Stéphane Audran, Michel Bouquet

1970   **BORSALINO** – R: Jacques Deray – B: Jean-Claude Carrière, Jean Cau, Jacques Deray, Claude Sautet (nach einem Roman von Eugène Saccomano) – P: Alain Delon, Henri Michaud – K: Jean-Jacques Tarbès – L: 125 min – D: Jean-Paul Belmondo, Alain Delon

LE CERCLE ROUGE – R+B: Jean-Pierre Melville – P: Robert Dorfmann – K: Henri Decaë – L: 140 min – D: Alain Delon, (André) Bourvil

UN CONDE – R: Yves Boisset – B: Yves Boisset, Sandro Continenza, Claude Veillot (nach einem Roman von Pierre Lesou) – P: Véra Belmont – K: Jean-Marc Ripert – L: 95 min – D: Michel Bouquet, Françoise Fabian

DERNIER DOMICILE CONNU – R+B: José Giovanni (nach einem Roman von Joseph Harrington) – P: Jacques Bar – K: Étienne Becker – L: 105 min – D: Lino Ventura, Marlène Jobert

1973   **POINT DE CHUTE** – R: Robert Hossein – B: Claude Desailly, Robert Hossein – P: Ludmilla Goulian – K: Daniel Diot – L: 85 min – D: Johnny Hallyday, Robert Hossein

1974 **LE SECRET** – R: Robert Enrico – B: Robert Enrico, Pasquale Jardin (nach einem Roman von Francis Ryck) – P: Jacques-Eric Strauss – K: Étienne Becker – L: 102 min – D: Jean-Louis Trintignant, Marlène Jobert

1976 **L'ALPAGUEUR** – R: Philippe Labro – B: Philippe Labro, Jacques Lanzmann – P: Kurt Ulrich – K: Jean Penzer – L: 110 min – D: Jean-Paul Belmondo, Bruno Cremer

POLICE PYTHON 357 – R: Alain Corneau – B: Daniel Boulanger, Alain Corneau – P: Albina du Boisrouvray – K: Étienne Becker – L: 125 – D: Yves Montand, François Périer

1979 **LA GUERRE DES POLICES** – R: Robin Davis – B: Robin Davis, Jean-Marie Guillaume, Jacques Labib, Patrick Laurent, Jean-Patrick Manchette – P: Véra Belmont – K: Ramón F. Suárez – L: 100 min – D: Claude Brasseur, Marlène Jobert

1982 **LA BALANCE** – R: Bob Swaim – B: Mathieu Fabiani, Bob Swaim – P: Georges Dancigers – K: Bernard Zitzermann – L: 103 min – D: Nathalie Baye, Philippe Léotard

1983 **LA LUNE DANS LE CANIVEAU** – R: Jean-Jacques Beineix – B: Jean-Jacques Beineix, Olivier Mergault (nach einem Roman von David Goodis) – P: Lise Fayolle, Renzo Rossellini – K: Philippe Rousselot – L: 137 min – D: Gérard Depardieu, Nastassja Kinski

MORTELLE RANDONNÉE – R: Claude Miller – B: Jacques Audiard, Michel Audiard – P: Charles Gassot, Bernard Grenet – K: Gilbert Duhalde, Pierre Lhomme – L: 120 min – D: Michel Serrault, Isabelle Adjani

TCHAO PANTIN – R: Claude Berri – B: Claude Berri, Alain Page (nach einem Roman von Alain Page) – P: Pierre Grunstein, Christian Spillemaecker – K: Bruno Nuytten – L: 93 min – D: Coluche, Richard Anconina

1984 **POLAR** – R: Jacques Bral – B: Jacques Bral, Jean-Paul Leca, Julien Lévi (nach einem Roman von Jean-Patrick Manchette) – P: Anicette Benjamin, Patrick Delauneux – K: Jacques Renoir, Jean-Paul Rosa da Costa – L: 97 min – D: Jean-François Balmer, Sandra Montaigu

RUE BARBARE – R: Gilles Béhat – B: Gilles Béhat, Jean Herman (nach einem Roman von David Goodis) – P: Jean Ardy, Adolphe Viezzi – K: Jean-François Robin – L: 107 min – D: Bernard Giraudeau, Christine Boisson

1985 **POLICE** – R: Maurice Pialat – B: Catherine Breillat, Jacques Fieschi, Sylvie Pialat, Maurice Pialat – P: Emmanuel Schlumberger, Daniel Toscan du Plantier – K: Luciano Tovoli – L: 113 min – D: Gérard Depardieu, Sophie Marceau

1987 **POUSSIÈRE D'ANGE** – R: Edouard Niermans – B: Alain Le Henry, Jacques Audiard, Didier Haudepin, Edouard Niermans – P: Jacques-Eric Strauss – K: Bernard Lutic – L: 95 min – D: Bernard Giraudeau, Fanny Bastien

1990 **NIKITA** – R+B: Luc Besson – P: Luc Besson, Patrice Ledoux – K: Thierry Arbogast – L: 118 min – D: Anne Parillaud, Marc Duret

1992	**L.627** – R: Bertrand Tavernier – B: Michel Alexandre, Bertrand Tavernier – P: Frédéric Bourboulon, Alain Sarde – K: Alain Choquart – L: 145 min – D: Didier Bezace, Jean-Paul Comart
1997	**DOBERMANN** – R: Jan Kounen – B: Joël Houssin – P: Fédérique Dumas-Zajdela, Éric Névé – K: Michel Amathieu – L: 103 min – D: Vincent Cassel, Tchéky Karyo
1999	**L'HUMANITÉ** – R+B: Bruno Dumont – P: Rachid Bouchareb, Jean Bréhat – K: Yves Cape – L: 148 min – D: Emmanuel Schotté, Séverine Caneele
2000	**LES RIVIÈRES POURPRES** – R: Mathieu Kassovitz – B: Jean-Christophe Grangé, Mathieu Kassovitz (nach einem Roman von Jean-Christophe Grangé) – P: Alain Goldman, Catherine Morisse – K: Thierry Arbogast – L: 106 min – D: Jean Reno, Vincent Cassel
2002	**NID DE GUÊPES** – R: Florent Emilio Siri – B: Florent Emilio Siri, Jean-François Tarnowski – P: Claude Carrère, Guillaume Godard – K: Giovanni Fiore Coltellacci – L: 107 min – D: Samy Naceri, Benoît Magimel
	LA SIRÈNE ROUGE – R: Olivier Megaton – B: Alain Berliner, Robert Conrath, Olivier Megaton, Norman Spinrad (nach einem Roman von Maurice G. Dantec) – P: Simon Arnal, Carole Scotta – K: Denis Rouden – L: 118 min – D: Jean-Marc Barr, Asia Argento
2003	**CETTE FEMME-LÀ** – R+B: Guillaume Nicloux – P: Fédéric Bourboulon, Agnès Le Pont – K: Pierre-William Glenn – L: 100 min – D: Josiane Balasko, Eric Caravaca
2004	**BANLIEUE 13** – R: Pierre Morel – B: Luc Besson, Bibi Naceri – P: Luc Besson, Bernard Grenet – K: Manuel Teran – L: 84 min – D: Cyril Raffaelli, David Belle
2007	**TRUANDS** – R: Frédéric Schoendoerffer – B: Yann Brion, Frédéric Schoendoerffer – P: Éric Névé, Frédéric Schoendoerffer – K: Jean-Pierre Sauvaire – L: 107 min – D: Benoît Magimel, Philippe Caubère
2008	**L'INSTINCT DE MORT** – R: Jean-François Richet – B: Jacques Mesrine, Abdel Raouf Dafri, Jean-François Richet – P: Daniel Delume, Thomas Langmann – K: Robert Gantz – L: 113 min – D: Vincent Cassel, Cécile De France
	MR 73 – R+B: Olivier Marchal – P: Cyril Colbeau-Justin, Jean-Baptiste Dupont – K: Denis Rouden – L: 125 – D: Daniel Auteuil, Olivia Bonamy
2009	**UN PROPHÈTE** – R: Jacques Audiard – B: Jacques Audiard, Thomas Bidegain (nach dem Originaldrehbuch von Abdel Raouf Dafri und Nicolas Peufaillit) – P: Lauranne Bourrachot, Martine Cassinelli – K: Stéphane Fontaine – L: 155 min – D: Tahar Rahim, Niels Arestrup
2010	**GARDIENS DE L'ORDRE** – R: Nicolas Boukhrief – B: Nicolas Boukhief, Dan Sasson – P: Sylvie Pailat – K: Dominique Colin – L: 105 min – D: Cécile De France, Fred Testot

Zu den Autoren

Matthias Abel: Doktorand und Lehrbeauftragter der Filmwissenschaft in Mainz.

Dominik Graf: Film- und Fernsehregisseur. Aktuelle Arbeit: DAS UNSICHTBARE MÄDCHEN (2011).

Norbert Grob: Dr. phil. Professor für Mediendramaturgie in Mainz. Aktuelle Publikation (Hg.): Mythos DER PATE. Francis Ford Coppolas GODFATHER-Trilogie und der Gangsterfilm. Berlin 2011 (zusammen mit Bernd Kiefer und Ivo Ritzer).

Oliver Keutzer: Dr. phil. Wissenschaftlicher Mitarbeiter der Filmwissenschaft in Mainz und Gymnasiallehrer in Wiesbaden.

Bernd Kiefer: Dr. phil. Akademischer Rat für Filmwissenschaft in Mainz. Aktuelle Publikation (Hg.): Mythos DER PATE. Francis Ford Coppolas GODFATHER-Trilogie und der Gangsterfilm. Berlin 2011 (zusammen mit Norbert Grob und Ivo Ritzer).

Ekkehard Knörer: Dr. phil. Kulturwissenschaftler, Publizist, Filmkritiker. Mitbegründer und Redakteur der Zeitschrift Cargo, Redakteur der Zeitschrift Merkur.

Roman Mauer: Dr. phil. Wissenschaftlicher Mitarbeiter der Filmwissenschaft in Mainz. Aktuelle Publikation (Hg.): Das Meer im Film – Grenze, Spiegel, Übergang. München 2010.

Claudia Mehlinger: Doktorandin und Wissenschaftliche Mitarbeiterin der Filmwissenschaft in Mainz.

Karlheinz Oplustil: Autor und Filmpublizist (epd-Film). Lebt in Berlin.

Andreas Rauscher: Dr. phil. Wissenschaftlicher Mitarbeiter der Filmwissenschaft in Mainz. Aktuelle Publikation: Spielerische Fiktionen – Genrekonzepte in Videospielen. Marburg 2012 (in Vorb.).

Josef Rauscher: Dr. phil. Professor für Philosophie in Mainz. Autor der »Philosophie des Films« (in Vorb.).

Ivo Ritzer: Dr. phil. Wissenschaftlicher Mitarbeiter der Mediendramaturgie und Filmwissenschaft in Mainz. Aktuelle Publikation: Fernsehen wider die Tabus. Sex, Gewalt, Zensur und die neuen US-Serien. Berlin 2011.

Peter W. Schulze: Doktorand und Wissenschaftlicher Mitarbeiter der Filmwissenschaft in Mainz. Aktuelle Publikation (Hg.): Glauber Rocha e as culturas na América Latina. Frankfurt am Main 2011 (zusammen mit Peter B. Schumann).

Marcus Stiglegger: Dr. phil. Akademischer Oberrat für Medienwissenschaft in Siegen. Aktuelle Publikation: Nazi-Chic und Nazi-Trash: Faschistische Ästhetik in der populären Kultur. Berlin 2011.

Reihe Genres/Stile im Bender Verlag

Genres/Stile #1
224 Seiten
ISBN 9783936497120

Norbert Grob / Bernd Kiefer / Thomas Klein/ Marcus Stiglegger (Hg.)
Nouvelle Vague

Ende der 1950er Jahre machte sich eine junge Generation französischer Filmliebhaber auf, das Kino zu erneuern. Sie wandten sich gegen das konventionelle Kino – und bevorzugten persönliche Filme, die stets ihre Haltung zur Welt und zum Kino ausdrücken sollten. Die Nouvelle Vague – das sind Filme von François Truffaut, Jean-Luc Godard, Jacques Rivette, Eric Rohmer und ihren Freunden. Ihrem Einfluss ist die Fixierung auf Regisseure, die Autorentheorie zu verdanken. Zugleich schufen sie als Regisseure einmalige und klassische Werke der Filmgeschichte.

Mit Essays zu den wichtigsten Regisseuren und Filmstilen sowie Kurzporträts von Schauspielern, wie Jean-Paul Belmondo, Jeanne Moreau und Anna Karina, stellt dieses Buch einen der wichtigsten Epochal-Stile der filmischen Moderne vor.

Genres/Stile #2
192 Seiten
ISBN 9783936497113

Norbert Grob / Thomas Klein (Hg.)
Road Movies

Zeitgleich mit dem New Hollywood-Kino entstand Ende der 1960er-Jahre mit dem Road Movie ein Filmgenre, das dem vom Western geschaffenen Mythos vom amerikanischen Traum eine neue, zeitgemäßere Form gab.

Allerdings ist Bewegung bereits seit den Anfängen des Films eines der zentralen Motive. »Un arrivee de traine«, einer der ersten Filme überhaupt, zeigt die Ankunft eines Zuges. Verfolgungsjagden mit Autos bestimmen erste One-Reelers. Dass die Bewegung im Bild eben nicht im Foto abzubilden war, machte sie zum spannenden und oft erzählungsbestimmenden Element des Films.

Bis heute erzählen Roadmovies vom Unterwegssein auf den Straßen, von der Suche nach den letzten Residuen von Freiheit unter den Bedingungen der Moderne.

Reihe Genres/Stile im Bender Verlag

Genres/Stile #3
256 Seiten
ISBN 9783936497151

Norbert Grob / Bernd Kiefer / Josef Rauscher / Roman Mauer (Hg.)
Kino des Minimalismus

Filmen als Konzentration aufs Wesentliche
Von Beginn an gab es im Film eine Tradition, das gängige und konventionelle Erzähl-, Schauspieler- und Schauwert-Kino in Frage zu stellen, jegliche Dramatisierung und Psychologisierung zu eliminieren und alles Überflüssige zu entfernen. So wurden beispielsweise Kamerabewegungen und Schnitte weitgehend vermieden, selbst der Filmemacher trat in den Hintergrund. Stattdessen sollte das Wesentliche und Notwendige in aller Knappheit, in aller Konzentration im Zentrum stehen: die Prägnanz radikaler Essenzialität. Es ist eine Tradition, die weder an eine bestimmte nationale Kinematographie noch an ein bestimmtes Genre gebunden ist.

Das vorliegende Buch versammelt Texte zur Ästhetik von Buster Keaton, Carl Theodor Dreyer und Yasujiro Ozu, von Robert Bresson, Budd Boetticher und John Cassavetes, von Jean-Marie Straub/Danièle Huillet, Andy Warhol und Rudolf Thome, von Jim Jarmusch und Aki Kaurismäki, von Hou Hsiao-Hsien und Bruno Dumont.

www.bender-verlag.de